“BAWU” PUFA
CHANGYONG FALÜ ZHISHI WENDA

“八五”普法
常用法律知识问答

刘靖轩 黄昊 王培松 陈志博 ◎ 著
刘靖轩 ◎ 统筹

中国法制出版社
CHINA LEGAL PUBLISHING HOUSE

图书在版编目(CIP)数据

“八五”普法常用法律知识问答/刘靖轩等著.—北京：中国法制出版社，2022.5（2025.1重印）
ISBN 978-7-5216-2673-5

Ⅰ.①八… Ⅱ.①刘… Ⅲ.①法律—中国—问题解答 Ⅳ.①D920.5

中国版本图书馆CIP数据核字（2022）第080642号

策划编辑：吕静云（lvjingyun0328@sina.com）
责任编辑：吕静云　赵律玮　　封面设计：杨鑫宇

“八五”普法常用法律知识问答
“BAWU” PUFA CHANGYONG FALÜ ZHISHI WENDA
著者/刘靖轩等
经销/新华书店
印刷/北京虎彩文化传播有限公司
开本/710毫米×1000毫米　16开　　印张/23.25　字数/372千
版次/2022年5月第1版　　2025年1月第8次印刷

中国法制出版社出版
书号 ISBN 978-7-5216-2673-5　　定价：69.80元

北京市西城区西便门西里甲16号西便门办公区
邮政编码：100053　　传真：010-63141600
网址：http://www.zgfzs.com　　**编辑部电话：010-63141781**
市场营销部电话：010-63141612　　**印务部电话：010-63141606**
（如有印装质量问题，请与本社印务部联系。）

法律法规列表

序号	名称	发文机关	发布时间	生效时间
1	《中华人民共和国民法典》	全国人民代表大会	2020/5/28	2021/1/1
2	《中华人民共和国价格法》	全国人民代表大会常务委员会	1997/12/29	1998/5/1
3	《中华人民共和国信托法》	全国人民代表大会常务委员会	2001/4/28	2001/10/1
4	《中华人民共和国企业破产法》	全国人民代表大会常务委员会	2006/8/27	2007/6/1
5	《中华人民共和国劳动争议调解仲裁法》	全国人民代表大会常务委员会	2007/12/29	2008/5/1
6	《中华人民共和国人民调解法》	全国人民代表大会常务委员会	2010/8/28	2011/1/1
7	《中华人民共和国劳动合同法》	全国人民代表大会常务委员会	2012/12/28	2013/7/1
8	《中华人民共和国消费者权益保护法》	全国人民代表大会常务委员会	2013/10/25	2014/3/15
9	《中华人民共和国行政诉讼法》	全国人民代表大会常务委员会	2017/6/27	2017/7/1
10	《中华人民共和国仲裁法》	全国人民代表大会常务委员会	2017/9/1	2018/1/1
11	《中华人民共和国旅游法》	全国人民代表大会常务委员会	2018/10/26	2018/10/26

续表

序号	名称	发文机关	发布时间	生效时间
12	《中华人民共和国公司法》	全国人民代表大会常务委员会	2018/10/26	2018/10/26
13	《中华人民共和国人民法院组织法》	全国人民代表大会常务委员会	2018/10/26	2019/1/1
14	《中华人民共和国劳动法》	全国人民代表大会常务委员会	2018/12/29	2018/12/29
15	《中华人民共和国产品质量法》	全国人民代表大会常务委员会	2018/12/29	2018/12/29
16	《中华人民共和国土地管理法》	全国人民代表大会常务委员会	2019/8/26	2020/1/1
17	《中华人民共和国食品安全法》	全国人民代表大会常务委员会	2021/4/29	2021/4/29
18	《中华人民共和国民事诉讼法》	全国人民代表大会常务委员会	2021/12/24	2022/1/1
19	《最高人民法院关于人民法院登记立案若干问题的规定》	最高人民法院	2015/4/15	2015/5/1
20	《最高人民法院关于限制被执行人高消费及有关消费的若干规定》	最高人民法院	2015/7/20	2015/7/22
21	《最高人民法院关于加强和规范人民法院国家司法救助工作的意见》	最高人民法院	2016/7/1	2016/7/1
22	《最高人民法院关于人民法院网络司法拍卖若干问题的规定》	最高人民法院	2016/8/2	2017/1/1
23	《最高人民法院关于公布失信被执行人名单信息的若干规定》	最高人民法院	2017/2/28	2017/5/1

续表

序号	名称	发文机关	发布时间	生效时间
24	《全国法院民商事审判工作会议纪要》	最高人民法院	2019/11/8	2019/11/8
25	《最高人民法院关于民事诉讼证据的若干规定》	最高人民法院	2019/12/25	2020/5/1
26	《民事诉讼程序繁简分流改革试点实施办法》	最高人民法院	2020/1/15	2020/1/15
27	《最高人民法院关于审理食品安全民事纠纷案件适用法律若干问题的解释（一）》	最高人民法院	2020/12/8	2021/1/1
28	《最高人民法院关于适用〈中华人民共和国民法典〉婚姻家庭编的解释（一）》	最高人民法院	2020/12/29	2021/1/1
29	《最高人民法院关于审理民间借贷案件适用法律若干问题的规定》	最高人民法院	2020/12/29	2021/1/1
30	《最高人民法院关于适用〈中华人民共和国民法典〉继承编的解释（一）》	最高人民法院	2020/12/29	2021/1/1
31	《最高人民法院关于审理城镇房屋租赁合同纠纷案件具体应用法律若干问题的解释》	最高人民法院	2020/12/29	2021/1/1
32	《最高人民法院关于人民法院办理执行异议和复议案件若干问题的规定》	最高人民法院	2020/12/29	2021/1/1
33	《最高人民法院关于审理商品房买卖合同纠纷案件适用法律若干问题的解释》	最高人民法院	2020/12/29	2021/1/1

续表

序号	名称	发文机关	发布时间	生效时间
34	《最高人民法院关于适用〈中华人民共和国民法典〉物权编的解释（一）》	最高人民法院	2020/12/29	2021/1/1
35	《最高人民法院关于审理劳动争议案件适用法律问题的解释（一）》	最高人民法院	2020/12/29	2021/1/1
36	《最高人民法院关于审理道路交通事故损害赔偿案件适用法律若干问题的解释》	最高人民法院	2020/12/29	2021/1/1
37	《最高人民法院关于适用〈中华人民共和国公司法〉若干问题的规定（三）》	最高人民法院	2020/12/29	2021/1/1
38	《最高人民法院关于适用〈中华人民共和国公司法〉若干问题的规定（二）》	最高人民法院	2020/12/29	2021/1/1
39	《最高人民法院关于适用〈中华人民共和国公司法〉若干问题的规定（四）》	最高人民法院	2020/12/29	2021/1/1
40	《最高人民法院关于民事执行中变更、追加当事人若干问题的规定》	最高人民法院	2020/12/29	2021/1/1
41	《最高人民法院关于执行和解若干问题的规定》	最高人民法院	2020/12/29	2021/1/1
42	《最高人民法院关于执行担保若干问题的规定》	最高人民法院	2020/12/29	2021/1/1
43	《最高人民法院关于人民法院民事调解工作若干问题的规定》	最高人民法院	2020/12/29	2021/1/1

续表

序号	名称	发文机关	发布时间	生效时间
44	《最高人民法院关于人民法院办理财产保全案件若干问题的规定》	最高人民法院	2020/12/29	2021/1/1
45	《最高人民法院关于适用〈中华人民共和国民法典〉有关担保制度的解释》	最高人民法院	2020/12/31	2021/1/1
46	《人民法院在线诉讼规则》	最高人民法院	2021/6/16	2021/8/1
47	《最高人民法院关于仲裁司法审查案件报核问题的有关规定》	最高人民法院	2021/12/24	2022/1/1
48	《最高人民法院关于适用〈中华人民共和国民事诉讼法〉的解释》	最高人民法院	2022/4/1	2022/4/10
49	《最高人民法院关于审理人身损害赔偿案件适用法律若干问题的解释》	最高人民法院	2022/4/24	2022/5/1
50	《国务院关于职工工作时间的规定》	国务院	1995/3/25	1995/5/1
51	《婚姻登记条例》	国务院	2003/8/8	2003/10/1
52	《诉讼费用交纳办法》	国务院	2006/12/19	2007/4/1
53	《中华人民共和国劳动合同法实施条例》	国务院	2008/9/18	2008/9/18
54	《工伤保险条例》	国务院	2010/12/20	2011/1/1
55	《中华人民共和国电信条例》	国务院	2016/2/6	2016/2/6
56	《工资支付暂行规定》	劳动部（已变更）	1994/12/6	1995/1/1
57	《关于企业实行不定时工作制和综合计算工时工作制的审批办法》	劳动部（已变更）	1994/12/14	1995/1/1

续表

序号	名称	发文机关	发布时间	生效时间
58	《遗嘱公证细则》	司法部	2000/3/24	2000/7/1
59	《关于确立劳动关系有关事项的通知》	劳动和社会保障部（已撤销）	2005/5/25	2005/5/25
60	《学生伤害事故处理办法》	教育部	2010/12/13	2010/12/13
61	《单用途商业预付卡管理办法（试行）》	商务部	2016/8/18	2016/8/18
62	《网络购买商品七日无理由退货暂行办法》	国家市场监督管理总局	2020/10/23	2020/10/23
63	《北京市物业管理条例》	北京市人民代表大会常务委员会	2020/3/27	2020/5/1
64	《北京市共有产权住房管理暂行办法》	北京市住房和城乡建设委员会等	2017/9/20	2017/9/30

目录

CONTENTS

第一章　婚姻家庭法律知识

第二章　继承法律知识

第三章　房屋居住、租赁买卖与物权登记法律知识

第四章　消费者权益保护法律知识

第五章 劳动争议法律知识

第六章 侵权责任法律知识

第七章 创业者公司治理与风险管理法律知识

第八章　民事诉讼法律知识

第九章　调解和仲裁法律知识

第一章　婚姻家庭法律知识

1. 因同居而产生的子女监护纠纷，应当如何处理？

案例场景

刘某某与马某从2012年开始同居，并于2016年4月2日生育一子马某某。2016年7月，马某突然离家出走，从此下落不明。刘某某多次寻找未果，只能自行抚养马某某。后经过多方查找，刘某某得知马某在某强制隔离戒毒所羁押，故起诉至法院，请求判令双方之子马某某由刘某某进行抚养，马某按月给付抚养费。[①]

依法分析

同居关系虽然不同于婚姻关系，但因同居关系而产生的子女监护、抚养纠纷可适用《民法典》婚姻家庭编的相关规定。本案中，刘某某与马某虽不存在婚姻关系，但双方同居生育一子马某某，并因子女监护问题产生纠纷。在实践中，关于该问题的解决，既可以由双方自行协商，也可以通过人民调解委员会等第三方进行调解，还可以通过诉讼方式进行解决。如果通过诉讼的方式，法院应当从保护未成年人最大化利益的角度，综合考量子女的实际情况、父母双方经济收入、居住条件和当地实际生活水平等相关因素，对子女监护权和抚养费问题进行判定，并可以参照《民法典》第一千零八十四条第三款的规定，即“离婚后，不满两周岁的子女，以由母亲直接抚养为原则。已满两周岁的子女，父母双方对抚养问题协议不成的，由人民法院根据双方的具体情况，按照最有利于未成年子女的原则判决。子女已满八周岁的，应当尊重其真实意愿”。

相关规定

《中华人民共和国民法典》

第一千零五十四条第一款　无效的或者被撤销的婚姻自始没有法律约束

① 本书案例中的人物姓名、公司名称、商号、地名等皆为虚构。

力，当事人不具有夫妻的权利和义务。同居期间所得的财产，由当事人协议处理；协议不成的，由人民法院根据照顾无过错方的原则判决。对重婚导致的无效婚姻的财产处理，不得侵害合法婚姻当事人的财产权益。当事人所生的子女，适用本法关于父母子女的规定。

第一千零七十一条 非婚生子女享有与婚生子女同等的权利，任何组织或者个人不得加以危害和歧视。

不直接抚养非婚生子女的生父或者生母，应当负担未成年子女或者不能独立生活的成年子女的抚养费。

第一千零八十四条第三款 离婚后，不满两周岁的子女，以由母亲直接抚养为原则。已满两周岁的子女，父母双方对抚养问题协议不成的，由人民法院根据双方的具体情况，按照最有利于未成年子女的原则判决。子女已满八周岁的，应当尊重其真实意愿。

专家解析

因同居关系而出生的子女在法律上被称为“非婚生子女”。从自然属性层面来看，非婚生子女与婚生子女都与父母存在血缘关系。因此，我国《民法典》规定了非婚生子女和婚生子女享有相同的法律地位，其父母都负有监护、抚养的法律义务，且任何组织和个人均不得加以危害和歧视。尤其是关于同居关系的子女监护、抚养纠纷问题，《民法典》明确了非婚生子女和婚生子女的同等地位，也规定了父母应当承担非婚生子女所必需的生活费和教育费。其中，关于监护权问题，因父母对于未成年子女负有抚养、教育和保护的义务，故父母均为非婚生子女的监护人，可以由一方对子女进行直接抚养，另一方提供未成年子女的抚养费，并相应行使对子女的探望权利。关于抚养费，具体包括未成年子女的生活费、教育费、医疗费等子女健康成长所需的费用。具体的抚养费用数额，可以由双方具体协商，也可以由法院综合考量子女的实际情况、父母双方经济收入、居住条件和当地实际生活水平等相关因素进行判定。

2. 父母一方或双方未履行抚养子女义务，已成年的子女能否拒绝对父母进行赡养？

案例场景

李某乙的生父母分别为李某甲和王某，母亲王某早年因病去世，生父李某甲长期离家，未对李某乙履行抚养义务，故李某乙由其爷爷奶奶抚养至成年。其后，李某甲以自己年老为由，要求李某乙支付其赡养费，李某乙表示不同意。李某甲遂将李某乙起诉至法院，要求其按月支付赡养费。

依法分析

依据《民法典》第一千零六十七条的规定，父母对于未成年子女和不能独立生活的成年子女有抚养的义务，成年子女对于缺乏劳动能力或者生活困难的父母应履行赡养的义务。依据本条之规定，本案中的李某甲和李某乙属于亲生父子关系，虽然李某甲未能履行对李某乙的抚养义务，但李某乙不能因此而拒绝对李某甲履行赡养义务。同时，应当明确的是，《民法典》也对赡养费的给付明确了条件，即受赡养人必须存在“缺乏劳动能力”或者“生活困难”的情形之一。对此，前者可以表现为因年老、疾病等原因不能以工作谋生，后者表现为现有财产或收入不足以维持其生活。因此，李某甲如果能证明其属于“缺乏劳动能力”或者“生活困难”，法院应当支持其诉讼请求。

相关规定

《中华人民共和国民法典》

第一千零六十七条　父母不履行抚养义务的，未成年子女或者不能独立生活的成年子女，有要求父母给付抚养费的权利。

成年子女不履行赡养义务的，缺乏劳动能力或者生活困难的父母，有要求成年子女给付赡养费的权利。

专家解析

在我国，赡养老人不仅是传统美德，也是法定义务。理论上，赡养义务的概念包括赡养费的支付、生活的帮助和精神的抚慰等方面，在法律适用层面上，赡养义务聚集规定于赡养费的支付，且因为被赡养人为成年人，故履行赡养义务还应满足一定条件，即父母有赡养的必要。对此，《民法典》规定了以"缺乏劳动能力或者生活困难"作为判断标准，只要满足"缺乏劳动能力"或者"生活困难"的情形之一，子女就应当履行赡养义务。子女在履行赡养义务时，可以支付赡养费，也可以接至家中照顾，还可以委托养老机构进行照料。赡养费的支付范围应包括生活费、医疗费等必要费用，数额可以根据子女收入情况、当地生活物价水平等情况进行确定。

3. 离婚后，子女能否向不直接抚养的父母一方要求增加抚养费？

案例场景

王某甲与张某原为夫妻关系，在双方婚姻关系存续期间生育一女王某乙。后因感情不和，王某甲与张某前往民政局办理协议离婚，双方约定："一、王某甲与张某自愿离婚；二、王某甲和张某名下的房屋 1 套归王某甲所有，王某甲一次性支付张某补偿费 20 万元，张某协助王某甲办理相关产权登记手续；三、婚生女王某乙归张某抚养，王某甲每月支付抚养费 1600 元，至王某乙年满 18 周岁止。"又过了 2 年，张某以生活成本提高和学习费用增加为由，要求王某甲每月增加费用 400 元，但王某甲不同意。张某随后将王某甲诉至法院，要求增加每月的抚养费数额。

依法分析

依据《民法典》的相关规定，夫妻对于未成年子女共同承担抚养、教育和保护的义务，不直接抚养子女的生父或者生母，应当负担未成年子女或者不能独立生活的成年子女的抚养费。如果未成年子女确需增加抚养费，可以要求支付抚养费一方增加抚养费数额。相关具体的处理方式，可以由未成年父母相互协商，也可请求第三方调解组织进行调解，如果上述方式均未能达成协议，可以请求法院处理。

相关规定

《中华人民共和国民法典》

第一千零五十八条 夫妻双方平等享有对未成年子女抚养、教育和保护的权利，共同承担对未成年子女抚养、教育和保护的义务。

第一千零六十七条 父母不履行抚养义务的，未成年子女或者不能独立生活的成年子女，有要求父母给付抚养费的权利。

成年子女不履行赡养义务的，缺乏劳动能力或者生活困难的父母，有要求成年子女给付赡养费的权利。

第一千零七十一条 非婚生子女享有与婚生子女同等的权利，任何组织或者个人不得加以危害和歧视。

不直接抚养非婚生子女的生父或者生母，应当负担未成年子女或者不能独立生活的成年子女的抚养费。

专家解析

《民法典》婚姻家庭编确立了保护妇女和子女合法利益的婚姻家庭制度，尤其是未成年子女有要求父母给付抚养费的权利。因此，抚养义务是父母的法定义务，不受一方或双方的经济条件、是否再婚或是否与子女共同生活等因素的影响。同时，支付抚养费是履行抚养义务的直接体现，且所约定或确定的子女抚养费是基于当时的双方经济条件、子女抚养成本。但是随着社会经济发展，双方的经济条件和抚养成本等因素也会发生变化，由此，出于保护未成年人的考虑，未成年子女有权基于情况的变化，要求不直接抚养一方增加抚养费。相对应的是，法院应从保护未成年人利益的角度，结合未成年子女需要、父母的经济能力和当地生活成本等情况，确定相应的增加抚养费数额。值得注意的是,2021 年 1 月 1 日起施行的《最高人民法院关于适用〈中华人民共和国民法典〉婚姻家庭编的解释（一）》第五十八条明确了可以请求增加抚养费的情形，即“具有下列情形之一，子女要求有负担能力的父或者母增加抚养费的，人民法院应予支持：（一）原定抚养费数额不足以维持当地实际生活水平；（二）因子女患病、上学，实际需要已超过原定数额；（三）有其他正当理由应当增加”。

4.“重婚”的情形有哪些？

案例场景

2011 年 2 月，刘某某与杨某结婚，婚后育有一子。后，刘某某在未与杨某办理离婚手续的情况下，于 2013 年 6 月伪造结婚证，与卞某以夫妻名义共同生活，并育有一子。杨某以刘某某构成重婚行为为由诉至法院，要求离婚。

依法分析

重婚，是指有婚姻存续关系一方与他人结婚的行为，其表现有两种：一是法律上的重婚行为，即有婚姻存续关系一方与他人登记结婚；二是事实上的重婚行为，即虽未登记结婚，但以夫妻名义共同生活。《民法典》将重婚行为列为准予离婚的情形之一，如果一方或双方已构成重婚行为，且双方已无和好可能，法院应当判决准予离婚。同时，重婚行为属于犯罪行为，如果当事人告诉的，应当追究其刑事责任。

相关规定

《中华人民共和国民法典》

第一千零七十九条 夫妻一方要求离婚的，可以由有关组织进行调解或者直接向人民法院提起离婚诉讼。

人民法院审理离婚案件，应当进行调解；如果感情确已破裂，调解无效的，应当准予离婚。

有下列情形之一，调解无效的，应当准予离婚：

（一）重婚或者与他人同居；

（二）实施家庭暴力或者虐待、遗弃家庭成员；

（三）有赌博、吸毒等恶习屡教不改；

（四）因感情不和分居满二年；

（五）其他导致夫妻感情破裂的情形。

一方被宣告失踪，另一方提起离婚诉讼的，应当准予离婚。

经人民法院判决不准离婚后，双方又分居满一年，一方再次提起离婚诉讼的，应当准予离婚。

第一千零九十一条 有下列情形之一，导致离婚的，无过错方有权请求损害赔偿：

（一）重婚；

（二）与他人同居；

（三）实施家庭暴力；

（四）虐待、遗弃家庭成员；

（五）有其他重大过错。

专家解析

在婚姻关系存续期内，夫妻双方应当履行忠诚义务。重婚行为，属于严重违反夫妻忠诚义务的具体表现。《民法典》将重婚行为列为夫妻感情破裂的重要标准之一。重婚行为有法律意义上的登记结婚，也有以夫妻名义长期生活的事实婚姻，其核心认定标准为持续性地以夫妻名义共同生活，这也是与同居、不正当两性关系的显著区别。其中，同居关系对外不以夫妻名义进行生活，不正当两性关系没有长期持续生活的意思，因此均不属于重婚。同时，《民法典》还赋予因重婚行为而导致离婚的无过错方离婚损害赔偿权，即过错一方应对无过错方予以赔偿。此外，重婚行为还可构成重婚罪，《刑法》第二百五十八条规定："有配偶而重婚的，或者明知他人有配偶而与之结婚的，处二年以下有期徒刑或者拘役。"

5. 法律上对于“彩礼”是如何规定的?

案例场景

苏某与吴某于2021年2月经人介绍相识，并在4月确立恋爱关系。2022年，苏某依据当地习惯到吴某家中提亲，请求迎娶吴某，并给付吴某20万元彩礼钱。但之后苏某与吴某因购房、赡养老人问题产生纠纷，导致两人感情不和，最终分手。其间，两人未办理结婚登记手续，也没有办理结婚仪式。分手后，苏某要求吴某返还20万元彩礼钱，却遭到吴某拒绝。之后，苏某将吴某起诉至法院。

依法分析

彩礼，是指为达成婚姻关系，一方在婚前向另一方给付的一定金钱或其他有价值的财产。关于彩礼返还问题，《最高人民法院关于适用〈中华人民共和国民法典〉婚姻家庭编的解释（一）》第五条规定：“当事人请求返还按照习俗给付的彩礼的，如果查明属于以下情形，人民法院应当予以支持：（一）双方未办理结婚登记手续；（二）双方办理结婚登记手续但确未共同生活；（三）婚前给付并导致给付人生活困难。适用前款第二项、第三项的规定，应当以双方离婚为条件。”本案中，苏某给付吴某20万元，目的在于缔结婚姻关系。因此，该20万元属于彩礼性质。同时，在苏某与吴某分手之前，两人未办理结婚登记手续，属于上述规定的第一项情形。故苏某有权要求吴某返还20万元的彩礼钱。

相关规定

《中华人民共和国民法典》

第一千零八十条 完成离婚登记，或者离婚判决书、调解书生效，即解除婚姻关系。

《最高人民法院关于适用〈中华人民共和国民法典〉婚姻家庭编的解释（一）》

第五条 当事人请求返还按照习俗给付的彩礼的，如果查明属于以下情形，人民法院应当予以支持：

（一）双方未办理结婚登记手续；

（二）双方办理结婚登记手续但确未共同生活；

（三）婚前给付并导致给付人生活困难。

适用前款第二项、第三项的规定，应当以双方离婚为条件。

专家解析

一方将一定物品或金钱给付另一方，另一方如果接受上述物品和金钱，则表示同意两人的婚约。这类物品或金钱即彩礼。在实际情况中，男方给女方彩礼的居多，且彩礼的数量或数值一般由当地风俗和男女双方协商而定。在司法实践中，"天价彩礼""高额索要"等问题引发了一些纠纷，一些彩礼问题还使得许多家庭背上了沉重的经济负担。对此，法律及司法解释进行了明确规定：《民法典》规定了"禁止借婚姻索取财物"，《最高人民法院关于适用〈中华人民共和国民法典〉婚姻家庭编的解释（一）》第五条进行了细化，在相应的情形之下，规定了接受彩礼的一方应当返还对方彩礼。

6. 夫妻之间约定的"忠诚条款"效力如何？

案例场景

张某与申某某于2021年1月登记结婚，婚后生育一子。婚后，张某与第三者刘某存在不正当交往关系。2022年3月，张某与申某某签订《协议》，约定双方应当互相忠诚，因与第三者发生关系导致离婚的，过错方给付无过错方100万元补偿款。随后，张某仍然与刘某存在不正当交往关系，并生育一女。后申某某以感情不和为由，将张某起诉至法院，诉讼请求为：1. 离婚；2. 要求张某履行2022年3月签订的《协议》，并支付其100万元补偿款。

依法分析

《民法典》规定了“夫妻应当互相忠实，互相尊重，互相关爱”。在法律视野下，夫妻忠诚义务是婚姻家庭的道德规范，属于倡导性规范。忠诚义务应由当事人自行履行，如果一方不履行，法律不应强迫其履行。因此，《最高人民法院关于适用〈中华人民共和国民法典〉婚姻家庭编的解释（一）》第四条规定：“当事人仅以民法典第一千零四十三条为依据提起诉讼的，人民法院不予受理；已经受理的，裁定驳回起诉。”在本案中，申某某的离婚请求，可依据法律进行处理，但100万元补偿款的请求，是以违反夫妻忠诚义务为前提，属于忠诚协议内容，因此对于该部分请求，在立案阶段，应当裁定不予受理；已经进入审理阶段的，应当裁定驳回起诉。

相关规定

《中华人民共和国民法典》

第一千零四十三条 家庭应当树立优良家风，弘扬家庭美德，重视家庭文明建设。

夫妻应当互相忠实，互相尊重，互相关爱；家庭成员应当敬老爱幼，互相帮助，维护平等、和睦、文明的婚姻家庭关系。

《最高人民法院关于适用〈中华人民共和国民法典〉婚姻家庭编的解释（一）》

第四条 当事人仅以民法典第一千零四十三条为依据提起诉讼的，人民法院不予受理；已经受理的，裁定驳回起诉。

专家解析

夫妻忠诚协议，是指夫妻双方在结婚前后，为保证双方在婚姻关系存续期间不违反夫妻忠诚义务而以书面形式约定违约金或赔偿金责任的协议。[①] 在司法实践中，已有部分当事人以对方违反夫妻忠诚协议为由起诉至法院，并

---

① 最高人民法院民法典贯彻实施工作领导小组主编：《中华人民共和国民法典婚姻家庭编继承编理解与适用》，人民法院出版社2020年版，第39页。

以对方违反忠诚义务为由，请求对方支付协议约定的补偿费。在现实生活中，一些当事人为请求履行该类协议，需要证明对方存在违反忠诚义务的情形，可能会通过窃听、私拆邮件等形式寻找证据，有些行为甚至可能演变为犯罪行为，构成负面影响，同时，如果认可忠诚协议的效力，也可能会使建立在双方情感和信任基础上的婚姻关系变质，违背婚姻家庭立法的目的。因此，法律将夫妻忠诚义务定义为道德义务，应由当事人本着诚信原则自觉履行，虽然法律并不禁止夫妻之间签署该类协议，但也不赋予此类协议强制效力。

7. 申请办理结婚登记，是否可以委托他人进行办理？

案例场景

小王和小李已确立恋爱关系多年，双方感情甚好。经过多年的努力，两人已有一定积蓄，准备在5月20日这一天前往老家办理结婚登记手续。不想，5月19日晚上，小王公司里突然有急事，本人不能在5月20日当天与小李一同回老家办理结婚登记。小王和小李觉得不能错过这个大好日子。于是，小王和小李想让两人的共同好友楠哥拿着小王的照片，代替小王与小李一起去办理结婚登记手续。问：楠哥是否能代替小王去办理结婚登记手续？

依法分析

《民法典》第一千零四十九条规定：“要求结婚的男女双方应当亲自到婚姻登记机关申请结婚登记……”因此，办理结婚登记手续，应当由男女双方本人共同前往办理，不得委托其他人代为办理。同时，作为规范婚姻登记条件、程序的规范性文件，《婚姻登记条例》第四条也明确了双方本人共同前往办理婚姻登记的条件。因此，回到本案讨论的问题，楠哥不可以代替小王去办理结婚登记手续。

相关规定

《中华人民共和国民法典》

第一百六十一条 民事主体可以通过代理人实施民事法律行为。

依照法律规定、当事人约定或者民事法律行为的性质，应当由本人亲自实施的民事法律行为，不得代理。

第一千零四十九条 要求结婚的男女双方应当亲自到婚姻登记机关申请结婚登记。符合本法规定的，予以登记，发给结婚证。完成结婚登记，即确立婚姻关系。未办理结婚登记的，应当补办登记。

《婚姻登记条例》

第四条 内地居民结婚，男女双方应当共同到一方当事人常住户口所在地的婚姻登记机关办理结婚登记。

中国公民同外国人在中国内地结婚的，内地居民同香港居民、澳门居民、台湾居民、华侨在中国内地结婚的，男女双方应当共同到内地居民常住户口所在地的婚姻登记机关办理结婚登记。

专家解析

不同国家对于婚姻成立的形式条件大致分为三种：登记制、仪式制、登记制和仪式制相结合的方式。我国采取登记制作为婚姻成立的形式要件，即只有经过婚姻登记才能确立婚姻关系。一般情形下，男女双方未办理结婚登记手续，虽办理结婚仪式，或已经共同生活，但都不能认定为法律意义上的婚姻关系。在办理结婚登记过程中，应当由双方本人持户口证明材料和其他要求证明材料前往民政部门办理，其主要考虑因素：一是婚姻不仅是个人大事，也兼具一定的社会公示意义，应当由本人亲自办理，从而体现缔结婚姻关系的重要意义；二是本人亲自前往，便于婚姻登记机构审查是否属于近亲结婚或未到法定婚龄等无效婚姻情形；三是有利于满足加强人口与户籍行政管理的需要。需要补充说明的是，《民法典》规定了代理制度，即可委托他人为自己办理事务，但办理结婚登记手续属于需本人亲自履行的行为，不可适用代理制度。

8. 事实婚姻是否属于婚姻无效情形？

案例场景

李老伯和王大妈都已经80多岁了，两人在20多岁时相识，在农村简单办理了结婚仪式，并一直生活至今，但从未前往婚姻登记机构办理过结婚登记手续。近日，两人前往银行办理贷款，银行要求两人提供结婚登记材料。问：李老伯和王大妈没有办理过结婚登记手续，两人关系如何认定？

依法分析

现实中，存在未办理婚姻登记而以夫妻名义共同生活的同居关系，即事实婚姻。本案中，李老伯和王大妈就是典型的事实婚姻。现阶段，采取的是有条件，并对一定时期、一定范围内的事实婚姻认可的态度。《最高人民法院关于适用〈中华人民共和国民法典〉婚姻家庭编的解释（一）》第七条规定："未依据民法典第一千零四十九条规定办理结婚登记而以夫妻名义共同生活的男女，提起诉讼要求离婚的，应当区别对待：（一）1994年2月1日民政部《婚姻登记管理条例》公布实施以前，男女双方已经符合结婚实质要件的，按事实婚姻处理。（二）1994年2月1日民政部《婚姻登记管理条例》公布实施以后，男女双方符合结婚实质要件的，人民法院应当告知其补办结婚登记。未补办结婚登记的，依据本解释第三条规定处理。"因此，在符合结婚实质性条件前提下，在1994年2月1日前的事实婚姻，其合法性应获得认可；在1994年2月1日之后的事实婚姻，即使满足结婚实质性条件，但未补办结婚登记手续的，也不认为是法律意义上的婚姻关系，而按照同居关系处理。本案中，李老伯和王大妈没有婚姻无效的情形，两人已经80多岁，且两人从20多岁就开始一起生活，时间显然在1994年2月1日之前，所以应当认可两人的事实婚姻的法律效力。

相关规定

《中华人民共和国民法典》

第一千零四十九条 要求结婚的男女双方应当亲自到婚姻登记机关申请结婚登记。符合本法规定的，予以登记，发给结婚证。完成结婚登记，即确立婚姻关系。未办理结婚登记的，应当补办登记。

第一千零五十一条 有下列情形之一的，婚姻无效：

（一）重婚；

（二）有禁止结婚的亲属关系；

（三）未到法定婚龄。

《最高人民法院关于适用〈中华人民共和国民法典〉婚姻家庭编的解释（一）》

第七条 未依据民法典第一千零四十九条规定办理结婚登记而以夫妻名义共同生活的男女，提起诉讼要求离婚的，应当区别对待：

（一）1994年2月1日民政部《婚姻登记管理条例》公布实施以前，男女双方已经符合结婚实质要件的，按事实婚姻处理。

（二）1994年2月1日民政部《婚姻登记管理条例》公布实施以后，男女双方符合结婚实质要件的，人民法院应当告知其补办结婚登记。未补办结婚登记的，依据本解释第三条规定处理。

专家解析

依据《民法典》第一千零四十九条之规定，我国实行婚姻登记制，只有经过婚姻登记，双方才能形成法律意义上的婚姻关系。但实际生活中，存在大量的事实婚姻，且中老年群众居多。理论上，事实婚姻分为两种：一是具备结婚的实质性条件，但缺乏形式要件的婚姻；二是既不符合结婚的实质性要件，又缺乏形式性要件的婚姻。[①] 由于我国第一部《婚姻法》在1950年颁布，而《婚姻登记条例》是自2003年开始适用，因此有部分人群因时间的客观原

① 最高人民法院民法典贯彻实施工作领导小组主编：《中华人民共和国民法典婚姻家庭编继承编理解与适用》，人民法院出版社2020年版，第72页。

因在此前未能办理结婚登记手续，如果严格按照婚姻登记制进行处理，则会产生一些不必要的麻烦，容易造成民事法律关系的不稳定，也不符合群众认知心理。所以法律规范和司法解释明确认可1994年2月1日前的事实婚姻效力，符合现阶段的国情需要。

9. 子女的姓氏是否可以在父母的姓氏之外进行选择？

案例场景

程某与金某结婚多年，终于喜得一子。父亲程某在给孩子上户口的时候，想到小时候和奶奶安某一起生活的场景，不禁万分感慨，于是和家人商量，想给孩子选用奶奶安某的姓氏，后得到家人的同意。问：程某之子的姓氏能否选用程某奶奶的姓氏？

依法分析

子女的姓氏，一方面有代表血缘流传的自然属性，另一方面也有代表其所在宗族、家庭的社会意义。《民法典》对于子女姓氏选择的问题进行了规定，原则上，子女应当随父或母姓，但如果满足下列条件——“（一）选取其他直系长辈血亲的姓氏；（二）因由法定扶养人以外的人扶养而选取扶养人姓氏；（三）有不违背公序良俗的其他正当理由”——也可以在父或母之外的姓氏中进行选择。本人是少数民族的，也可以遵从本民族的文化传统和风俗习惯。在讨论的案例中，因为安某是程某的奶奶，属于直系亲属，所以根据《民法典》的规定，程某之子可以选择安某的姓氏。

相关规定

《中华人民共和国民法典》

第一千零一十五条 自然人应当随父姓或者母姓，但是有下列情形之一的，可以在父姓和母姓之外选取姓氏：

（一）选取其他直系长辈血亲的姓氏；

（二）因由法定扶养人以外的人扶养而选取扶养人姓氏；

（三）有不违背公序良俗的其他正当理由。

少数民族自然人的姓氏可以遵从本民族的文化传统和风俗习惯。

《最高人民法院关于适用〈中华人民共和国民法典〉婚姻家庭编的解释（一）》

第五十九条 父母不得因子女变更姓氏而拒付子女抚养费。父或者母擅自将子女姓氏改为继母或继父姓氏而引起纠纷的，应当责令恢复原姓氏。

专家解析

父母作为子女的监护人，共同拥有为子女选择姓氏的权利，且权利应当由双方共同履行。当然，《民法典》的人格权编也规定了自然人的姓名权，在其中的第一千零一十二条规定："自然人享有姓名权，有权依法决定、使用、变更或者许可他人使用自己的姓名，但是不得违背公序良俗。"可见，本人也可以在不违反公序良俗的前提下，选择自己的姓氏。实践中，不少子女因父母离婚而改姓继父母的姓氏，并由此产生纠纷。对于该问题，法律也进行了回答，即父或者母擅自将子女姓氏改为继母或继父姓氏的，另一方可以要求恢复子女原姓氏。

10."婚前患有医学上认为不应当结婚的疾病，婚后尚未治愈"的情形是否属于可撤销婚姻情形？

案例场景

李某某与金某系夫妻关系。但李某某婚前患有梅毒，在结婚登记前对金某隐瞒了相关情况。金某因此起诉至法院，要求撤销其与李某某的婚姻关系。在庭审过程中，李某某的两次检测报告仍显示梅毒血清阳性，至今仍未治愈。

依法分析

依据《民法典》第一千零五十三条之规定，一方患有重大疾病的，应当在结婚登记前如实告知另一方；不如实告知的，另一方可以向人民法院请求撤销婚姻。《民法典》虽未对重大疾病作出明确规定，但依据《母婴保健法》的规定，婚前医学检查包括下列疾病的检查：1. 严重遗传性疾病；2. 指定传染病；3. 有关精神疾病。其中，梅毒属于指定传染病，为《传染病防治法》规定的乙类传染病，属于医学上认为影响结婚和生育的传染病。因此，该问题对于结婚的意思表示是否真实完整具有重大影响。本案中，李某某在结婚登记前患有梅毒，并且未向金某履行婚前告知义务。综上，法院可以依据金某的请求，判决撤销李某某与金某的婚姻关系。

相关规定

《中华人民共和国民法典》

第一千零五十三条　一方患有重大疾病的，应当在结婚登记前如实告知另一方；不如实告知的，另一方可以向人民法院请求撤销婚姻。

请求撤销婚姻的，应当自知道或者应当知道撤销事由之日起一年内提出。

专家解析

《民法典》第一千零五十三条的规定系原《婚姻法》第十条规定的“婚姻无效”情形之一，即“婚前患有医学上认为不应当结婚的疾病，婚后尚未治愈”的规定，但《民法典》将其规定为可撤销婚姻的情形。因重大疾病未告知而撤销婚姻的适用条件为：1. 重大疾病发生时间在登记结婚前，且发病一方在婚前未告知对方；2. 享有撤销婚姻权的一方为婚姻关系的另一方当事人，其近亲属无撤销权；3. 行使撤销权的时间为自知道或者应当知道撤销事由之日起一年内，且只能向法院提出。同时，婚姻撤销的法律效果为婚姻关系自始不存在，其相关纠纷按照同居关系处理。此外，需要说明的是，因为重大疾病可能因医疗技术进步以及新类型疾病出现而发生变化，所以《民法典》未明确相关疾病的范围，其认定标准主要参考《母婴保健法》《传染病防治法》等相关规定，如果相关规定未明确，应根据个案情况具体分析而定。

11. 什么是离婚损害赔偿？其适用条件有哪些？

案例场景

王某与刘某某在2019年经人介绍相识，婚后感情一般，也未生育子女。婚后刘某某经常无理由打骂王某，并且与其他异性长期同居。2021年3月，王某因不堪刘某某打骂而离家出走。后王某起诉离婚，要求：1. 解除其与刘某某的婚姻关系；2. 依法分割夫妻共同财产；3. 刘某某支付王某离婚损害赔偿金5万元。

依法分析

为了保护婚姻无过错方的合法利益，《民法典》规定了离婚损害赔偿制度，即一方因存在重大过错而导致婚姻关系破裂，无过错方可以请求过错方进行赔偿的制度。过错情形有重婚，与他人同居，实施家庭暴力，虐待、遗弃家庭成员，有其他重大过错五种。也就是说，如果过错方存在上述情形，并导致离婚结果和造成损害的，无过错方可以请求过错方进行赔偿。本案中，王某因不堪刘某某的长期打骂而提出离婚，刘某某存在家庭暴力的事实，同时，刘某某还在婚姻关系存续期间与第三者同居，符合离婚损害赔偿的适用条件，法院遂支持了王某提出5万元离婚损害赔偿请求。

相关规定

《中华人民共和国民法典》

第一千零九十一条 有下列情形之一，导致离婚的，无过错方有权请求损害赔偿：

（一）重婚；

（二）与他人同居；

（三）实施家庭暴力；

（四）虐待、遗弃家庭成员；

（五）有其他重大过错。

《最高人民法院关于适用〈中华人民共和国民法典〉婚姻家庭编的解释（一）》

第八十六条　民法典第一千零九十一条规定的“损害赔偿”，包括物质损害赔偿和精神损害赔偿。涉及精神损害赔偿的，适用《最高人民法院关于确定民事侵权精神损害赔偿责任若干问题的解释》的有关规定。

第八十七条　承担民法典第一千零九十一条规定的损害赔偿责任的主体，为离婚诉讼当事人中无过错方的配偶。

人民法院判决不准离婚的案件，对于当事人基于民法典第一千零九十一条提出的损害赔偿请求，不予支持。

在婚姻关系存续期间，当事人不起诉离婚而单独依据民法典第一千零九十一条提起损害赔偿请求的，人民法院不予受理。

第八十八条　人民法院受理离婚案件时，应当将民法典第一千零九十一条等规定中当事人的有关权利义务，书面告知当事人。在适用民法典第一千零九十一条时，应当区分以下不同情况：

（一）符合民法典第一千零九十一条规定的无过错方作为原告基于该条规定向人民法院提起损害赔偿请求的，必须在离婚诉讼的同时提出。

（二）符合民法典第一千零九十一条规定的无过错方作为被告的离婚诉讼案件，如果被告不同意离婚也不基于该条规定提起损害赔偿请求的，可以就此单独提起诉讼。

（三）无过错方作为被告的离婚诉讼案件，一审时被告未基于民法典第一千零九十一条规定提出损害赔偿请求，二审期间提出的，人民法院应当进行调解；调解不成的，告知当事人另行起诉。双方当事人同意由第二审人民法院一并审理的，第二审人民法院可以一并裁判。

第八十九条　当事人在婚姻登记机关办理离婚登记手续后，以民法典第一千零九十一条规定为由向人民法院提出损害赔偿请求的，人民法院应当受理。但当事人在协议离婚时已经明确表示放弃该项请求的，人民法院不予支持。

第九十条　夫妻双方均有民法典第一千零九十一条规定的过错情形，一方或者双方向对方提出离婚损害赔偿请求的，人民法院不予支持。

专家解析

离婚损害赔偿，是指因夫妻一方的重大过错致使婚姻关系破裂的，过错方应对无过错方的损失予以赔偿的法律制度。[①]《民法典》第一千零九十一条相比于原《婚姻法》增加了“有其他重大过错”的兜底情形，由法院依据案情进行判断，进一步扩大离婚损害赔偿制度的适用范围。需要特别注意的是，适用离婚损害赔偿制度以提出离婚为前提，不能够单纯提出离婚损害赔偿而不提出离婚请求。

12. 夫妻双方已约定财产权属，是否影响夫妻之间的扶养义务？

案例场景

刘某某与张某某于2021年11月登记结婚，双方以书面形式约定了在婚姻关系存续期间实行分别财产制。有一天，刘某某在回家途中突然晕倒，导致头部严重受伤，被医院诊断为脑震荡，需要长期定时就医。刘某某的收入不足以承担其医疗费用，于是请求其夫张某某承担部分医疗费用，张某某以约定财产分别所有为由，不同意承担刘某某的医疗费用。问：张某某能否以约定财产分别所有为理由，拒绝承担夫妻之间的扶养义务？

依法分析

《民法典》规定了夫妻之间有相互扶养的义务。需要扶养的一方，在另一方不履行扶养义务时，有要求其给付扶养费的权利。夫妻之间的扶养义务需以婚姻关系存续为前提，并以对方有扶养需要为必要条件。因此，只要满足上述两个条件，夫妻之间的扶养义务就自然产生，并不以其他条件为前提。本案中，刘某某与张某某属于夫妻关系，刘某某收入不足以承担其医疗费用，

① 陈苇主编:《婚姻家庭继承法学》，中国政法大学出版社2015年版，第228页。

具有需要对方扶养的情形。因此，即使刘某某与张某某约定了夫妻分别财产制，也不能免除张某某对刘某某的扶养义务。

相关规定

《中华人民共和国民法典》

第一千零五十九条　夫妻有相互扶养的义务。

需要扶养的一方，在另一方不履行扶养义务时，有要求其给付扶养费的权利。

第一千零六十五条第一款　男女双方可以约定婚姻关系存续期间所得的财产以及婚前财产归各自所有、共同所有或者部分各自所有、部分共同所有。约定应当采用书面形式。没有约定或者约定不明确的，适用本法第一千零六十二条、第一千零六十三条的规定。

专家解析

夫妻之间的扶养义务是婚姻关系的重要内容，也是夫妻双方的法定义务。夫妻之间不仅需要在精神上相互支持，也需要在物质上相互帮助。因此，即使夫妻双方约定分别财产制，但一方的财产难以维持生活或需要救助时，另一方仍然需要给予对方帮助，其意在倡导建立和睦、互助的家庭关系。

13. 父母在子女婚后为子女一方购置的房产，是否视为夫妻共同财产？

案例场景

陈某与周某因感情不和，诉至法院。在诉讼过程中，两人均同意离婚，但对一套房屋的处置产生纠纷。陈某诉称，该房屋是其婚后父母为其购置的，应当属于自己的财产。周某辩称，该房屋的确属于陈某父母出资购置，但该房屋是在陈某和周某两人婚后购置的，应当为两人的共同财产。问：该涉案房屋是否为夫妻共同财产？

依法分析

关于案例所设定的问题，可以注意以下规定：1.《最高人民法院关于适用〈中华人民共和国民法典〉婚姻家庭编的解释（一）》第二十九条第二款规定：“当事人结婚后，父母为双方购置房屋出资的，依照约定处理；没有约定或者约定不明确的，按照民法典第一千零六十二条第一款第四项规定的原则处理。”2.《民法典》第一千零六十二条规定：“夫妻在婚姻关系存续期间所得的下列财产，为夫妻的共同财产，归夫妻共同所有……（四）继承或者受赠的财产，但是本法第一千零六十三条第三项规定的除外……”3.《民法典》第一千零六十三条规定：“下列财产为夫妻一方的个人财产……（三）遗嘱或者赠与合同中确定只归一方的财产……”可以看出，这三个法条构成了父母在子女婚后购房的基本规定。再回归案例提供的信息可知，陈某父母为陈某和周某两人婚后购置房屋，如果对其权属有约定的，应当从约定，如果没有约定或者约定不明确，且没有明确涉案房屋只归一人的，应当视为夫妻共同财产。

相关规定

《中华人民共和国民法典》

第一千零六十二条　夫妻在婚姻关系存续期间所得的下列财产，为夫妻的共同财产，归夫妻共同所有：

（一）工资、奖金、劳务报酬；

（二）生产、经营、投资的收益；

（三）知识产权的收益；

（四）继承或者受赠的财产，但是本法第一千零六十三条第三项规定的除外；

（五）其他应当归共同所有的财产。

夫妻对共同财产，有平等的处理权。

第一千零六十三条　下列财产为夫妻一方的个人财产：

（一）一方的婚前财产；

（二）一方因受到人身损害获得的赔偿或者补偿；

（三）遗嘱或者赠与合同中确定只归一方的财产；

（四）一方专用的生活用品；

（五）其他应当归一方的财产。

《最高人民法院关于适用〈中华人民共和国民法典〉婚姻家庭编的解释（一）》

第二十九条　当事人结婚前，父母为双方购置房屋出资的，该出资应当认定为对自己子女个人的赠与，但父母明确表示赠与双方的除外。

当事人结婚后，父母为双方购置房屋出资的，依照约定处理；没有约定或者约定不明确的，按照民法典第一千零六十二条第一款第四项规定的原则处理。

专家解析

在现实生活中，父母在子女婚后为其购置房屋的情况不在少数，但对于该行为是对子女婚后的赠与，还是子女婚后的借贷，许多人会有疑问。《最高人民法院关于适用〈中华人民共和国民法典〉婚姻家庭编的解释（一）》第二十九条对该问题进行了回应：如果在婚前购买的，除父母明确表示赠与双方外，原则上为对自己子女的赠与；如果在婚后购买的，有约定从约定，没有约定或者约定不明确，且没有明确归一人所有的情形下，该房屋为对夫妻双方的赠与。

14. 夫妻之间口头约定婚姻关系存续期间的财产权属行为是否有效？

案例场景

童某与王某在不同企业内均担任高管，每月收入颇丰。于是两人在婚后口头约定，每人每月拿出一定钱款作为共同生活基金，其余的收入归个人所有。问：两人该口头约定是否有效？

依法分析

《民法典》规定男女双方可以在婚前或者婚后约定财产归各自所有、共同所有或者部分各自所有、部分共同所有，相关约定应当采用书面形式。因此，童某和王某的口头约定是存在瑕疵的。但是，如果双方主张是以口头进行了约定，并且双方均认可，对于该种形式的口头约定应当认可。所以，童某与王某之间的口头约定是否有效，应当以两人是否有异议作为标准，如果两人均无异议，应当认可该口头约定的效力。

相关规定

《中华人民共和国民法典》

第一千零六十五条 男女双方可以约定婚姻关系存续期间所得的财产以及婚前财产归各自所有、共同所有或者部分各自所有、部分共同所有。约定应当采用书面形式。没有约定或者约定不明确的，适用本法第一千零六十二条、第一千零六十三条的规定。

夫妻对婚姻关系存续期间所得的财产以及婚前财产的约定，对双方具有法律约束力。

夫妻对婚姻关系存续期间所得的财产约定归各自所有，夫或者妻一方对外所负的债务，相对人知道该约定的，以夫或者妻一方的个人财产清偿。

专家解析

对于婚姻关系存续期间的财产既可以采用法定财产制，也可以采用约定方式进行明确。其中，法定财产制，实质系依照法律规定直接明确夫妻之间的财产归属，主要体现在《民法典》对于夫妻共同财产、个人财产的规定。就效力而言，约定财产制的效力优于法定财产制，且在约定财产制之下，之所以采用书面形式，是因为其不仅拥有公示、公信的效力，而且在发生纠纷的时候，能够产生证据证明的效力。

15. 已成年子女是否可以要求未尽抚养义务的父母双方或者一方支付抚养费？

案例场景

李某乙的生父母为李某甲和王某，母亲王某早年因病去世，生父李某甲长期离家，未对李某乙履行抚养义务，故李某乙由其爷爷奶奶进行抚养，直至成年。其后，李某乙年满十八周岁，考上大学。在大学就读期间，李某乙要求李某甲支付抚养费。李某甲以李某乙已经成年为由，拒绝支付李某乙抚养费。问：李某甲的理由是否成立？

依法分析

父母对于子女成长应履行法定的抚养义务。父母不履行抚养义务的，未成年子女或者不能独立生活的成年子女，有要求父母给付抚养费的权利。本案例中，李某乙作为李某甲的子女，虽已经成年，但尚处于大学就读期间，依据一般情形而言，自己无稳定收入，还需要父母供应生活费用。因此，李某乙的情形应视为“不能独立生活的成年子女”，李某乙请求其父李某甲支付抚养费有法定理由。故李某甲的理由是不能成立的。

相关规定

《中华人民共和国民法典》

第一千零五十八条　夫妻双方平等享有对未成年子女抚养、教育和保护的权利，共同承担对未成年子女抚养、教育和保护的义务。

第一千零六十七条　父母不履行抚养义务的，未成年子女或者不能独立生活的成年子女，有要求父母给付抚养费的权利。

成年子女不履行赡养义务的，缺乏劳动能力或者生活困难的父母，有要求成年子女给付赡养费的权利。

专家解析

《民法典》规定了父母对于子女的抚养义务。抚养费的支付时间，从子女出生之时即开始，一直到子女成年能独立生活为止。同时，抚养义务可以从以下三个方面进行理解：一是“父母”的范围，既包括生父母和养父母，也包括形成教育抚养关系的继父母；二是“抚养费”的范围，具体包括子女生活费、教育费、医疗费等费用；三是适用主体，不仅包括未成年子女，也包括不能独立生活的成年子女。此外，因抚养费的主要功能在于帮助子女健康成长，故对于不能独立生活的成年子女应严格限定，当成年子女已经成年并具备独立生活条件之时，既无支付抚养费的必要性，也没有要求父母支付抚养费的权利。而未成年子女则不同，即使其本人有其他收入，也不能免除其父母的抚养义务。

16. 一方提起离婚诉讼，另一方未到庭参加诉讼，法院能否缺席审理?

案例场景

刘某与张某在工作中相识并确定恋爱关系，2021年登记结婚，均系初婚，婚后未生育子女。二人结婚初期感情尚可，后因双方感情不和，刘某曾诉至法院请求离婚，法院判决驳回刘某离婚的诉讼请求。后张某自行离家，一直无法取得联系。法院在诉讼期间亦多次联系张某，但均未能联系到，后法院到公安机关调查询问，公安机关答复张某为失踪人员。

依法分析

夫妻感情是婚姻关系存续的基础。刘某与张某虽然婚后初期感情尚可，但在后期的相处中未能妥善处理夫妻之间的关系，因此产生矛盾，尤其是张某自行离家后，未尽到照顾家庭的责任和义务，使刘某感到无与之和好之可能。因此，依据上述情况，可以认定双方夫妻感情已经破裂，对刘某要求离婚的诉讼请求，应予以准许。根据《民事诉讼法》的规定，当事人有答辩并对对方当事人提交的证据进行质证的权利，本案被告张某经法院公告传唤，无正当理由拒不到庭参加诉讼，视为其自动放弃了答辩和举证质证的权利，不影响法院根据现有证据及查明的事实依法作出裁判。

相关规定

《中华人民共和国民法典》

第一千零四十三条 家庭应当树立优良家风，弘扬家庭美德，重视家庭文明建设。

夫妻应当互相忠实，互相尊重，互相关爱；家庭成员应当敬老爱幼，互相帮助，维护平等、和睦、文明的婚姻家庭关系。

第一千零七十九条　夫妻一方要求离婚的，可以由有关组织进行调解或者直接向人民法院提起离婚诉讼。

人民法院审理离婚案件，应当进行调解；如果感情确已破裂，调解无效的，应当准予离婚。

有下列情形之一，调解无效的，应当准予离婚：

（一）重婚或者与他人同居；

（二）实施家庭暴力或者虐待、遗弃家庭成员；

（三）有赌博、吸毒等恶习屡教不改；

（四）因感情不和分居满二年；

（五）其他导致夫妻感情破裂的情形。

一方被宣告失踪，另一方提起离婚诉讼的，应当准予离婚。

经人民法院判决不准离婚后，双方又分居满一年，一方再次提起离婚诉讼的，应当准予离婚。

《中华人民共和国民事诉讼法》

第一百四十七条　被告经传票传唤，无正当理由拒不到庭的，或者未经法庭许可中途退庭的，可以缺席判决。

专家解析

婚姻关系乃家庭关系的基础。因此，对于当事人提出解除婚姻关系的离婚诉讼，法律应秉持谨慎的态度，对于离婚案件必须先行调解，需要双方到庭参加诉讼、表达意见。在离婚案件中，有部分当事人出于各种原因，参加不了诉讼活动，从而造成诉讼程序停滞和法律适用困难。对于该问题，不管当事人是否能够到庭参加诉讼，法院均应当结合双方当事人具体相识过程、子女情况、婚后感情、父母影响、涉诉情况等相关因素综合考虑，作出维持或解除身份关系之判断。

结合上述原则性要求，应对当事人参加不了诉讼活动的具体情形进行区分，即不参加诉讼活动和不能参加诉讼活动，前者是为不合理目的而不参加诉讼活动，后者是因有正当事由或客观条件限制而不能参加诉讼活动。本案情况，可认定为不能参加诉讼活动的情形。同时，在法律适用层面，可依据《民法典》第一千零七十九条第五款之规定：“经人民法院判决不准离婚后，双方又分居满一年，一方再次提起离婚诉讼的，应当准予离婚。”如满足该条件，应准予离婚。

具体到本案中，刘某与张某之前已有离婚诉讼，且张某已经参加第一次离婚诉讼并知晓相关判决结果。虽张某在刘某第二次起诉离婚前已经自行离家出走，但应能预知刘某再次起诉离婚的可能性，且在婚姻关系存续期间，张某自行离家出走的情形，可以作为夫妻感情破裂的重要佐证，说明张某不愿意与刘某再和好。

17. 夫妻一方因照顾家庭而承担较多义务的，能否在离婚时向对方请求补偿？

案例场景

苏某与季某某经人介绍相识结婚。结婚后，苏某常年在外打拼，而季某某无稳定职业，常年在家照顾孩子和处理家务。后因感情不和，苏某将季某某起诉至法院，要求离婚和分割夫妻共同财产。季某某在答辩期间，陈述其为支持苏某事业放弃了自己的工作，长期在家照顾孩子和处理家务，苏某应当给予其补偿。

依法分析

《民法典》规定了夫妻一方因抚育子女、照料老年人、协助另一方工作等负担较多义务的，离婚时有权向另一方请求补偿。在具体适用层面，有以下要点：首先，以承担较多家庭义务为前提。可以体现为抚育子女、照顾老年人、协助另一方工作等情形。其次，需以提出离婚为必要。仅限于协议离婚或离婚案件诉讼过程中提出，协议或判决离婚后，一方提出经济补偿请求的，人民法院不予受理。最后，需离婚案件一方主动提出，法院不能主动适用。本案中，季某某为支持苏某在外打拼，放弃在外工作机会，常年在家处理家务。

因此，其可以在本次离婚诉讼中，要求苏某对其进行补偿。

相关规定

《中华人民共和国民法典》

第一千零八十八条 夫妻一方因抚育子女、照料老年人、协助另一方工作等负担较多义务的，离婚时有权向另一方请求补偿，另一方应当给予补偿。具体办法由双方协议；协议不成的，由人民法院判决。

专家解析

家庭劳动价值应当被尊重。在现实生活中，常有一方家庭成员为支持另一方家庭成员的事业而放弃工作，常年在家照顾老人、孩子和处理家务，其中最为典型的是所谓“全职太太”。对于这部分群体，其在家照顾老人、孩子和处理家务，本身也属于创造价值的过程，且客观上使家庭整体受益。同时，负担更多家庭义务，也意味着其比其他人缺少了工作技能提升和社会交往的机会，故在财产分割的条件下，应当予以倾斜考虑。因此，《民法典》规定了家务劳动价值补偿制度，规定了负担较多家庭义务的一方有权获得离婚经济补偿，以体现实质性公平。另外需要补充说明的是，因为家务劳动价值难以量化计算，所以应由当事人协议约定，如果协议不成，则由人民法院考量家务劳动时间、投入家务劳动精力、家务劳动的效益、当地收入水平等因素进行确定。

18. 什么是“离婚冷静期”？

案例场景

刘某与贾某因感情不和，决定前往婚姻登记机关办理离婚登记手续。但前往婚姻登记机关的时候，工作人员告知有三十天的“离婚冷静期”，需要过三十天后才能办理离婚登记手续。此时，刘某和贾某都纳闷了：不是只要双方自愿离婚，并对财产和子女抚养达成协议后，婚姻登记机关就可以办理离婚登记手续了吗？什么是“离婚冷静期”呢？

依法分析

案例中的刘某和贾某是遇到了《民法典》中“离婚冷静期”的适用情形。离婚冷静期是《民法典》新增内容之一，是指为避免轻率离婚和维护家庭和谐，夫妻双方前往婚姻登记机关办理离婚登记手续之时，在离婚程序中设定冷静思考期限，待该规定的冷静期过后才能办理离婚登记手续。《民法典》对于离婚冷静期规定了三十天的期限，即婚姻登记机关在此期间不会为当事双方办理离婚登记手续，但当事任何一方在此期间可以向婚姻登记机关撤回离婚登记申请。如果离婚冷静期满后三十天内，当事双方亲自到婚姻登记机关办理离婚登记手续，婚姻登记机关经审核后，认为符合离婚条件，应当发给离婚证；如果在此期间，当事双方没有提出申请的，视为撤回离婚登记申请。

相关规定

《中华人民共和国民法典》

第一千零七十六条 夫妻双方自愿离婚的，应当签订书面离婚协议，并亲自到婚姻登记机关申请离婚登记。

离婚协议应当载明双方自愿离婚的意思表示和对子女抚养、财产以及债务处理等事项协商一致的意见。

第一千零七十七条 自婚姻登记机关收到离婚登记申请之日起三十日内，任何一方不愿意离婚的，可以向婚姻登记机关撤回离婚登记申请。

前款规定期限届满后三十日内，双方应当亲自到婚姻登记机关申请发给离婚证；未申请的，视为撤回离婚登记申请。

第一千零七十八条 婚姻登记机关查明双方确实是自愿离婚，并已经对子女抚养、财产以及债务处理等事项协商一致的，予以登记，发给离婚证。

专家解析

在社会所有的组成单元中，家庭具有基础性作用。可以说，家庭的和谐稳定，不仅关系到个人的生活，也关系到全社会的发展。通过设置一定期限的离婚冷静期，及时给予处在婚姻危机中的双方一定的缓冲、思考时间，有利于减少轻率离婚现象，维护家庭和谐稳定。同时，从域外立法经验来看，很多国家在面对轻率离婚问题时，也在离婚程序中设置了时间不一的冷静期。因此，在离婚程序中设置离婚冷静期有其必要性。需要重点说明的是，离婚的方式有协议离婚和诉讼离婚两种方式。依据《民法典》的规定，离婚冷静期仅适用于协议离婚，对于诉讼离婚则不适用。

19. 夫妻离婚后，子女的抚养费分担原则和标准如何确定？

案例场景

刘某因与王某长期感情不和，遂诉至法院，请求法院判决离婚。在诉讼过程中，两人均同意离婚，但对婚生子女抚养费的负担情况达不成协议。问：子女的抚养费分担原则和标准如何确定？

依法分析

抚养子女是父母的法定义务，不因双方婚姻关系变化而改变。夫妻离婚后，不直接抚养子女的一方应当支付抚养费。关于子女抚养费的具体数额、支付方式和承担期限，可由夫妻双方协议决定。如果双方协议不成，可由人民法院依照子女实际需要、夫妻收入情况和当地生活成本等情况进行判决，可以依照下列标准进行确定：1. 有固定收入的，抚育费一般可按其月总收入的百分之二十至百分之三十的比例给付。负担两个以上子女抚育费的，比例可适当提高，但一般不得超过月总收入的百分之五十。2. 无固定收入的，抚育费的数额可依据当年总收入或同行业平均收入，参照上述比例确定。3. 有特殊情况的，可适当提高或降低上述比例。当然，依照上述标准确定抚养费后，子女可以在必要时向父母任何一方提出超过协议或者判决确定数额的合理要求。

相关规定

《中华人民共和国民法典》

第一千零八十五条第一款 离婚后，子女由一方直接抚养的，另一方应当负担部分或者全部抚养费。负担费用的多少和期限的长短，由双方协议；协议不成，由人民法院判决。

《最高人民法院关于适用〈中华人民共和国民法典〉婚姻家庭编的解释（一）》

第四十九条 抚养费的数额，可以根据子女的实际需要、父母双方的负担能力和当地的实际生活水平确定。

有固定收入的，抚养费一般可以按其月总收入的百分之二十至三十的比例给付。负担两个以上子女抚养费的，比例可以适当提高，但一般不得超过月总收入的百分之五十。

无固定收入的，抚养费的数额可以依据当年总收入或者同行业平均收入，参照上述比例确定。

有特殊情况的，可以适当提高或者降低上述比例。

专家解析

子女的抚养费用关系到子女的健康成长，因此，法律鼓励父母在离婚后积极履行对子女的抚养义务，并且明确了具体参照标准。在这里需要补充说明的是，抚养费的支付期限一般是到子女满十八岁为止，但是如果子女的年龄在十六周岁以上不满十八周岁，能够以其劳动收入为主要生活来源，并能维持当地一般生活水平的，父母可以停止支付抚养费。同时，对于已经成年的子女，如果满足以下情形之一的，仍应当支付抚养费：1. 丧失劳动能力或虽未完全丧失劳动能力，但其收入不足以维持正常生活的；2. 尚在校就读的，且为接受高中及其以下学历教育的情形。

20. 夫妻一方自认债务，是否可以认定为夫妻共同债务？

案例场景

李某与龚某因感情不和，于2021年10月23日办理协议离婚手续。2021年11月9日，陈某将李某诉至法院，要求李某偿还在2021年9月所欠的借款100万元，同时，陈某认为该债务系李某和龚某的夫妻共同债务，因此也将龚某起诉到法院。在诉讼过程中，李某认可该借款情况及数额，并认可该借款系李某和龚某在婚姻关系存续期间的借款。龚某不认可该情况，并对李某与陈某之间的借款表示不知情。问：上述的100万元是否能认定为李某与龚某的夫妻共同债务？

依法分析

《民法典》对于夫妻共同债务的认定，明确了“共债共签”的基本原则，即夫妻双方共同签名或者夫妻一方事后追认等共同意思表示所负的债务，以及夫妻一方在婚姻关系存续期间以个人名义为家庭日常生活需要所负的债务，属于夫妻共同债务。陈某所主张的100万元债权，显然超过李某与龚某之间的家庭日常生活需要所承担的债务，如果不能证明龚某对上述债务曾表示认可，即使李某一方认可，该债务也不能认定为李某和龚某的夫妻共同债务。

相关规定

《中华人民共和国民法典》

第一千零六十四条　夫妻双方共同签名或者夫妻一方事后追认等共同意思表示所负的债务，以及夫妻一方在婚姻关系存续期间以个人名义为家庭日常生活需要所负的债务，属于夫妻共同债务。

夫妻一方在婚姻关系存续期间以个人名义超出家庭日常生活需要所负的债务，不属于夫妻共同债务；但是，债权人能够证明该债务用于夫妻共同生活、共同生产经营或者基于夫妻双方共同意思表示的除外。

第一千零六十五条第三款　夫妻对婚姻关系存续期间所得的财产约定归各自所有，夫或者妻一方对外所负的债务，相对人知道该约定的，以夫或者妻一方的个人财产清偿。

专家解析

夫妻共同债务的性质及负担原则，是夫妻婚姻财产制度的核心内容。夫妻共同债务，是指夫妻双方为该债务的共同债务人，并以其全部财产对该债务承担连带责任。除为日常生活而负担的债务外，夫妻双方共同认可或一方追认的，才能视为夫妻共同债务，其主要考虑因素是：对于债权人而言，债权人在债务形成的时候处于优势地位，其应当自行承担识别债务承担关系的风险；对于夫妻双方而言，采取夫妻共同认可的条件，有利于明确夫妻之间对于债务的知情权，降低一方对外借贷可能产生的道德风险。此外，对于风险的处置也具有一定意义，因为要求夫妻双方共同知晓和认可该债务关系，有利于减小事后纠纷的发生概率。

21. 高利贷债务，是否应由夫妻双方偿还？

案例场景

郭某某长期不务正业，沉迷于赌博，并为持续该不良嗜好长期对外举债。其爱人何某长期与郭某某不和，从2020年7月开始，双方分居生活。在此期间，何某曾起诉至法院，要求与郭某某离婚，但被法院驳回。2020年9月，郭某某为偿还赌债，对社会青年刘某谎称对外投资需要，向其借款10万元。双方约定：借款期限为1年，月利率为5%，到期后，本息一起偿还。2021年10月，郭某某未能按期偿还借款，刘某将郭某某起诉至法院，并因何某为其爱人，要求何某对借款承担连带责任。

依法分析

郭某某与刘某的借贷本金为10万元，借款期限为1年，月利率为5%。关于利息的规定，依据《最高人民法院关于审理民间借贷案件适用法律若干问题的规定》的要求，出借人请求借款人按照合同约定利率支付利息的，人民法院应予支持，但是双方约定的利率超过合同成立时一年期贷款市场报价利率四倍的除外。另查，从2019年8月到2020年8月的一年期贷款市场报价利率在3.85%和4.25%之间浮动变化，而郭某某与刘某约定月利率为5%，显然已经属于高利借贷行为。因此，对于债权利息超过规定部分，法院不予支持。同时，针对法院可支持的部分，还应当结合夫妻的债务认定的"共债共签”原则，即除日常生活支出外，需要夫妻共同认可或夫妻另一方追认。本案中，郭某某与爱人何某因长期不和，双方已分居生活，且涉案债务发生在两人分居期间。因此，如果证明不了何某认可该笔债务，则不应认定该笔债务为夫妻共同债务。

相关规定

《中华人民共和国民法典》

第一千零六十四条　夫妻双方共同签名或者夫妻一方事后追认等共同意思表示所负的债务，以及夫妻一方在婚姻关系存续期间以个人名义为家庭日常生活需要所负的债务，属于夫妻共同债务。

夫妻一方在婚姻关系存续期间以个人名义超出家庭日常生活需要所负的债务，不属于夫妻共同债务；但是，债权人能够证明该债务用于夫妻共同生活、共同生产经营或者基于夫妻双方共同意思表示的除外。

第一千零六十五条第三款　夫妻对婚姻关系存续期间所得的财产约定归各自所有，夫或者妻一方对外所负的债务，相对人知道该约定的，以夫或者妻一方的个人财产清偿。

《最高人民法院关于审理民间借贷案件适用法律若干问题的规定》

第二十五条　出借人请求借款人按照合同约定利率支付利息的，人民法院应予支持，但是双方约定的利率超过合同成立时一年期贷款市场报价利率四倍的除外。

前款所称“一年期贷款市场报价利率”，是指中国人民银行授权全国银行间同业拆借中心自2019年8月20日起每月发布的一年期贷款市场报价利率。

第二十七条　借贷双方对前期借款本息结算后将利息计入后期借款本金并重新出具债权凭证，如果前期利率没有超过合同成立时一年期贷款市场报价利率四倍，重新出具的债权凭证载明的金额可以认定为后期借款本金。超过部分的利息，不应认定为后期借款本金。

按前款计算，借款人在借款期间届满后应当支付的本息之和，超过以最初借款本金与以最初借款本金为基数、以合同成立时一年期贷款市场报价利率四倍计算的整个借款期间的利息之和的，人民法院不予支持。

专家解析

夫妻共同债务的认定往往涉及多个法律规范适用，除《民法典》婚姻家庭编对于夫妻共同债务的认定原则外，还需要结合《公司法》《合伙企业法》《最高人民法院关于审理民间借贷案件适用法律若干问题的规定》等一系列法律规范和司法解释等相关规定，才能最终判定债务承担情况。本案就是夫妻共同债务认定规制与利息认定规制相结合的典型事例。此外，因为民间借贷容易产生高利贷、套路贷，乃至非法吸收公众存款等犯罪问题，所以我国立法和司法实践对民间借贷纠纷的处理，一方面尊重当事人之间的契约自治，但在另一方面也要求当事人遵守最高利率限制、禁止发放高利贷等现行强制性规定。

22. 夫妻一方股票、基金投资所获得的收益，是否为夫妻共同财产？

案例场景

刘某某长期持有某只股票。某年股市大涨，刘某某获利颇丰。其妻子认为该只股票的收益是在婚姻关系存续期间获得的，应当属于夫妻共同财产。刘某某则表示不认同，理由是该只股票最原始的投资款源自其婚前财产，如果没有婚前的投资行为，就不可能有后续的投资获利。问：该笔投资款项收益是否属于夫妻共同财产？

依法分析

依据《民法典》的规定，夫妻在婚姻关系存续期间所得的“生产、经营、投资的收益”属于夫妻共同财产。刘某某的股票收益在夫妻婚姻关系存续期间获得，因此应属于夫妻共同财产，而不论该购买股票的投资款是否源自婚前财产，只要是在婚姻关系存续期间的投资收益，均为夫妻共同财产。

相关规定

《中华人民共和国民法典》

第一千零六十二条　夫妻在婚姻关系存续期间所得的下列财产，为夫妻的共同财产，归夫妻共同所有：

（一）工资、奖金、劳务报酬；

（二）生产、经营、投资的收益；

（三）知识产权的收益；

（四）继承或者受赠的财产，但是本法第一千零六十三条第三项规定的除外；

（五）其他应当归共同所有的财产。

夫妻对共同财产，有平等的处理权。

《最高人民法院关于适用〈中华人民共和国民法典〉婚姻家庭编的解释（一）》

第二十五条　婚姻关系存续期间，下列财产属于民法典第一千零六十二条规定的“其他应当归共同所有的财产”：

（一）一方以个人财产投资取得的收益；

（二）男女双方实际取得或者应当取得的住房补贴、住房公积金；

（三）男女双方实际取得或者应当取得的基本养老金、破产安置补偿费。

专家解析

原《婚姻法》规定了“生产、经营的收益”属于夫妻共同财产的范围。随着金融投资产品的多样化，《民法典》在此基础上增加了“投资收益”的规定，明确了股票、证券、期货等新类型投资产品的所有权属性。可以说，《民法典》对于婚姻关系存续期间的投资收益的认定原则同原《婚姻法》确定的原则基本一致，即只要在婚姻关系存续期间所获得的收益均为夫妻共同财产。其背后的考虑主要有以下两个方面：一是在婚姻关系存续期间的投资行为存在风险，该类型风险可以表现为获利或者是亏损，其风险后果也会影响到另一方，且一方所施行的投资行为必然需要占用婚姻关系存续期内的时间、精力；二是对于没有稳定工作，仅依赖投资获利生活的某些群体，该投资收益的性质如同“工资”，如果规定为个人财产，显然不利于家庭的和谐稳定。

23. 对于夫妻一方经营投资失败而承担的债务，应如何认定？

案例场景

黄某自己经营一家个体工商户，但因经营不善，长期亏损，合计对外欠款30余万元。后其中一名债权人洪某某将黄某起诉至法院，要求其和爱人王某某连带承担相应债务16万元整。问：黄某的爱人王某某是否应承担上述债务的连带责任？

依法分析

黄某经营的是个体工商户，如果是个人经营的，以个人财产承担；家庭经营的，以家庭财产承担；无法区分的，以家庭财产承担。

相关规定

《中华人民共和国民法典》

第五十四条 自然人从事工商业经营，经依法登记，为个体工商户。个体工商户可以起字号。

第五十六条第一款 个体工商户的债务，个人经营的，以个人财产承担；家庭经营的，以家庭财产承担；无法区分的，以家庭财产承担。

第一千零六十四条 夫妻双方共同签名或者夫妻一方事后追认等共同意思表示所负的债务，以及夫妻一方在婚姻关系存续期间以个人名义为家庭日常生活需要所负的债务，属于夫妻共同债务。

夫妻一方在婚姻关系存续期间以个人名义超出家庭日常生活需要所负的债务，不属于夫妻共同债务；但是，债权人能够证明该债务用于夫妻共同生活、共同生产经营或者基于夫妻双方共同意思表示的除外。

第一千零八十九条 离婚时，夫妻共同债务应当共同偿还。共同财产不足清偿或者财产归各自所有的，由双方协议清偿；协议不成的，由人民法院判决。

专家解析

个体工商户是个人对外投资经营可以采取的组织形式。个体工商户是指在法律允许的范围内，依法经核准登记，从事经营活动的自然人或者家庭。[①]个体工商户虽可能具备一定的外在组织形式，但与法人、非法人组织的债务承担方式不同，具体以个人经营和家庭经营等不同形式区分不同的责任形式。同时，当需要以夫妻共同财产对外承担责任时，还需要结合《民法典》第一千零六十四条、第一千零八十九条中所确立的夫妻承担债务的原则进行确定。

24. 收养的效力如何？

案例场景

金某从社会福利院收养一男孩。此时，金某膝下已经有一女。于是，金某便咨询律师朋友王某，想了解收养的子女和亲生子女之间的法律地位是否相同、有何特别规定。

依法分析

自收养关系成立之日起，养父母与养子女的权利义务关系便形成了拟制的血亲关系。所以，收养的子女和亲生子女具有相同的法律地位。在法律规范层面，比较集中规定收养关系的有：《民法典》婚姻家庭编，特别是第一千一百一十一条规定养父母与养子女的权利义务关系；《中国公民收养子女登记办法》，对具体的收养条件、程序进行了规定。

① 杨立新主编：《〈中华人民共和国民法典〉条文精释与实案全析》，中国人民大学出版社 2020 年版，第 74 页。

相关规定

《中华人民共和国民法典》

第一千一百一十一条 自收养关系成立之日起，养父母与养子女间的权利义务关系，适用本法关于父母子女关系的规定；养子女与养父母的近亲属间的权利义务关系，适用本法关于子女与父母的近亲属关系的规定。

养子女与生父母以及其他近亲属间的权利义务关系，因收养关系的成立而消除。

第一千一百一十二条 养子女可以随养父或者养母的姓氏，经当事人协商一致，也可以保留原姓氏。

专家解析

收养关系一经成立，便形成以下两个方面的效力：一是产生收养的拟制效力，养子女与养父母及其近亲属产生法律拟制血亲关系，尤其是养父母对未成年养子女负有抚养、教育和保护的义务，而成年养子女对养父母负有赡养、扶助和保护的义务，同时，养子女与养父母的近亲属互为法定继承人，享有相互继承遗产的权利；二是收养的撤销效力，养子女因收养关系成立，与其亲生父母及近亲属的权利义务关系消除。

25. 因收养关系解除，养父母是否有权要求养子女补偿？

案例场景

张某甲原系张乙和宋某的养子，由张乙和宋某抚养至成年。后因生活琐事，张某甲与张乙夫妇产生矛盾，且张某甲时常打骂张乙夫妇。张乙夫妇不堪忍受，要求解除与张某甲的收养关系，并要求张某甲补偿收养期间的抚养费。

依法分析

《民法典》规定了“因养子女成年后虐待、遗弃养父母而解除收养关系的，养父母可以要求养子女补偿收养期间支出的抚养费”。因为养子女的过错导致收养关系解除的，养父母享有经济补偿权，有权要求养子女补偿收养期间支出的抚养费。案例中，张某甲时常打骂张乙夫妇，张乙夫妇不堪忍受，要求解除与张某甲的收养关系。因此，张某甲对于解除收养关系存在过错，张乙夫妇有权要求张某甲补偿收养期间的抚养费。

相关规定

《中华人民共和国民法典》

第一千一百一十六条　当事人协议解除收养关系的，应当到民政部门办理解除收养关系登记。

第一千一百一十八条　收养关系解除后，经养父母抚养的成年养子女，对缺乏劳动能力又缺乏生活来源的养父母，应当给付生活费。因养子女成年后虐待、遗弃养父母而解除收养关系的，养父母可以要求养子女补偿收养期间支出的抚养费。

生父母要求解除收养关系的，养父母可以要求生父母适当补偿收养期间支出的抚养费；但是，因养父母虐待、遗弃养子女而解除收养关系的除外。

专家解析

养父母的经济补偿权可以分为向养子女主张补偿和向生父母主张补偿两种类型。养父母向养子女提出经济补偿的条件是：养子女已经成年，养子女成年之后对养父母有虐待、遗弃的行为，因养子女的上述过错行为导致收养关系解除。补偿义务的主体是已成年的养子女本人，经济补偿的范围是全额补偿养父母在收养期间支出的抚养费。养父母向生父母提出经济补偿的条件是：养子女尚未成年，生父母要求解除收养关系，收养并非因养父母对养子女的虐待、遗弃行为所致。补偿义务的主体是生父母，补偿的范围是适当补偿养父母在收养期间支出的抚养费。

26. 在婚姻关系存续期间，一方能否请求分割夫妻共同财产？

案例场景

安某（男）与杨某（女）为夫妻关系，两人共同经营一家餐馆。2020 年 1 月开始，安某因店内生意不好，逐渐染上了赌瘾，也开始对杨某不闻不问。此时，杨某突然患上了重大疾病，需要家中支付大量的医疗费。因两人平时的经济收入及开支均由安某负责，于是，杨某要求安某支付相关医疗费用，但遭到安某的拒绝。问：杨某有何救济途径？

依法分析

《民法典》对婚姻关系存续期间夫妻一方请求分割夫妻共同财产作出了规定，其中适用情形之一为：“一方负有法定扶养义务的人患重大疾病需要医治，另一方不同意支付相关医疗费用。”安某与杨某为夫妻关系，两人共同经营一家餐馆，其经营的收入均为夫妻共同财产，由安某负责管理。杨某身患疾病，安某作为法定扶养义务人应支付杨某医疗费用。所以，在安某拒绝支付医疗费用之时，杨某可以请求法院在两人婚姻关系存续期间分割餐馆经营所得在内的夫妻共同财产。

相关规定

《中华人民共和国民法典》

第一千零六十二条 夫妻在婚姻关系存续期间所得的下列财产，为夫妻的共同财产，归夫妻共同所有：

（一）工资、奖金、劳务报酬；

（二）生产、经营、投资的收益；

（三）知识产权的收益；

（四）继承或者受赠的财产，但是本法第一千零六十三条第三项规定的除外；

（五）其他应当归共同所有的财产。

夫妻对共同财产，有平等的处理权。

第一千零六十六条　婚姻关系存续期间，有下列情形之一的，夫妻一方可以向人民法院请求分割共同财产：

（一）一方有隐藏、转移、变卖、毁损、挥霍夫妻共同财产或者伪造夫妻共同债务等严重损害夫妻共同财产利益的行为；

（二）一方负有法定扶养义务的人患重大疾病需要医治，另一方不同意支付相关医疗费用。

专家解析

随着社会经济的发展，当事人的法律意识增强和观念发生变化，要求在婚姻关系存续期间分割财产的请求增多,《民法典》及时回应了社会发展需求。在适用条件上，除了案件中所展现的适用情形之一，还规定了另一适用情形，即“一方有隐藏、转移、变卖、毁损、挥霍夫妻共同财产或者伪造夫妻共同债务等严重损害夫妻共同财产利益的行为”。当然，当事人请求分割夫妻共同财产还需要向人民法院提出。

27. 患有重大疾病，是否能够办理结婚登记手续?

案例场景

小李与小张相恋已久，并准备办理结婚登记。但小李后来查出患有艾滋病。小李不知道婚姻登记机关是否还能给自己办理结婚登记手续。问：小李能否和小张办理结婚登记手续?

依法分析

艾滋病在医学上属于重大疾病，但《民法典》删除了“婚前患有医学上认为不应当结婚的疾病，婚后尚未治愈的”婚姻无效情形。因此，小李虽然患有艾滋病，但如果两人满足法定结婚条件，还是可以办理结婚登记手续的。

相关规定

《中华人民共和国民法典》

第一千零五十一条 有下列情形之一的，婚姻无效：

（一）重婚；

（二）有禁止结婚的亲属关系；

（三）未到法定婚龄。

第一千零五十三条 一方患有重大疾病的，应当在结婚登记前如实告知另一方；不如实告知的，另一方可以向人民法院请求撤销婚姻。

请求撤销婚姻的，应当自知道或者应当知道撤销事由之日起一年内提出。

专家解析

《民法典》对于“婚姻无效”的情形作出了重大调整，删去了“婚前患有医学上认为不应当结婚的疾病，婚后尚未治愈的”婚姻无效情形，但保留以下婚姻无效情形：1. 重婚，即有配偶一方与他人登记结婚的行为，或未有登记结婚行为，但以夫妻名义与他人生活；2. 有禁止结婚的亲属关系，具体包括直系血亲和三代以内的旁系血亲，直系血亲还应包括拟制血亲；3. 未达到法定婚龄，具体规定了男性婚龄为 22 周岁，女性婚龄为 20 周岁，未到法定婚龄，婚姻登记机关不予办理结婚登记。当然，婚姻当事人或者利害关系人申请婚姻无效的，应当向人民法院提出。在患有严重疾病的情形之下结婚，还是要遵循医嘱，定期做好身体检查。

第二章　继承法律知识

28. 游戏装备、网络账号等虚拟财产能否继承？

案例场景

游戏玩家史某不幸因过劳而去世。因其名下游戏账号存在大量稀有游戏装备，其父母向相关游戏公司申请继承史某的游戏账号和项下的游戏装备。问：史某父母能否继承史某游戏账号和游戏装备？

依法分析

游戏装备、网络账号属于虚拟财产的典型表现形式，虽然目前立法和司法实践对于包括游戏装备、网络账号在内的虚拟财产是否属于可继承客体的范围存在争议，但从现有案件处理情况来看，游戏装备、网络账号等虚拟财产已经进入法律保护的范围。结合上述分析，在无法律禁止的情形（如违背公序良俗或侵害第三人利益等）下，游戏装备、网络账号等虚拟财产原则上可以继承。

相关规定

《中华人民共和国民法典》

第一千一百二十一条第一款　继承从被继承人死亡时开始。

第一千一百二十二条　遗产是自然人死亡时遗留的个人合法财产。

依照法律规定或者根据其性质不得继承的遗产，不得继承。

第一千一百二十七条第一款　遗产按照下列顺序继承：

（一）第一顺序：配偶、子女、父母；

（二）第二顺序：兄弟姐妹、祖父母、外祖父母。

专家解析

虚拟财产一般是指狭义的游戏化、非物化的财产形式，包括邮件账号、网络账号、金融管理账号、社交账号、网络游戏、游戏装备、虚拟物品、网络货币、网络信息等。[①]尤其是随着多年的电子游戏市场化的发展，一些游戏装备、网络账号逐渐具备可支配性、市场价值性等财产属性，虽然现行立法没有对虚拟财产是否属于可继承客体进行直接规定，但从相关案例的判决来看，一般认可对其进行保护。同时，《民法典》规定了“遗产是自然人死亡时遗留的个人合法财产”，且“依照法律规定或者根据其性质不得继承的遗产，不得继承”，可见，游戏装备、网络账号等虚拟财产因具备财产形式，符合遗产的定义。此外，从社会效果来看，将游戏装备、网络账号明确为可继承范围，符合社会大众心理。所以，即使没有明确的法律规定，笔者仍倾向于认为游戏装备、网络账号属于可继承客体。此外，需要着重说明的是，因为游戏装备、网络账号等虚拟财产借助网络形式体现，所以在游戏平台方提供媒介作用时，如何要求平台提供有效信息及相应协助尤为关键，同时，游戏平台与平台使用者签订相关协议时，往往通过格式条款限制平台使用者的继承、买卖等权利，如何平衡两者利益，需要在日后司法实践中进一步明确。

29. 什么是“遗赠扶养协议”？

案例场景

刘某自2012年老伴去世之后，因子女工作繁忙，无人照料日常起居。于是，刘某从2014年开始，便一直由保姆韩某某照料。韩某某不仅给了刘某悉心的生活照料，也弥补了刘某子女陪伴较少的精神需要。于是，刘某在2016年与韩某某签订《遗赠扶养协议》，约定韩某某照料刘某，在其百年之后，其房屋归韩某某所有，并办理了公证。刘某在2021年1月去世后，刘某的子女和韩某某就涉案房屋归属发生争议。之后，刘某的子女将韩某某起诉至法院。

① 最高人民法院民法典贯彻实施工作领导小组主编：《中华人民共和国民法典婚姻家庭编继承编理解与适用》，人民法院出版社2020年版，第503页。

依法分析

遗赠扶养协议，是指遗赠人与扶养人进行约定，一方面由扶养人负责遗赠人的生养死葬，另一方面由遗赠人在去世后将其财产转移给扶养人所有的协议。《民法典》规定了自然人可以与继承人以外的组织或者个人签订遗赠扶养协议。按照协议，该组织或者个人负责该自然人生养死葬，享有受遗赠的权利。本案中，刘某在2016年与韩某某签订《遗赠扶养协议》，约定韩某某对其进行照料，在其百年之后，其房屋归韩某某所有。所以，该情形属于典型的遗赠扶养行为。尤其是涉案的《遗赠扶养协议》已经经过公证，如果刘某的子女不能证明存在诸如违反禁止性规定或存在欺诈、乘人之危等法定可撤销情形，应当驳回其诉讼请求。

相关规定

《中华人民共和国民法典》

第一千一百二十三条　继承开始后，按照法定继承办理；有遗嘱的，按照遗嘱继承或者遗赠办理；有遗赠扶养协议的，按照协议办理。

第一千一百五十八条　自然人可以与继承人以外的组织或者个人签订遗赠扶养协议。按照协议，该组织或者个人承担该自然人生养死葬的义务，享有受遗赠的权利。

专家解析

《民法典》将遗赠扶养协议作为遗产处置的方式，颇具特色，一方面，通过协议约定明确了扶养人对遗赠人的照料义务；另一方面，明确了遗赠人去世后的财产归属，对于缺乏劳动能力又无生活依靠的孤寡老人意义更为特殊。遗赠扶养协议的具体形式有两种：一种是自然人与自然人之间签订遗赠扶养协议，另一种是自然人与集体所有制组织签订遗赠扶养协议。同时，遗赠扶养协议有以下特点：一是双方法律行为，需要遗赠人与扶养人意思表示一致时方可以成立。这也是不同于遗赠行为的显著特点，因为遗赠只要单方意思就可以具有效力，无须对方同意，而遗赠扶养协议需要双方意思一致才可以成立。二是双务有偿行为，遗赠人和扶养人各自承担不同的权利义务，扶养人有负责遗赠人生养死葬的义务，遗赠人有将遗产赠与扶养人的义务。三是诺成性法律行为，自双方达成遗赠扶养协议后，遗赠扶养关系即成立生效。

30. 丧偶儿媳对公婆，丧偶女婿对岳父母，尽了主要赡养义务的，能否对其遗产进行继承？

案例场景

赵某之妻早年不幸因病去世。其妻还有一兄弟王某。赵某之妻的父母因王某常年不在家，便由赵某一人长期照顾，一直到两位老人去世。后，赵某想要继承两位老人遗留的房产，遭到王某拒绝，理由是王某作为两位老人唯一的孩子，应当由其独自继承该房屋，赵某不属于老人的亲生子女，没有相应的继承权。问：赵某能否继承两位老人的遗产？

依法分析

《民法典》规定了丧偶儿媳对公婆，丧偶女婿对岳父母，尽了主要赡养义务的，作为第一顺序继承人。本案中，赵某妻子早年去世，其作为丧偶女婿常年照料岳父母，且王某作为老人子女长期离家，缺少对老人的照料。因此，可以认定赵某对两位老人尽了主要赡养义务，其可以作为两位老人的第一顺序继承人对其遗产进行继承。

相关规定

《中华人民共和国民法典》

第一千一百二十九条 丧偶儿媳对公婆，丧偶女婿对岳父母，尽了主要赡养义务的，作为第一顺序继承人。

第一千一百三十条 同一顺序继承人继承遗产的份额，一般应当均等。

对生活有特殊困难又缺乏劳动能力的继承人，分配遗产时，应当予以照顾。

对被继承人尽了主要扶养义务或者与被继承人共同生活的继承人，分配遗产时，可以多分。

有扶养能力和有扶养条件的继承人，不尽扶养义务的，分配遗产时，应当不分或者少分。

继承人协商同意的，也可以不均等。

专家解析

继承关系主要是以血缘关系和婚姻关系为前提和依据的，但是丧偶儿媳与公婆、丧偶女婿与岳父母没有血缘和婚姻关系，仅属于姻亲关系，一般不发生继承。但是由于居家养老是我国养老的主要方式，鼓励丧偶儿媳对公婆、丧偶女婿对岳父母尽赡养义务，有利于孤寡老人有一个稳定快乐的晚年生活，增强家庭团结和减轻社会负担。该行为已经被原《继承法》和《民法典》所规定，属于我国家事立法的重要特色和优势。在这里，本条规定除应具备“丧偶儿媳”“丧偶女婿”的条件，还应当履行“主要赡养义务”或“主要扶养义务”，即为老人提供一定的经济生活条件。偶尔、临时的照料，不应当视为履行“主要赡养义务”或“主要扶养义务”，不能取得第一顺位继承权。

31. 法律对于生活困难的继承人，有何明确保护规定？

案例场景

被继承人刘某有三子二女，分别为儿子刘甲、刘乙、刘丙，女儿刘丁、刘戊。刘某之妻先于刘某去世。刘甲、刘乙、刘丁、刘戊均已成家立业，有自己的工作。刘丙因小时候患有小儿麻痹症，智力低下，没有稳定工作，日常生活靠低保和父亲刘某接济。问：刘丙作为刘某的继承人，法律对其有何特别保护？

依法分析

《民法典》规定了一般的继承份额均等原则，即在同一顺序的各个继承人所继承的份额应当均等，但在特定情况下，为保护弱势一方权益，明确了对生活困难的继承人进行保护的规定。例如，该法第一千一百三十条第二款规定：“对生活有特殊困难又缺乏劳动能力的继承人，分配遗产时，应当予以照顾。”尤其是“应当”一词，表明了“必须”的意思。案例中的刘丙因小时候患有小儿麻痹症，导致智力低下，没有稳定工作，日常生活靠低保和父亲刘某接济，可见，刘丙没有稳定的收入，也没有劳动能力，属于“生活有特殊困难又缺乏劳动能力的继承人”。所以，对刘丙的继承份额较其他继承人而言应当给予更多照顾。

相关规定

《中华人民共和国民法典》

第一千一百三十条 同一顺序继承人继承遗产的份额，一般应当均等。

对生活有特殊困难又缺乏劳动能力的继承人，分配遗产时，应当予以照顾。

对继承人尽了主要扶养义务或者与被继承人共同生活的继承人，分配遗产时，可以多分。

有扶养能力和有扶养条件的继承人，不尽扶养义务时，分配遗产时，应当不分或者少分。

继承人协商同意的，也可以不均等。

专家解析

法律对于生活困难的继承人的保护，主要体现在《民法典》第一千一百三十条之规定中。在具体适用时，必须同时具备“生活有特殊困难”和“缺乏劳动能力”两个条件，如果缺乏其中任意一个条件，则不应被适用。其中，“生活有特殊困难”是指继承人没有独立的经济来源或者有独立的经济来源但不足以维持当地起码的生活水平；“缺乏劳动能力”是指因肢体残疾、年龄和疾病等原因而丧失全部或部分劳动能力。当然，即使继承人同时具备“生活有特殊困难”和“缺乏劳动能力”这两个条件，“予以照顾”也不必然等同于多分遗产，因为该条规定是为了保障生活有特殊困难又缺乏劳动能力的继承人的基本生活需要，如在份额均等情况下，能够满足该继承人的基本生活需要，则没必要予以多分；反之，如果各个继承人均是生活有特殊困难又缺乏劳动能力的情况，则对各继承人的继承份额也应当采取均分原则。

32. 什么是“遗嘱信托”？

案例场景

李某在2019年9月1日写下自书遗嘱一份，载明：“1. 财产情况：本人尚有1200万元银行存款和位于某市某区房屋1套；2. 财产分配情况：待本人百年之后，房屋1套归长子李甲所有，剩余1200万元银行存款成立专项基金，由次子李乙和三子李丙每人每年从中领取10万元，直到取完为止，若剩余存款不足以支付每人每年10万元，则按每人50%的比例分配剩余存款。”问：李某在遗嘱中对次子李乙和三子李丙的遗产分配情况是否有效？

依法分析

《民法典》规定自然人可以依法设立遗嘱信托。遗嘱信托，是指依照《民法典》《信托法》等相关法律规定，依照委托人所立遗嘱，将委托人的遗产交给受托人进行管理，并由受托人为受益人的利益或者特定目的进行管理或者处分的行为。因此，案例中的李某对次子李乙和三子李丙的遗产分配所采取的行为，实质上属于遗嘱信托行为。

相关规定

《中华人民共和国民法典》

第一千一百三十三条　自然人可以依照本法规定立遗嘱处分个人财产，并可以指定遗嘱执行人。

自然人可以立遗嘱将个人财产指定由法定继承人中的一人或者数人继承。

自然人可以立遗嘱将个人财产赠与国家、集体或者法定继承人以外的组织、个人。

自然人可以依法设立遗嘱信托。

《中华人民共和国信托法》

第二条 本法所称信托，是指委托人基于对受托人的信任，将其财产权委托给受托人，由受托人按委托人的意愿以自己的名义，为受益人的利益或者特定目的，进行管理或者处分的行为。

第八条 设立信托，应当采取书面形式。

书面形式包括信托合同、遗嘱或者法律、行政法规规定的其他书面文件等。

采取信托合同形式设立信托的，信托合同签订时，信托成立。采取其他书面形式设立信托的，受托人承诺信托时，信托成立。

第十三条 设立遗嘱信托，应当遵守继承法关于遗嘱的规定。

遗嘱指定的人拒绝或者无能力担任受托人的，由受益人另行选任受托人；受益人为无民事行为能力人或者限制民事行为能力人的，依法由其监护人代行选任。遗嘱对选任信托人另有规定的，从其规定。

专家解析

采取遗嘱信托，具有以下优势：一是有利于遗产的稳定，可以由专业理财机构担任遗嘱信托执行人，从而保证遗产的保值升值；二是保证受益人定期获得遗产，尤其是对于未成年人、残疾人或缺乏财富管理能力人具有生活保障的作用；三是保障相关遗产的安全，既独立于委托人的其他个人遗产，也独立于受托人的固有财产，还产生阻隔受益人的支配意志。当然，设立遗嘱信托还需要符合《信托法》的相关规定。

33. 遗嘱的形式有哪些？

案例场景

刘某自觉年事已高，为防止子孙争夺财产、避免日后家庭不和，刘某自己拿出一张白纸，写上了自己所有的存款和房产等情况以及相关财产归谁的字句，并在纸张的最后，签下了自己的姓名和立遗嘱的时间。刘某写完后，将该纸张放置到床头柜中。问：刘某采取的是何种遗嘱形式？刘某所采用的遗嘱形式是否有效?

依法分析

案例中的刘某采用的是自书遗嘱形式。所谓自书遗嘱，是指遗嘱中关于遗产处理的主体部分以及签名和年、月、日均为立遗嘱人本人亲笔书写的遗嘱形式。《民法典》规定了自书遗嘱的要件形式，即遗嘱内容需由遗嘱人本人全部书写，且遗嘱内容包括主文内容、签名和立遗嘱的时间等。刘某亲笔写下自己所有的存款和房产等情况以及相关财产归谁的字句，并亲笔注明年、月、日，符合法律规定，属于有效的自书遗嘱形式。

相关规定

《中华人民共和国民法典》

第一千一百三十四条　自书遗嘱由遗嘱人亲笔书写，签名，注明年、月、日。

第一千一百三十五条　代书遗嘱应当有两个以上见证人在场见证，由其中一人代书，并由遗嘱人、代书人和其他见证人签名，注明年、月、日。

第一千一百三十六条　打印遗嘱应当有两个以上见证人在场见证，遗嘱人和见证人应当在遗嘱每一页签名，注明年、月、日。

第一千一百三十七条　以录音录像形式立的遗嘱，应当有两个以上见证人在场见证。遗嘱人和见证人应当在录音录像中记录其姓名或者肖像，以及年、月、日。

专家解析

《民法典》规定了自书遗嘱、代书遗嘱、打印遗嘱、录音录像遗嘱、公证遗嘱、口头遗嘱等遗嘱形式。依据《民法典》的规定，相关内容如下：1. 自书遗嘱应由遗嘱人本人亲笔签名，且所签姓名应当为身份证、户口本登记的姓名，不能用笔名、艺名代替，同时，还需要本人亲笔签下年、月、日。可以说，自书遗嘱所包含的遗嘱主干内容，姓名，年、月、日等信息均应当为本人书写，如果其中的一项不是本人书写则所立的遗嘱无效。当然，自书遗嘱可以在原文内修正，但需要在修正的地方由立遗嘱人亲笔写上修改内容，并注明年、月、日。2. 代书遗嘱，是指由遗嘱人口述遗嘱内容并由他人代替书写的遗嘱形式。采用代书遗嘱应当有两个以上见证人在场见证，由其中一人代书，并由遗嘱人、代书人和其他见证人签名，注明年、月、日。同时，《民法典》对见证人的资格进行了规定，即以下人员不能作为见证人：无民事行为能力、限制民事行为能力及其他不具有见证能力的人；继承人、受遗赠人；与继承人、受遗赠人有利害关系的人。3. 打印遗嘱，是指通过计算机、打印机等设备印刷出来的遗嘱。其应当有两个以上见证人在场见证。遗嘱人和见证人应当在打印遗嘱的每一页签名，注明年、月、日。4. 录音录像遗嘱，是通过录音录像的技术手段记录内容的遗嘱形式。录音录像遗嘱也需要有两名以上的见证人，且见证人的资格同代书遗嘱一致。5. 公证遗嘱，是指经公证机构办理的遗嘱。6. 口头遗嘱，是指遗嘱人本人口述遗嘱内容的形式。遗嘱人立口头遗嘱需有两人以上的见证人在场，且应为本人遇到自然灾害、突发意外事件等客观情况而不能采取其他遗嘱形式下才能采用，如果上述危急情况解除后，所立的口头遗嘱归为无效。

34. 打印遗嘱的效力如何？

案例场景

高某某用电脑书写了一份遗嘱，遗嘱共有三页内容，高某某在遗嘱最后处签下本人姓名和日期。高某某写完遗嘱后，把该份材料送交给律师朋友黄某审阅，咨询该材料是否符合法律规定。问：律师黄某将怎样回答高某某提出的问题？

依法分析

案例中，高某某用电脑书写了一份遗嘱，在法律上属于打印遗嘱的形式。关于打印遗嘱的法律要求是：一是本人亲自书写打印遗嘱。二是需要有两个以上见证人，且以下人员不能作为见证人：无民事行为能力、限制民事行为能力以及其他不具有见证能力的人；继承人、受遗赠人；与继承人、受遗赠人有利害关系的人。三是遗嘱人、见证人在打印遗嘱的每页内容中签名和年、月、日。高某某书写的遗嘱有三页内容，但只有最后部分有高某某签字及年、月、日签字，且该遗嘱中没有见证人签名，因此，高某某书写的遗嘱显然不符合法律规定。

相关规定

《中华人民共和国民法典》

第一千一百三十六条　打印遗嘱应当有两个以上见证人在场见证。遗嘱人和见证人应当在遗嘱每一页签名，注明年、月、日。

第一千一百四十条　下列人员不能作为遗嘱见证人：

（一）无民事行为能力人、限制民事行为能力人以及其他不具有见证能力的人；

（二）继承人、受遗赠人；

（三）与继承人、受遗赠人有利害关系的人。

专家解析

《民法典》规定了自书遗嘱、录音录像遗嘱、代书遗嘱、打印遗嘱、公证遗嘱、口头遗嘱等遗嘱形式。依据遗嘱形式法定的原则，采用相应的遗嘱形式需要符合法律规定，如果不符合法律规定，则所立的遗嘱不发生法律效力。同时，随着现代科技的迅速发展，电脑已经普及，并成为人们日常生活工作必不可少的工具，人们通过电脑等电子设备进行书写、表达已经成为常态。因此，《民法典》增加了“打印遗嘱”的新形式。打印遗嘱，是指用电脑、打字机等输入设备，将遗嘱内容完整书写，并打印出来的遗嘱形式。在具体运行过程中，打印遗嘱实际包括两个过程：一是在电脑上书写遗嘱内容，至于是遗嘱人本人所写，还是见证人所写，无关紧要，同时，关于具体的字体和行距、段落等的使用，法律也给予当事人自由选择的权利；二是在电脑、打字机上将遗嘱内容打印出来，由遗嘱人、见证人在其上进行签名，并写下日期。这一点也是不同于自书遗嘱之处，而且，因为打印遗嘱都是印刷字体，所以要求遗嘱人、见证人在每页都写下自己的姓名和年、月、日，目的是保证打印遗嘱的真实性和防止所立遗嘱被篡改。当然，如果遗嘱人、见证人能亲自书写本人身份证号码，则能够增强相关人员的辨识性，提高打印遗嘱的真实性，在这一点上，当事人可以予以考虑。

35. 如何办理公证遗嘱？

案例场景

王大爷从电视上听说立遗嘱可以通过公证进行，办理遗嘱公证具有权威性和公示性的优点，于是找到社区服务站的小王咨询相关事宜。小王拨打市民服务热线，联系到离王大爷家最近的公证机构，并把相关地址和电话告知了王大爷。王大爷到了公证机构，遇到服务人员小刘，询问该如何办理公证遗嘱。

依法分析

公证遗嘱是《民法典》确定的可以采用的遗嘱形式之一。同时，公证遗嘱因为具有公开、公正、权威的优势，受到很多人的青睐。《遗嘱公证细则》第三条对公证遗嘱进行了明确，即“遗嘱公证是公证处按法定程序证明遗嘱人设立遗嘱行为真实、合法的活动。经公证证明的遗嘱为公证遗嘱”。因此，王大爷可以到公证机构申请办理公证遗嘱，当然，所立遗嘱的具体内容和具体形式还需要符合《民法典》关于遗嘱继承的规定。

相关规定

《中华人民共和国民法典》

第一千一百三十九条 公证遗嘱由遗嘱人经公证机构办理。

《中华人民共和国公证法》

第二条 公证是公证机构根据自然人、法人或者其他组织的申请，依照法定程序对民事法律行为、有法律意义的事实和文书的真实性、合法性予以证明的活动。

第六条 公证机构是依法设立，不以营利为目的，依法独立行使公证职能、承担民事责任的证明机构。

第七条 公证机构按照统筹规划、合理布局的原则，可以在县、不设区的市、设区的市、直辖市或者市辖区设立；在设区的市、直辖市可以设立一个或者若干个公证机构。公证机构不按行政区划层层设立。

第十一条第一款　根据自然人、法人或者其他组织的申请，公证机构办理下列公证事项：

（一）合同；

（二）继承；

（三）委托、声明、赠与、遗嘱；

（四）财产分割；

（五）招标投标、拍卖；

（六）婚姻状况、亲属关系、收养关系；

（七）出生、生存、死亡、身份、经历、学历、学位、职务、职称、有无违法犯罪记录；

（八）公司章程；

（九）保全证据；

（十）文书上的签名、印鉴、日期，文书的副本、影印本与原本相符；

（十一）自然人、法人或者其他组织自愿申请办理的其他公证事项。

《遗嘱公证细则》

第三条　遗嘱公证是公证处按法定程序证明遗嘱人设立遗嘱行为真实、合法的活动。经公证证明的遗嘱为公证遗嘱。

第五条　遗嘱人申办遗嘱公证应当亲自到公证处提出申请。

遗嘱人亲自到公证处有困难的，可以书面或者口头形式请求有管辖权的公证处指派公证人员到其住所或者临时处所办理。

第六条第一款　遗嘱公证应当由两名公证人员共同办理，由其中一名公证员在公证书上署名。因特殊情况由一名公证员办理时，应当有一名见证人在场，见证人应当在遗嘱和笔录上签名。

第十六条　公证人员发现有下列情形之一的，公证人员在与遗嘱人谈话时应当录音或者录像：

（一）遗嘱人年老体弱；

（二）遗嘱人为危重伤病人；

（三）遗嘱人为聋、哑、盲人；

（四）遗嘱人为间歇性精神病患者、弱智者。

专家解析

办理公证遗嘱需要注意以下几个问题：一是可选择公证处的问题。《遗嘱公证细则》第四条规定：“遗嘱公证由遗嘱人住所地或者遗嘱行为发生地公证处管辖。”其中，关于遗嘱行为地的规定，意味着每一个公证处都可以办理任何一个人的遗嘱公证事项；二是关于提交材料的情况，主要包括户口本或居民身份证、遗嘱涉及的财产清单及权属证明材料、遗嘱正文内容、遗嘱公证申请书和其他需要的材料；三是办理公证遗嘱的程序，一般由两名公证人员共同办理，由其中一名公证员在公证书上署名，因特殊情况由一名公证员办理时，应当由一名见证人在场，见证人应当在遗嘱和笔录上签名。在下列情况下，应当对遗嘱公证的过程进行录音或者录像：1. 遗嘱人年老体弱；2. 遗嘱人为危重伤病人；3. 遗嘱人为聋、哑、盲人；4. 遗嘱人为间歇性精神病患者、智力障碍者。

36. 转继承和代位继承有何区别？

案例场景

吴某某有子女5人，分别是：儿子吴甲、吴乙，女儿吴丙、吴丁、吴戊，其中吴甲先于吴某某去世，但吴甲育有一子吴己。吴丙有爱人金某甲和女儿金乙，但吴丙因吴某某去世而伤心过度，在遗产分割前去世。吴某某去世前未留下遗嘱。上述人员就吴某某的遗产归属问题产生纠纷。问：被继承人吴某某的遗产继承关系如何？

依法分析

《民法典》为解决遗产继承问题，规定了代位继承制度和转继承制度。依据《民法典》第一千一百二十八条、第一千一百五十二条的规定，代位继承具体可以分为两种情形：一种情形是被继承人的子女先于被继承人死亡，由被继承人子女的晚辈直系血亲代替先死亡的长辈直系血亲继承被继承人遗产；另一种情形是在被继承人无配偶、子女、父母继承其财产，被继承人的兄弟姐妹又先于被继承人死亡时，由被继承人兄弟姐妹的子女代替死亡的父母继承被继承人遗产的一项法定继承制度。[①] 转继承是指继承人在继承开始后、遗产分割前死亡，其所应继承的遗产份额转由其继承人承受的法律制度。案例中，吴某某去世时，吴乙、吴丙、吴丁、吴戊尚在，在吴某某未有遗嘱的情形下，上述人员依照法定继承关系继承吴某某的相应遗产，但吴丙在吴某某死亡后、遗产分割前去世，故发生转继承关系，其应继承吴某某的遗产份额由其爱人金某甲和女儿金乙继承。而吴甲先于吴某某去世，则发生代位继承，由吴甲的儿子吴已继承其继承份额。

相关规定

《中华人民共和国民法典》

第一千一百二十八条　被继承人的子女先于被继承人死亡的，由被继承人的子女的直系晚辈血亲代位继承。

被继承人的兄弟姐妹先于被继承人死亡的，由被继承人的兄弟姐妹的子女代位继承。

代位继承人一般只能继承被代位继承人有权继承的遗产份额。

第一千一百五十二条　继承开始后，继承人于遗产分割前死亡，并没有放弃继承的，该继承人应当继承的遗产转给其继承人，但是遗嘱另有安排的除外。

专家解析

代位继承制度和转继承制度都属于遗产继承的方式，两者之间存在显著的区别，体现在以下几个方面：一是继承发生时间不同。代位继承发生在继承人先于被继承人死亡的情形中，而转继承发生在继承发生之后、分割遗产之前。二是继承主体不同。代位继承的继承主体是被代位继承人的晚辈直系亲

① 最高人民法院民法典贯彻实施工作领导小组主编：《中华人民共和国民法典婚姻家庭编继承编理解与适用》，人民法院出版社 2020 年版，第 533 页。

属，转继承的继承主体为继承人的继承人。三是适用范围不同。代位继承仅适用于法定继承，而转继承可以适用于法定继承，也可以适用于遗嘱继承。

37. 养子女是否可以直接继承亲生父母的遗产?

案例场景

苏某从小被苏甲夫妇收养，但还长期与其亲生父亲王某和亲生母亲孙某保持联系。2019 年 4 月，苏某的亲生父亲王某去世，此时苏某已经成年，其想继承王某的遗产。问：苏某能否直接继承王某的遗产？

依法分析

依据法律规定，苏某不能继承亲生父亲王某的遗产。本案中，苏某从小被苏甲夫妇收养，依据《民法典》的规定，自被收养之时起，苏某与亲生父母的权利义务产生关系解销效力，即生父母对被收养者不再承担抚养、教育和保护的义务，被收养者对生父母不再承担赡养义务，同时，彼此之间也不发生相互继承遗产的权利。所以，苏某与其亲生父亲不发生相互继承的关系，其不能继承王某的遗产。但是，苏某与苏甲夫妇因收养行为而产生拟制直系血亲关系，双方可以形成继承关系。

相关规定

《中华人民共和国民法典》

第一千一百一十一条 自收养关系成立之日起，养父母与养子女间的权利义务关系，适用本法关于父母子女关系的规定；养子女与养父母的近亲属间的权利义务关系，适用本法关于子女与父母的近亲属关系的规定。

养子女与生父母以及其他近亲属间的权利义务关系，因收养关系的成立而消除。

第一千一百二十七条 遗产按照下列顺序继承：

（一）第一顺序：配偶、子女、父母；

（二）第二顺序：兄弟姐妹、祖父母、外祖父母。

继承开始后，由第一顺序继承人继承，第二顺序继承人不继承；没有第一顺序继承人继承的，由第二顺序继承人继承。

本编所称子女，包括婚生子女、非婚生子女、养子女和有扶养关系的继子女。

本编所称父母，包括生父母、养父母和有扶养关系的继父母。

本编所称兄弟姐妹，包括同父母的兄弟姐妹、同父异母或者同母异父的兄弟姐妹、养兄弟姐妹、有扶养关系的继兄弟姐妹。

专家解析

被收养人与其亲生父母之间具有自然的血亲关系，但是该血缘关系可基于法律规定的收养行为而中断，即被收养人与亲生父母之间不再有法律上的权利义务关系，这样规定的目的在于维护收养关系之稳定及保证未成年人的健康成长。因收养关系而产生的权利义务关系主要有以下几个方面：一是养父母承担对被收养人在未成年期间的抚养、教育和保护的义务，成年被收养人对养父母应履行赡养的义务；二是被收养人与养父母之间形成继承关系；三是被收养人与养父母的近亲属发生法律规定的近亲属的权利义务关系。但是，在收养关系解除后，被收养人与养父母及其他近亲属间的权利义务关系自行消除，与其生父母及其他近亲属间的权利义务关系自行恢复。

38. 宣告死亡被撤销后，相关方的继承份额如何处理？

案例场景

杨某某因一次意外事故而被宣告死亡，其遗留的存款20万元和一处房产被其配偶孙某、独子杨乙继承。三年过后，杨某某突然出现。原来杨某某当年被附近老乡所救，并经过长期治疗，逐渐恢复身体健康和原有记忆，才回到家里。杨某某的出现，让家人惊喜不已，同时，为了恢复杨某某的正常生活，杨某某向人民法院申请撤销死亡宣告。问：如果人民法院撤销了杨某某的死亡宣告，其被“继承”的财产将如何处理？

依法分析

《民法典》规定了被撤销死亡宣告的人请求返还财产的规定，即被撤销死亡宣告的人有权依照该法第六编的规定，要求取得其财产的民事主体返还财产，如果取得财产的民事主体无法返还的，应当给予适当补偿。案例中，杨某某因意外事故而被宣告死亡，继承人孙某、杨乙所继承的标的为房产和存款，且房屋自然长期存在、存款为种类物，均属于可直接返还的财产，不属于原物消灭的情形。所以，杨某某死亡宣告被撤销后，孙某、杨乙应当向杨某某直接返还上述财产。

相关规定

《中华人民共和国民法典》

第四十六条 自然人有下列情形之一的，利害关系人可以向人民法院申请宣告该自然人死亡：

（一）下落不明满四年；

（二）因意外事件，下落不明满二年。

因意外事件下落不明，经有关机关证明该自然人不可能生存的，申请宣告死亡不受二年时间的限制。

第四十九条 自然人被宣告死亡但是并未死亡的，不影响该自然人在被宣告死亡期间实施的民事法律行为的效力。

第五十条 被宣告死亡的人重新出现，经本人或者利害关系人申请，人民法院应当撤销死亡宣告。

第五十三条 被撤销死亡宣告的人有权请求依照本法第六编取得其财产的民事主体返还财产；无法返还的，应当给予适当补偿。

利害关系人隐瞒真实情况，致使他人被宣告死亡而取得其财产的，除应当返还财产外，还应当对由此造成的损失承担赔偿责任。

专家解析

宣告死亡制度，是法律上对自然人死亡的推定，其目的在于结束被宣告死亡人长期下落不明而造成财产关系和人身关系的不稳定的情况，但不代表该自然人已经自然死亡，一旦该自然人重新出现，其本人和利害关系人可以向人民法院申请撤销宣告死亡判决。被撤销死亡宣告的人有权请求依照《民法典》继承编取得其财产的民事主体返还财产；无法返还的，应当给予适当补偿。此外，还需要说明的是，如果继承的财产已经被第三人善意获得，则被撤销死亡的自然人不能向该第三人请求返还，只能要求最初因继承取得财产的民事主体返还该受让价款。

39.《民法典》新增的“宽恕制度”是什么？

案例场景

刘甲、刘乙和刘丁为同胞兄弟。刘甲、刘乙两兄弟对父母非常孝顺，且对父母照顾很多。刘丁脾气暴躁，经常无端打骂父母，也不履行对父母的赡养义务。某一日，刘丁威逼父母写下遗嘱，要求老人名下财产在百年以后全归自己。此等行为导致刘丁丧失了继承权。随着刘丁年龄增大，他逐渐意识到自己的错误，对父母的照料也逐渐增多。问：此时，刘丁能否恢复继承权？

依法分析

《民法典》明确将“遗弃被继承人，或者虐待被继承人情节严重”和“以欺诈、胁迫手段迫使或者妨碍被继承人设立、变更或者撤回遗嘱，情节严重”两种情形作为丧失继承权的法定理由。案例中，刘丁经常无端打骂父母，也不履行对父母的赡养义务，并且还威逼父母写下遗嘱，显然属于丧失继承权的情形。同时，《民法典》还规定了被继承人对有过错情况的继承人的“宽恕制度”，即明确了“继承人……确有悔改表现，被继承人表示宽恕或者事后在遗嘱中将其列为继承人的，该继承人不丧失继承权”。如果刘丁能意识到自己的错误，得到父母的宽恕，并且父母同意在遗嘱中将刘丁列为继承人，那么，刘丁可以恢复继承权。

相关规定

《中华人民共和国民法典》

第一千一百二十五条 继承人有下列行为之一的，丧失继承权：

（一）故意杀害被继承人；

（二）为争夺遗产而杀害其他继承人；

（三）遗弃被继承人，或者虐待被继承人情节严重；

（四）伪造、篡改、隐匿或者销毁遗嘱，情节严重；

（五）以欺诈、胁迫手段迫使或者妨碍被继承人设立、变更或者撤回遗嘱，情节严重。

继承人有前款第三项至第五项行为，确有悔改表现，被继承人表示宽恕或者事后在遗嘱中将其列为继承人的，该继承人不丧失继承权。

受遗赠人有本条第一款规定行为的，丧失受遗赠权。

专家解析

《民法典》明确了继承权丧失的情形，主要包括“故意杀害被继承人”“为争夺遗产而杀害其他继承人”“遗弃被继承人，或者虐待被继承人情节严重”“伪造、篡改、隐匿或者销毁遗嘱，情节严重”“以欺诈、胁迫手段迫使或者妨碍被继承人设立、变更或者撤回遗嘱，情节严重”五种法定情形，如果继承人有以上情形之一，则丧失继承被继承人遗产的资格。当然，该丧失的继承权不仅适用于法定继承，也适用于遗嘱继承，且该继承权的丧失还需要通过人民法院予以确认。同时，继承权的问题还需要和现实生活相联系，为了维护家庭友爱、和谐与稳定，法律对于继承权丧失的规定并不是“一刀切”，如果继承人能够及时认识到错误，弥补过失，在规定情形下，其能够得到被继承人的原谅，且在遗嘱中被列为继承人，那么就可以恢复其继承权。可以说，《民法典》的“宽恕制度”不仅有法律的力度，也体现出法律的温度。

40. 继承人在表示不接受遗产继承时，能否拒绝偿还被继承人的债务？

案例场景

谭某某生前为某公司的控股股东，后因突发事件去世，生前房产、存款等价值共计200余万元，但是对外借款却高达1000余万元。于是，谭某某的最大债权人高某将谭某某的第一顺位继承人金某、谭某甲、谭某乙起诉到法院，要求该三人连带偿还谭某某生前所欠债务。在庭审过程中，金某、谭某甲、谭某乙三人表示不继承谭某某的遗产，所以也不应偿还谭某某生前所欠的债务。问：金某、谭某甲、谭某乙三人的理由是否成立？

依法分析

《民法典》第一千一百六十一条第二款规定："继承人放弃继承的，对被继承人依法应当缴纳的税款和债务可以不负清偿责任。"此规定明确了限定继承的原则。在该原则之下，一方面，继承人偿还被继承人应缴纳税款和债务仅以继承的实际财产价值为限，对于超过遗产价值的部分，不负清偿责任；另一方面，如果继承人表示拒绝继承被继承人遗产的，则对被继承人应缴纳税款和债务不负清偿责任。在本案中，金某、谭某甲、谭某乙三人作为谭某某的继承人表示不继承谭某某的遗产，所以，该三人对谭某某生前所欠的债务不负清偿责任。

相关规定

《中华人民共和国民法典》

第一千一百五十九条　分割遗产，应当清偿被继承人依法应当缴纳的税款和债务；但是，应当为缺乏劳动能力又没有生活来源的继承人保留必要的遗产。

第一千一百六十一条　继承人以所得遗产实际价值为限清偿被继承人依法

应当缴纳的税款和债务。超过遗产实际价值部分，继承人自愿偿还的不在此限。

继承人放弃继承的，对被继承人依法应当缴纳的税款和债务可以不负清偿责任。

第一千一百六十三条 既有法定继承又有遗嘱继承、遗赠的，由法定继承人清偿被继承人依法应当缴纳的税款和债务；超过法定继承遗产实际价值部分，由遗嘱继承人和受遗赠人按比例以所得遗产清偿。

专家解析

《民法典》在继承人清偿被继承人债务的问题上采取限定继承原则，主要理由是：第一，基于民事主体的平等性和独立性，虽然被继承人与继承人之间存在亲属关系，但是每人对外债务应以自己的财产进行偿还，因此所谓“父债子还”的说法，在现代法治语境下是缺乏法律依据的；第二，根据权利义务一致的原则，在享受权利的同时，还应当履行相应的义务，如果继承人继承被继承人的遗产，则应当承担被继承人的债务，但该债务的承担范围应以继承的遗产为限，而如果要求继承人在继承遗产的同时，还需要承担被继承人的所有债务，显然过于苛刻，不符合权利义务一致的原则。当然，需要说明的是，如果继承人自愿偿还被继承人的所有债务，则不受此限制。

41. 继承人先明确表示放弃继承后又反悔的，其继承权能否恢复？

案例场景

李某去世后，其继承人李甲、李乙、李丙、李丁就李某的遗产继承问题发生纠纷。其中，李甲作为家中长子，为了维护家庭团结，在遗产分割前，以口头的形式告知李乙、李丙、李丁放弃其应当继承的遗产份额。之后，李乙认为自己对老人日常照顾较多，应当多分遗产，但李丙、李丁不同意，故李乙将李甲、李丙、李丁三人起诉至法院。在诉讼过程中，李甲向法院提出撤回之前放弃继承的意思表示。问：李甲在法庭中撤回放弃继承的意思表示，能否恢复其继承权？

依法分析

依据《民法典》的规定，允许继承人在遗产分割前作出放弃遗产继承的意思表示，且作出该意思表示为单方法律行为，即只要相应继承人作出放弃继承的意思表示就可以成立。但是，为保证放弃遗嘱继承的对外公示效力，要求放弃继承采取书面形式，如果没有采取书面形式，则该放弃的行为无效。案例中，李乙将李甲、李丙、李丁三人起诉到法院，说明众人对李某的遗产处理尚未达成一致意见，遗产仍然处在分割前的阶段，所以李甲在李乙起诉前作出放弃继承的意思表示符合时间要求，但是李甲没有采取书面形式作出放弃继承的意思表示，其在法庭陈述的时候还没有失去遗产继承权。

相关规定

《中华人民共和国民法典》

第一千一百二十条 国家保护自然人的继承权。

第一千一百二十四条 继承开始后，继承人放弃继承的，应当在遗产处理前，以书面形式作出放弃继承的表示；没有表示的，视为接受继承。

受遗赠人应当在知道受遗赠后六十日内，作出接受或者放弃受遗赠的表示；到期没有表示的，视为放弃受遗赠。

第一千一百三十二条 继承人应当本着互谅互让、和睦团结的精神，协商处理继承问题。遗产分割的时间、办法和份额，由继承人协商确定；协商不成的，可以由人民调解委员会调解或者向人民法院提起诉讼。

《最高人民法院关于适用〈中华人民共和国民法典〉继承编的解释（一）》

第三十三条 继承人放弃继承应当以书面形式向遗产管理人或者其他继承人表示。

专家解析

继承人放弃继承又反悔的，其继承权能否恢复的问题，在司法实践中经常出现。除了上述案例所展现的情形之外，还可以结合以下不同情况作出不同处理：一是在遗产分割前，继承人以书面形式表示放弃继承，在之后又后悔的，如果能够得到其他继承人的同意，则可以恢复其继承权，如果仅有部分继承人同意恢复的，则不能恢复其继承权；二是继承人放弃继承的意思表示是基于欺诈、威胁而作出的，则应当恢复该继承人的继承权；三是如果继承人之间对于放弃继承存在争议的，需要恢复继承权的继承人可以向法院提起诉讼。

42. 遗嘱人实施与遗嘱内容不同的行为，是否视为对相关遗嘱内容的撤回或变更？

案例场景

张某的爱人金某早年去世，其位于B市F区一套房屋归张某所有。张某和爱人金某共育有三子，分别为金甲、金乙、金丙。2010年，张某立下公证遗嘱一份，载明：“位于B市F区一套房屋原来是我和老伴金某的夫妻共同财产，金某去世后，由我继承了这间房屋。我们有三个子女，为了避免因继承房屋的问题发生纠纷，特立遗嘱如下：在我去世后，上述房屋产权全部由金乙和金丙共同继承，份额平均分配，排除他们配偶的共有权，同时要求金乙照顾金丙的生活。”2016年1月，该涉案房屋被划入征收范围。张某作为拆迁安置人，选择用房屋拆迁款购置定向安置房一套，还剩余拆迁安置款30万元。2020年，张某去世，子女就张某的遗产继承问题发生争议。原告金甲主张，拆迁利益系张某留下的遗产，张某亦未留下遗嘱处分上述财产，故应按法定继承处理。被告金乙、金丙对此不予认可，主张拆迁利益系原房产转化而来，故应按原遗嘱进行处理。另查，张某去世之时，名下财产仅有原定向安置房一套，无其他存款，也没有再立新的遗嘱。

依法分析

依据《民法典》的规定，自然人可以对所立遗嘱内容进行修改和撤销。如果遗嘱人实施与遗嘱内容不同的行为，应视为对相关遗嘱内容的撤回。本案的特殊之处在于继承财产发生变化，即张某获得涉案房屋之后，立下遗嘱，将涉案房屋归金乙和金丙两人继承。但之后遇到房屋拆迁，张某获得安置房屋一套和部分剩余安置款。此时，张某的遗产形态已经发生了变化，但张某在后续的生存期间未重新立下遗嘱，这可以推断其不愿按照遗嘱的内容来处分变化后的财产。因此，本案的情形应当视为张某对原先所立遗嘱的撤回，其剩余的遗产应当按照法定继承来解决。

相关规定

《中华人民共和国民法典》

第一千一百二十条　国家保护自然人的继承权。

第一千一百四十二条　遗嘱人可以撤回、变更自己所立的遗嘱。

立遗嘱后，遗嘱人实施与遗嘱内容相反的民事法律行为的，视为对遗嘱相关内容的撤回。

立有数份遗嘱，内容相抵触的，以最后的遗嘱为准。

专家解析

遗嘱人在变更或撤回遗嘱的时候也应满足一定的条件。一般来说，遗嘱人在变更或撤回遗嘱时应遵循订立遗嘱的法律要件：一是遗嘱人在变更或撤回遗嘱之时，应当具有完全民事行为能力；二是变更或撤回遗嘱是遗嘱人的真实意思表示；三是遗嘱人的变更或撤回需要满足《民法典》继承编中规定的遗嘱形式规定要求，如采用自书遗嘱形式变更原遗嘱内容，需要满足自书遗嘱的法律要求。

同时，关于具体的撤回遗嘱形式有以下几点问题，需要继续分析：一是如果遗嘱人立遗嘱之后，遗嘱人对遗嘱涉及的所有遗产直接进行处分的，应当视为采取默示方式对于之前所立遗嘱的撤回；二是如果遗嘱人立遗嘱之后，立遗嘱人仅对所立遗嘱中的部分财产进行处分，是否视为对于整个遗嘱的撤回？有观点认为，在遗嘱人未再立遗嘱的前提下，对于未涉及的遗产，应当按原遗嘱的内容进行处分。也有观点认为，遗嘱人在明知道原有部分财产灭失或者财产形态发生了明显变化的情况下，没有订立新的遗嘱，应推断其不愿按照遗嘱的内容来处分变化后的财产，故若无新的遗嘱，即应按照法定继承办理。部分法院对此问题进行了解答，如《北京市高级人民法院关于审理继承纠纷案件若干疑难问题的解答》第二十条规定："遗嘱中所涉特定财产在继承开始前非因被继承人原因发生形态变化的，如损害赔偿等，被继承人未对形态变化后的财产安排再次作出遗嘱意思表示的，视为原遗嘱已撤销；但有证据表明被继承人客观上无法再次作出遗嘱意思表示的除外。"对于此，笔者倾向于第二种观点。

43. 同一事件中死亡的当事人继承顺序如何确定？

案例场景

刘某与妻子宋某、儿子刘甲及岳父宋乙、岳母申某等一同驾车出游，但途中不幸全部遇难。依据责任书，五人的死亡不能明确先后顺序。另查，刘某与妻子宋某遗留房产一套和存款若干，宋乙和申某遗留房产两套。事故发生后，刘某之父刘丙、宋某之兄宋丙就上述遗产继承事宜发生争议。

依法分析

本案中，刘某、宋某、刘甲、宋乙、申某在同一事故中死亡。因此，就上述人员的遗产继承问题，首先应当明确上述人员的死亡时间。但责任书认定，五人的死亡时间不能明确先后顺序，所以需按照法律拟制规定进行明确。对此，《民法典》规定了"相互有继承关系的数人在同一事件中死亡，难以确认死亡时间，推定没有其他继承人的人先死亡。都有其他继承人，辈份不同的，推定长辈先死亡；辈份相同的，推定同时死亡，相互不发生继承"。刘某、宋某、刘甲、宋乙、申某死亡之时，尚有刘某之父刘丙、宋某之兄宋丙，故五人均有继承人。因此，应当依照辈份大小，推定宋乙、申某先死亡，刘某、宋某后死亡，刘甲最后死亡。

相关规定

《中华人民共和国民法典》

第一千一百二十一条 继承从被继承人死亡时开始。

相互有继承关系的数人在同一事件中死亡，难以确认死亡时间，推定没有其他继承人的人先死亡。都有其他继承人，辈份不同的，推定长辈先死亡；辈份相同的，推定同时死亡，相互不发生继承。

第一千一百二十七条第一、二款　遗产按照下列顺序继承：

（一）第一顺序：配偶、子女、父母；

（二）第二顺序：兄弟姐妹、祖父母、外祖父母。

继承开始后，由第一顺序继承人继承，第二顺序继承人不继承；没有第一顺序继承人继承的，由第二顺序继承人继承。

专家解析

继承行为是死因行为，需要依照被继承人的死亡时间确定继承发生的时间。但在现实情况中，受自然事件或人为事故的影响，可能无法明确被继承人的死亡时间。尤其是数人在同一事故中死亡的情形之下，由于涉及多重继承关系，明确该数人的先后死亡时间尤为关键。法律对于该问题进行了拟制，以解决继承不能的问题。当然，在具体情形适用之下，还应当依据客观真实情况，如果能够通过其他证据明确不同人员的死亡时间，应当依照真实的死亡时间明确不同继承顺序。同时，该拟制规则的适用要求相互具有继承关系的数人在同一事故中死亡，相互没有继承关系的人则不适用该规则。当然，对于继承人范围的问题，只有继承开始时生存的法定继承人、遗嘱继承人、被抚养人，才能成为继承人，继承人如果死亡的则不再属于继承人。

44. 什么是“遗产管理人”？

案例场景

王某某爱人早年去世，长子王甲、次子王乙、三子王丙均由其抚养长大。随着时间的流逝，王某某不知不觉已经到了晚年。某日，王某某自觉身体不佳，便立下遗嘱，同时，为了防止子女在其百年之后恶意争夺财产，便找到自己多年的好友苏某作为遗产管理人，为其处理百年之后的遗产继承事项。好友苏某听过王某某的情况介绍后，欣然同意了王某某的请求，答应作为其遗产管理人。后王某某去世，王甲、王乙、王丙三人就王某某的遗产继承产生争议。

依法分析

《民法典》明确了遗产管理制度，即从继承开始到遗产分割前，有关主体可以对被继承人的遗产进行管理、保存，以保证被继承人的遗产能够顺利分配。在上述过程中，履行上述职责的主体被称为遗产管理人。在遗产管理人的选任上，主要通过以下方式进行：一是被遗嘱人通过遗嘱进行指认，案例中的苏某就是通过王某某的遗嘱被确认为遗嘱管理人；二是通过继承人共同推选；三是如果没有上述情形的，可以由全体继承人担任；四是在没有继承人或者继承人均放弃继承的情况下，由被继承人生前住所地的民政部门或者村民委员会担任遗产管理人。案例中的苏某作为遗产管理人，在继承行为发生之时，应当保管、清点遗产情况，及时将相关情况告知王某某的继承人王甲、王乙、王丙，并依据遗嘱情况和法律规定将遗产及时分配，处理应缴纳税款和债务。

相关规定

《中华人民共和国民法典》

第一千一百四十五条　继承开始后，遗嘱执行人为遗产管理人；没有遗嘱执行人的，继承人应当及时推选遗产管理人；继承人未推选的，由继承人共同担任遗产管理人；没有继承人或者继承人均放弃继承的，由被继承人生前住所地的民政部门或者村民委员会担任遗产管理人。

第一千一百四十六条　对遗产管理人的确定有争议的，利害关系人可以向人民法院申请指定遗产管理人。

第一千一百四十七条　遗产管理人应当履行下列职责：

（一）清理遗产并制作遗产清单；

（二）向继承人报告遗产情况；

（三）采取必要措施防止遗产毁损、灭失；

（四）处理被继承人的债权债务；

（五）按照遗嘱或者依照法律规定分割遗产；

（六）实施与管理遗产有关的其他必要行为。

第一千一百四十八条　遗产管理人应当依法履行职责，因故意或者重大过失造成继承人、受遗赠人、债权人损害的，应当承担民事责任。

第一千一百四十九条　遗产管理人可以依照法律规定或者按照约定获得报酬。

专家解析

对于“遗产管理人”，还需要明确的是，法律规定遗产管理人处理遗产继承应尽到勤勉、谨慎的义务，明确了遗产管理人的相关职责：“（一）清理遗产并制作遗产清单；（二）向继承人报告遗产情况；（三）采取必要措施防止遗产毁损、灭失；（四）处理被继承人的债权债务；（五）按照遗嘱或者依照法律规定分割遗产；（六）实施与管理遗产有关的其他必要行为。”如果遗产管理人因故意或者重大过失造成继承人、受遗赠人、债权人损害的，应当承担法律责任。

第三章　房屋居住、租赁买卖与物权登记法律知识

45. 被许可居住的房屋，居住权人担心房屋被另行出售怎么办?

案例场景

许某和秦某是一对夫妻，双方居住在秦某名下的一套房屋中，该房屋是秦某与许某结婚前用自己的积蓄购买的，属于秦某的婚前个人财产。后秦某身患重病，自知不久即将离世，于是立下遗嘱，遗嘱中明确该房屋由秦某的同胞弟弟秦某某继承，但是许某在再婚前有权居住在该房屋中。

不久后秦某去世。许某有一天突然在网上发现房屋被秦某某挂在某中介网站上出售。许某看到后非常生气，因为秦某某并没有将卖房的事情告诉自己，非常担心房屋卖出去后，自己在房屋中居住的权利将得不到保障。

依法分析

许某的担心是有道理的。许某现在居住在房屋中只是凭借秦某的一纸遗书，一旦秦某某将房屋出售给第三人，第三人将房屋过户到其名下，然后拿着房本要求许某腾房，许某的处境就相当被动了。

许某在得知房屋处于出售状态后，应该做两个方面的工作：一是主动与秦某某协商，争取让秦某某把房屋从中介网站上撤下，暂缓出售，并在秦某某的配合下前往不动产登记部门设立房屋上的居住权；二是如果与秦某某协商不成，应立即起诉秦某某，保全查封房屋并请求法院判决在房屋上设立居住权。

如果法院判决秦某某协助许某在房屋上设立居住权，而秦某某在规定时间内未予配合，许某可以就设立居住权事项向法院申请强制执行，法院可以出具协助执行通知书，要求不动产登记部门为许某设立居住权。

居住权设立后，除非许某再婚，许某的权利将得到充分保障，即便房屋被出售，买受人也应当保障许某的居住权。

相关规定

《中华人民共和国民法典》

第二百零八条 不动产物权的设立、变更、转让和消灭，应当依照法律规定登记。动产物权的设立和转让，应当依照法律规定交付。

第三百六十六条 居住权人有权按照合同约定，对他人的住宅享有占有、使用的用益物权，以满足生活居住的需要。

第三百六十八条 居住权无偿设立，但是当事人另有约定的除外。设立居住权的，应当向登记机构申请居住权登记。居住权自登记时设立。

专家解析

居住权属于用益物权，居住权人对他人的住宅享有占有、使用的权利。物权的一大特点是它的设立、变更、转让和消灭应当依照法律规定进行登记。按照规定，居住权自登记时设立。

本案例中，若许某未及时登记居住权，房屋被出售给第三人并登记至第三人名下后，许某将不得对抗该善意第三人，即第三人有权责令许某腾退房屋，许某只得向秦某某主张相应损失。

因此，建议在居住权合同或者遗嘱中约定或表示设立居住权的，居住权人应当在条件满足时，及时在不动产登记部门设立居住权，以保障自身合法权益。

46. 老年人设立遗嘱时如何运用居住权制度，才能既保护子女的继承权又能照顾照料自己较多的人？

案例场景

老刘一直在国内生活居住，其妻于十五年前去世。老刘有一儿一女，但均长期在国外生活。老刘的儿女考虑到父亲年事已高，在国内独居有诸多不便，自母亲去世后便为老刘找了一个保姆郭某，由郭某照顾老刘的饮食起居。十五年来，郭某的悉心照料让老刘很是感激，老刘担心自己百年以后郭某无处居住，想为郭某提供一个长期稳定的住所，但是又怕将自己的房子留给郭某后，子女们与自己心生嫌隙，以致反目成仇。

依法分析

在《民法典》出台以前，老刘想要为郭某提供稳定的住处，只能通过遗赠或签署遗赠扶养协议的形式，将房屋过户至郭某名下。这种做法会导致子女丧失继承房屋的机会，使得房屋旁落他人名下，势必引发老刘和子女之间的矛盾。

《民法典》出台后，老刘可以设立遗嘱，遗嘱中可以明确房屋由其子女继承，但同时约定在房屋上设立居住权，居住权由郭某享有，居住权的期限为老刘百年之后至郭某去世之日止。这样，既可以保证老刘的孩子取得房屋的所有权，又可以保障郭某在有生之年享有房屋的居住权。郭某可以凭借老刘设立的遗嘱去不动产登记部门申请居住权登记，登记之后，郭某有权在房屋内居住至去世为止，老刘的子女不得妨碍。

相关规定

《中华人民共和国民法典》

第三百六十八条　居住权无偿设立，但是当事人另有约定的除外。设立居住权的，应当向登记机构申请居住权登记。居住权自登记时设立。

第三百七十条　居住权期限届满或者居住权人死亡的，居住权消灭。居住权消灭的，应当及时办理注销登记。

第三百七十一条　以遗嘱方式设立居住权的，参照适用本章的有关规定。

专家解析

居住权是对他人的住宅进行占有、使用的用益物权，既可以以订立居住权合同的形式设立，也可以以遗嘱的形式设立。居住权无偿设立，但是当事人另有约定的除外。签订合同或者书写遗嘱后，应当尽快去房屋所在地不动产登记部门申请居住权登记，居住权自登记时设立。居住权不得转让、继承。居住权可以设立期限，待期限届满或者居住权人死亡的，居住权消灭。

居住权是《民法典》新设立的一种用益物权，回应了人们日常生活的法律需要。在本案例中，老刘利用居住权制度，既对保姆表达了感激之情，又保障了子女的继承权，可谓一举两得。

47. 共有产权房可以转让吗？

案例场景

小刘在北京某高校读研究生，研究生毕业后留京工作。工作解决了小刘的北京户口问题，使小刘取得了购房资格，但是小刘面对高昂的房价怎么也凑不齐首付款。后来，北京为推进住房保障和供应体系建设，开始供应共有产权保障住房，小刘看到了希望，立马报名参加了一个楼盘的摇号。

小刘在其报名的一个楼盘摇上了号，按程序交纳了比普通商品房便宜得多的首付款，并办理了房屋所有权登记手续，取得了房本。小刘在房本上看到房屋产权性质为“共有产权住房”，心生疑惑：自己要是今后想换房，这套共有产权房能转让出售吗？

依法分析

目前，有关共有产权房的规定散见于各地的规范性文件中。2017 年，北京市住建委、发改委、财政局、规自委联合发布《北京市共有产权住房管理暂行办法》，对北京地区的共有产权住房进行了一系列规定。

该办法第二十四条、第二十五条对共有产权住房的转让作出了规定。自购房人取得不动产权证之日起，若未满五年的，原则上不允许转让房屋产权份额。若满五年的，可按市场价格转让所购房屋产权份额，但转让有两个限制：一是代持机构在同等条件下有优先购买权；二是转让对方仍应为其他符合共有产权住房购买条件的家庭。

相关规定

《北京市共有产权住房管理暂行办法》

第二十四条　共有产权住房购房人取得不动产权证未满 5 年的，不允许转让房屋产权份额，因特殊原因确需转让的，可向原分配区住房城乡建设委（房管局）提交申请，由代持机构回购。

回购价格按购买价格并考虑折旧和物价水平等因素确定。回购的房屋继续作为共有产权住房使用。

第二十五条 共有产权住房购房人取得不动产权证满5年的，可按市场价格转让所购房屋产权份额。

（一）购房人向原分配区住房城乡建设委（房管局）提交转让申请，明确转让价格。同等价格条件下，代持机构可优先购买。

（二）代持机构放弃优先购买权的，购房人可在代持机构建立的网络服务平台发布转让所购房屋产权份额信息，转让对象应为其他符合共有产权住房购买条件的家庭。新购房人获得房屋产权性质仍为“共有产权住房”，所占房屋产权份额比例不变。

《中华人民共和国民法典》

第三百零一条 处分共有的不动产或者动产以及对共有的不动产或者动产作重大修缮、变更性质或者用途的，应当经占份额三分之二以上的按份共有人或者全体共同共有人同意，但是共有人之间另有约定的除外。

第三百零五条 按份共有人可以转让其享有的共有的不动产或者动产份额。其他共有人在同等条件下享有优先购买的权利。

专家解析

发展共有产权住房，是加快推进住房保障和供应体系建设的重要内容。共有产权住房，是指政府提供政策支持，由建设单位开发建设，销售价格低于同地段、同品质商品住房价格水平，并限定使用和处分权利，实行政府与购房人按份共有产权的政策性商品住房。

购房人与代持机构按比例对共有产权住房按份共有，因此，购房人对于房屋的处分应当符合《民法典》的规定，即处分房屋的，应当经占份额三分之二以上的按份共有人或者全体共同共有人同意或者按照共有人之间的约定执行，且按份共有人享有优先购买权。

48. 租房期间房主将房屋卖掉会影响承租人权益吗?

案例场景

小红刚毕业没多久就找到一份工作。找到工作的同时，小红通过房屋中介直接与房东签了一年的房屋租赁合同，租下了一套一居室，房子虽然不大但是够住，小红很开心，终于有自己的家了。过了两个月，突然有人拿着房本上门找到小红，来人自称是新房东，刚刚从原房东那儿买来房子，要求小红在一个星期内搬家并将房子交给自己。小红不同意搬离，新房东也不退让，在房门上张贴了要求小红限期搬离的通知，并告知小红如果不按时搬离就强行换锁。小红很郁闷，刚刚租好房子就突遭变故，她也很疑惑自己能否继续租住这套房屋。

依法分析

小红面临的处境是很多租房的年轻人都可能面临的问题。小红是先租赁的房屋，后来房东将房屋卖给了别人。在法律上，这种情况叫作“买卖不破租赁”，意思是在房屋租赁期限内，若房屋所有权发生变动，不影响租赁合同的效力，承租人有在租赁期限内继续租住的权利。这种制度安排，保护的是承租人在租赁期限内居住的合理期待权，维持了合法租赁的安定性。因此，新房东上门要求小红搬离没有道理，小红完全有理由拒绝，并可以采用合理的方式维护自己的合法权益。

相关规定

《中华人民共和国民法典》

第七百二十五条 租赁物在承租人按照租赁合同占有期限内发生所有权变动的，不影响租赁合同的效力。

《最高人民法院关于审理城镇房屋租赁合同纠纷案件具体应用法律若干问题的解释》

第十四条　租赁房屋在承租人按照租赁合同占有期限内发生所有权变动，承租人请求房屋受让人继续履行原租赁合同的，人民法院应予支持。但租赁房屋具有下列情形或者当事人另有约定的除外：

（一）房屋在出租前已设立抵押权，因抵押权人实现抵押权发生所有权变动的；

（二）房屋在出租前已被人民法院依法查封的。

专家解析

买卖不破租赁有两种除外情形：一是承租人在租赁房屋前，房屋已经设立抵押权，因抵押权人实现抵押权发生所有权变动；二是承租人在租赁房屋前，房屋已经被依法查封。上述两种情况下，若在租赁期间房屋所有权发生变动的，承租人无法享有继续租住的权利。

因此，建议在租赁房屋时，一是要查验房屋产权证书，对于已设立抵押登记的房屋要谨慎选择是否承租；二是要询问房东房屋是否被查封，因承租人一般无法核实房屋查封的信息，建议在房屋租赁合同中约定若房屋被查封导致无法继续租住时出租人的违约责任。

49. 中介跑路，房东上门收房怎么办？

案例场景

高某、罗某、谭某此前互不相识，但是均与同一个房屋中介公司签订了房屋租赁合同，三人住在了同一套三居室房屋内，每人住一个卧室，自此相识。大家与中介签的都是一年期合同，房租按季度支付。

老陈是这套三居室房屋的房东，他与房屋中介公司签订了三年的委托出租合同，委托中介代为出租房屋，约定中介每个季度按时向自己支付房租。若中介未按时支付房租，则老陈有权解除合同并要求中介支付未付房租及违约金。

高某、罗某、谭某按照合同约定按时向中介支付房租，从未逾期。但后来中介的资金链断裂，已经好几个月没有向房东老陈支付租金。老陈与中介业务员联系，对方也是支支吾吾，老陈感觉事情不对，按照合同地址上门向中介催要租金，却发现已人去楼空，中介早已搬离了原来的办公地址。

老陈只能自行去找租户协商，要求租户高某、罗某、谭某要么补足中介未付的几个月房租，以后直接向他支付房租；要么在3天内结清水电费用并搬离房屋。租户三人却认为自己按时向中介支付了房租，再要补足中介未付房租相当于付两份钱，实在没有道理。双方僵持不下。

依法分析

本案涉及两个法律关系：第一个是老陈和中介的房屋租赁合同关系，第二个是租户三人和中介各自的房屋租赁合同关系。

中介未按时向老陈支付租金，已经构成合同违约，根据老陈与中介的合同，老陈有权解除合同并要求中介支付未付租金及违约金。合同解除的后果是终止履行，即中介无权继续占用涉案房屋。故老陈上门要求租户在合理期限内搬离房屋是有法律依据的。

租户按时向中介支付房租，履行了其与中介的合同义务。但是因老陈解除合同，中介无法继续向租户提供房屋租住，属于因中介的违约行为导致合同目的不能实现，租户有权解除其与中介的合同，并要求中介返还未租住期间的房租，如果合同约定了违约金，还可以向中介要求赔偿违约金。租户的主张不无道理，老陈无权直接依据合同关系要求租户向其支付中介未付的房租。

当然，由于中介的违约导致两个合同关系解除，房东可以与租户直接另行签订新的房屋租赁合同，在合同解除后，双方约定由租户直接向房东支付租金。对于房东和租户的损失，双方可以协商解决，并可就剩余损失各自通过法律途径向中介主张。

相关规定

《中华人民共和国民法典》

第一百一十九条 依法成立的合同，对当事人具有法律约束力。

第五百六十六条第一、二款　合同解除后，尚未履行的，终止履行；已经履行的，根据履行情况和合同性质，当事人可以请求恢复原状或者采取其他补救措施，并有权请求赔偿损失。

合同因违约解除的，解除权人可以请求违约方承担违约责任，但是当事人另有约定的除外。

专家解析

本案涉及合同相对性原则。老陈只能向中介主张合同责任，租户也只能向中介主张合同责任。

合同相对性原则是合同法的基本原则，指的是合同原则上只对合同的当事人发生约束力。合同相对性包括主体的相对性、内容的相对性和责任的相对性。主体的相对性指的是合同的一方当事人只能向另一方当事人基于合同提出请求；内容的相对性是指只有合同当事人才享有合同约定的权利，并履行合同约定的义务；责任的相对性是指合同违约责任只在合同当事人之间发生，合同关系外的主体不承担合同违约责任。

50. 房屋七十年产权到期怎么办？

案例场景

阿牛的孩子过两年就要上小学了，于是阿牛在某学区买了一套房子，不到一个月就拿到了房本。心细的他打开房本，发现“使用期限”一栏中显示“1980 年 3 月 3 日起至 2049 年 3 月 2 日止”。阿牛心里冒出无数个问号：我自己买的房子，怎么还有使用期限？使用期限到期后房子还是我的吗？到期了我还要交钱吗？

依法分析

建设用地的所有权归国家，而建设用地使用权人对国家所有的土地享有占有、使用和收益的权利。房本上的使用期限一般指的是房屋所在住宅建设用地的使用权期限。阿牛对于房屋享有所有权，但是对于房屋所在住宅建设用地仅享有使用权。住宅建设用地的使用权期限一般为七十年。

按照《民法典》的规定，住宅建设用地使用权期限届满的，自动续期。因此，期限届满后阿牛不必担心房屋归属的问题，续期费用的缴纳或者减免，依照法律、行政法规的规定办理。

相关规定

《中华人民共和国民法典》

第二百四十九条 城市的土地，属于国家所有。法律规定属于国家所有的农村和城市郊区的土地，属于国家所有。

第三百四十四条 建设用地使用权人依法对国家所有的土地享有占有、使用和收益的权利，有权利用该土地建造建筑物、构筑物及其附属设施。

第三百五十九条 住宅建设用地使用权期限届满的，自动续期。续期费用的缴纳或者减免，依照法律、行政法规的规定办理。

非住宅建设用地使用权期限届满后的续期，依照法律规定办理。该土地上的房屋以及其他不动产的归属，有约定的，按照约定；没有约定或者约定不明确的，依照法律、行政法规的规定办理。

专家解析

根据《土地管理法》的规定，土地分为农用地、建设用地和未利用地。农用地是指直接用于农业生产的土地，包括耕地、林地、草地、农田水利用地、养殖水面等；建设用地是指建造建筑物、构筑物的土地，包括城乡住宅和公共设施用地、工矿用地、交通水利设施用地、旅游用地、军事设施用地等；未利用地是指农用地和建设用地以外的土地。

建设用地使用权均有期限，一般来说，居住用地七十年，工业用地五十年，教育、科技、文化、卫生、体育用地五十年，商业、旅游、娱乐用地四十年，综合或者其他用地五十年。

51. 业主房屋空置该不该交物业费？

案例场景

2021 年，老王从老朱手里买了一套 20 世纪 90 年代建成的公房，小区没有物业，每年只需要交纳几十元卫生费。老王购买房屋后，并没有入住，也没有出租，而是将房屋空置。

后来，小区入驻了物业公司，物业对这个老小区进了升级改造，包括重铺路面、修整绿化、楼道刷漆、增设门禁等。物业在 2022 年年底完成了第一轮基本升级改造，之后就开始逐户上门收取物业费。因老王的房子一直空置，物业公司在他的房门上粘贴了交费通知单，并与老王取得了电话联系，告知他应当交纳 2022 年的物业费共计 1600 余元。

老王认为，自己的房子一直空置，自己并没有享受物业提供的服务，并且物业公司也没有跟自己签订物业服务合同，因此不应当交纳 2022 年及之后的物业费，直至房子有人居住为止。

依法分析

物业公司虽然没有与老王签订书面的物业服务合同，但是物业公司已经实际入驻小区并提供了物业服务，故双方形成了事实合同关系。老王不能以没有签订书面合同为由拒绝支付物业费。

按照《民法典》的规定，物业公司已经提供了物业服务，老王作为业主不能以没有享受到物业服务为由拒绝支付物业费。

当然，物业公司的收费应当符合有关规定和标准。如果物业公司违反法律、法规、部门规章的规定，擅自扩大收费范围、提高收费标准或者重复收费，老王有权以违规收费为由提出抗辩。

相关规定

《中华人民共和国民法典》

第九百四十四条 业主应当按照约定向物业服务人支付物业费。物业服务人已经按照约定和有关规定提供服务的，业主不得以未接受或者无需接受相关物业服务为由拒绝支付物业费。

业主违反约定逾期不支付物业费的，物业服务人可以催告其在合理期限内支付；合理期限届满仍不支付的，物业服务人可以提起诉讼或者申请仲裁。

物业服务人不得采取停止供电、供水、供热、供燃气等方式催交物业费。

专家解析

对于物业费的缴纳还有几个问题大家可能比较关心。

一是业主将房屋出租，物业费应当由谁缴纳？按照《物业管理条例》的规定，业主与物业使用人约定由物业使用人交纳物业服务费用的，从其约定，业主负连带交纳责任。也就是说，房屋租赁合同对物业费负担有约定的，按约定执行。若物业费约定由承租人负担，而承租人未交纳物业费的，物业公司可以要求业主交纳。

二是对于已经竣工的新商品房，在物业进驻后业主购买房屋前这个期间的物业费由谁负担？按照有关规定，该部分物业费用由建设单位交纳。

三是业主提前预交物业费，之后物业公司退场，物业公司已经预收的物业费如何处理？按照有关规定，物业服务合同的权利义务终止后，业主有权请求物业公司退还已经预收的尚未提供物业服务期间的物业费。

52. 小区共有部分赚取的广告收入归谁所有？

案例场景

郑大姐有一天坐电梯回家时，发现电梯里多了三块电子显示屏：一块屏幕显示“要买菜，就上 ×× 超市”，是一则超市广告；一块屏幕显示“学习考试不用愁，父母辅导不再吼，马上下载 ××”，是一则教育辅导 App 广告；还有一块屏幕显示“爸爸做的面包，柔软香甜，是爸爸的味道”，是一则面包广告。郑大姐心里嘀咕道：这明显是三个广告啊，电子显示屏安装在电梯里一定经过了小区物业的允许，而发布广告的人一定给物业交了钱，但物业却没有告知我们业主，这合理吗？物业收了广告费是物业公司自行处分还是业主也有权分享这笔收入呢？

依法分析

住宅小区分为专有部分和共有部分。业主对于专有部分享有所有权，对于共有部分享有共有和共同管理的权利。专有部分一般是指建筑物内的住宅、经营性用房等。共有部分一般是指建筑区划内的道路（属于城镇公共道路的除外）、建筑区划内的绿地（属于城镇公共绿地或者明示属于个人的除外）以及建筑区划内的其他公共场所、公用设施和物业服务用房。

郑大姐坐的电梯属于共有部分的公用设施，共有部分产生的收入属于公共收益。按照规定，物业公司利用业主的共有部分产生的收入，扣除合理成本后，属于业主共有。此外，物业公司应以合理方式向业主公开共有部分的经营与收益情况。

相关规定

《中华人民共和国民法典》

第二百八十二条　建设单位、物业服务企业或者其他管理人等利用业主的共有部分产生的收入，在扣除合理成本之后，属于业主共有。

第九百四十三条　物业服务人应当定期将服务的事项、负责人员、质量要求、收费项目、收费标准、履行情况，以及维修资金使用情况、业主共有部分的经营与收益情况等以合理方式向业主公开并向业主大会、业主委员会报告。

《北京市物业管理条例》

第七十四条　物业服务人利用共用部分从事经营活动的，应当将公共收益单独列账。

公共收益归全体业主所有。专项维修资金余额不足首期应筹集金额百分之三十的，百分之五十以上的公共收益金额应当优先用于补充专项维修资金，剩余部分的使用由业主共同决定。

专家解析

除电梯间广告收入外，大家普遍关心的还有物业公司收取的小区车位停车费的归属问题。

以北京市为例，《北京市物业管理条例》对于属于业主共有的部分作出了更细致的规定，共有部分包括：道路、绿地，但是属于城市公共道路、城市公共绿地或者明示属于私人所有的除外；占用业主共有的道路或者其他场地用于停放汽车的车位；建筑物的基础、承重结构、外墙、屋顶等基本结构部分，通道、楼梯、大堂等公共通行部分，消防、公共照明等附属设施、设备，避难层、架空层、设备层或者设备间等；物业服务用房和其他公共场所、共用设施；法律法规规定或者房屋买卖合同依法约定的其他共有部分。其中，占用业主共有的道路或者其他场地用于停放汽车的车位属于共有部分，该部分产生的收入归全体业主所有。应当注意的是，除上述共有部分的车位外，对于产权车位，应该按照所有权属来判断收入归属。

53. 买房后发现原房主未迁出户口，能否起诉要求迁出？

案例场景

韩叔的小女儿马上就要升初中了，为了让她能够上一所好学校，韩叔在教育资源比较好的地段新买了一套小两居。拿到房本后，韩叔立即前往房屋所在地派出所户籍科办理户籍迁入手续，可当他办理手续时，顿时傻了眼。户籍科民警告知他，他的房子上还有3个人的户口，韩叔一看，这不就是前房主一家三口嘛！韩叔联系了前房主，前房主告诉韩叔他是因为缺钱才卖的房，卖房的钱都拿来还债了，现在没有钱买新的房子，也没有可以投靠的亲属，所以户口短时间内无法迁出。韩叔非常郁闷，他心想：无法协商就走司法途径，去法院诉讼要求对方迁出户口吧！

依法分析

户口属于行政部门的管理事项。若韩叔基于其与前房主的房屋买卖合同关系，起诉至法院要求前房主迁出户口，该诉求不属于人民法院受理民事诉讼的范围，法院会裁定不予受理或驳回起诉。

韩叔可以依据合同约定，以前房主未迁出户口已违约为由，起诉至法院要求前房主支付违约金。因此，只能采取“迂回路线”，通过要求支付违约金而促使前房主迁出户口。

另外，以北京市为例，2021 年 5 月，北京市公安局为有效解决暂不具备市内迁移条件的本市户籍人员落户问题，明确以下情况满足“公共户”落户条件：一是因房屋产权交易户口须迁出，但本人、配偶或其他直系亲属在本市无合法产权住房，户口无法迁出的；二是因房屋交易所有权变更或者公有住房承租权变更，现房屋权利人申请将原户内人员迁出的，原户内人员无正当理由拒不迁出的。

相关规定

《中华人民共和国民事诉讼法》

第三条　人民法院受理公民之间、法人之间、其他组织之间以及他们相互之间因财产关系和人身关系提起的民事诉讼，适用本法的规定。

第一百二十二条　起诉必须符合下列条件：

（一）原告是与本案有直接利害关系的公民、法人和其他组织；

（二）有明确的被告；

（三）有具体的诉讼请求和事实、理由；

（四）属于人民法院受理民事诉讼的范围和受诉人民法院管辖。

专家解析

房屋买卖的风险点较多，户口问题就是其中之一。建议购房人在购买房屋前做好“尽职调查”，详细了解房屋的户籍情况，房屋内若仍有户口未迁出的，要看是否属于售房人、是否还有其他人的户口、上述户口能否迁出等。若房屋内有户口暂未迁出，购房人仍想购买房屋的，应当在房屋买卖合同中就户口问题进行明确约定，约定迁出时间和违约责任，对于学区房，更要核实房屋的学区资格是否已经使用。

54. 从开发商处购买房屋，因开发商欠债导致房屋被查封怎么办？

案例场景

小黄是一名城市白领，他从当地一家房地产开发商处购买了一套商品期房，并与开发商签订了房屋买卖合同，支付了首付款。没多久，开发商资金链断裂，陷入债务危机，许多银行纷纷起诉开发商要求偿还贷款。虽然楼房已经封顶建成，但所有权仍然登记在开发商名下，开发商还未将房屋过户给购房者。包括银行在内的众多债权人起诉开发商后，开发商建设的楼房被法院依法查封，包括小黄在内的众多购房者看到本该办理过户的楼房可能被法院执行以偿还开发商欠付的贷款，都心急如焚。

依法分析

开发商陷入债务纠纷，一般案件标的金额巨大并涉及多个债权人，涉案楼栋或房屋上的查封可能有几手甚至十几手之多。

这样棘手的问题也不是没有解决办法。按照有关规定，小黄可以向首次查封的执行法院提出案外人异议。如果满足以下条件：在法院查封之前，小黄已经与开发商签订了合法有效的书面买卖合同；所购房屋用于居住且小黄名下没有其他用于居住的房屋；小黄已向开发商支付超过合同约定总价款的百分之五十以上，则小黄提出的异议就有可能被法院支持，进而由法院出具裁定，排除涉案房屋的执行。小黄就可以顺利将房屋过户至自己名下了。

相关规定

《最高人民法院关于人民法院办理执行异议和复议案件若干问题的规定》

第二十九条 金钱债权执行中，买受人对登记在被执行的房地产开发企业名下的商品房提出异议，符合下列情形且其权利能够排除执行的，人民法院应予支持：

（一）在人民法院查封之前已签订合法有效的书面买卖合同；

（二）所购商品房系用于居住且买受人名下无其他用于居住的房屋；

（三）已支付的价款超过合同约定总价款的百分之五十。

专家解析

对于上述规定中的“所购商品房系用于居住且买受人名下无其他用于居住的房屋”可以理解为在案涉房屋同一设区的市或者县级市范围内商品房消费者名下没有用于居住的房屋。商品房消费者名下虽已有 1 套房屋，但购买的房屋在面积上仍然属于满足基本居住需要的，可以理解为符合该规定的精神。

对于“已支付的价款超过合同约定总价款的百分之五十”，如果商品房消费者支付的价款接近百分之五十，且已按照合同约定将剩余价款支付给申请执行人或者按照人民法院的要求交付执行的，可以理解为符合该规定的精神。

55. 买房后发现房屋是“凶宅”，能否要求退房、赔款？

案例场景

小梁毕业后和妻子一起安了家，工作没几年，妻子生下了龙凤胎，一家人都非常开心。因为小梁和他妻子都需要工作，小梁打算邀请他已退休的父母来照顾两个孩子。小梁考虑到与父母长期同住可能会造成家庭矛盾，而父母与自己离得太远的话照顾孩子又不方便，于是打算在同一个小区内再购置一套房屋。没多久，小梁就找到了一套价格合适、位于隔壁楼栋的一居室。房东老杨告诉小梁，自己的房子刚刚装修完，价格又便宜，小梁看后觉得很满意，于是就买下了这套房屋。由于房屋刚装修完需要散味儿，小梁父母没有马上入住。散味儿期间，小梁听到小区有人在议论这套房子，听到议论的内容后他惊呆了：他买了一套凶宅！小梁马上跟老杨联系确认，老杨不承认，跟小梁说不要相信那些谣言。小梁于是跟辖区民警联系，查看到了一份出警记录：某年某月某日 12 时许，某小区某房内一名女子吊死在厕所中，经核查，系自杀。小梁一看，这不正是自己刚买的那套房嘛！经过进一步了解，这名自杀的女子是老杨请来的保姆，患有重度抑郁症。小梁非常郁闷，他联系老杨要求退房、赔偿，老杨拒绝了。

依法分析

“凶宅”不是法律专业用语，是民间的一种说法，是指曾发生自杀或凶杀等致人非正常死亡事件的房屋，包括意外事件（如煤气泄漏、火灾）等情况。一般购房者购买房屋是为了平安舒适地居住，“凶宅”虽没有改变房屋物理结构，但很可能影响购房者的心理，让购房者的居住不再舒适，并且会影响购房者再次售出房屋的价格，使房屋实际价值受到贬损。售房者若为了尽快售出房屋而隐瞒“凶宅”的事实，违反了《民法典》关于诚信原则的规定，售房者的行为构成欺诈，受欺诈方有权起诉至法院要求撤销房屋买卖合同。

本案中，小梁可以起诉老杨要求撤销合同，要求老杨返还购房款，并赔偿相应损失。

相关规定

《中华人民共和国民法典》

第七条 民事主体从事民事活动，应当遵循诚信原则，秉持诚实，恪守承诺。

第一百四十八条 一方以欺诈手段，使对方在违背真实意思的情况下实施的民事法律行为，受欺诈方有权请求人民法院或者仲裁机构予以撤销。

专家解析

房屋买卖作为大型资产交易，购房者应该利用各种渠道全方位获取拟购房屋的信息，尽量减少信息不对称的情况。建议购房者在购房前在互联网上搜索所在小区的新闻，留意房屋价格是否与市场价格大致吻合，走访社区居委会、物业公司和小区居民，询问中介公司，查验房本，让售房者去不动产登记中心打印不动产登记表以核验权属、查封、抵押、房龄等信息，出具相关承诺或声明，通过上述方式尽量避免买到有问题的房屋。

56. 租赁房屋经中介介绍，能否跳过中介达成交易以规避中介费？

案例场景

甲公司是一家从事企业咨询的公司，打算在核心商务区域租赁办公场地。甲公司联系乙房地产经纪公司（以下简称乙公司）为其提供居间服务。乙公司在其房源库中筛选符合甲公司条件的办公用房，并委派公司职员寻找合适房源，最终找到了多套办公用房供甲公司选择。甲公司职员小宋实地考察了上述备选房屋，最终对其中一套办公用房十分满意，并告知乙公司打算租赁，同时向乙公司出具《看房确认书》。

半个月后，甲公司跳过乙公司直接与出租方签订了房屋租赁合同，乙公司知悉后认为甲公司的行为构成违约，给其造成了重大损失，遂诉至法院要求甲公司支付违约金。

依法分析

甲公司的行为为“跳单”。“跳单”是一个行业术语，主要存在于房屋交易和房屋租赁领域，是指委托人已经与中介签署了相关协议，中介按照协议约定向委托人提供房源或交易信息，履行促成房屋交易或租赁的义务，委托人为了规避支付中介费，绕过中介直接与交易相对人签订协议的行为。

“跳单”行为不仅会让中介的劳动价值付诸东流，也会产生新的交易风险，如资金安全、房屋产权等问题，此外，“跳单”行为明显违反诚实信用原则，故《民法典》专门对“跳单”行为予以规制。

本案中，甲公司应当按照《看房确认书》的有关约定向乙公司支付违约金。

相关规定

《中华人民共和国民法典》

第九百六十五条 委托人在接受中介人的服务后，利用中介人提供的交易机会或者媒介服务，绕开中介人直接订立合同的，应当向中介人支付报酬。

专家解析

对于“跳单”行为，法院以往按照《民法总则》《合同法》的有关原则性规定进行审理。《民法典》出台后，首次对“跳单”行为作出具体规定，不仅保障了广大中介群体的合法权益，也对违背诚信及契约精神的行为进行了严格规制。

57. 同村村民之间买卖宅基地及房屋，是否有效?

案例场景

2021 年，冀某因急需用钱，将老家宅基地及自建房屋以 10 万元的价格转让给同村村民崔某，村委会在转让协议上加盖了印章。

后来，因听说老家机场要扩建，可能要对村里的土地进行征收，冀某对转让宅基地及房屋的行为后悔了，动起了小心思。冀某诉至法院，主张转让协议违反国家土地政策、宅基地禁止转让和一户一宅的规定，要求法院确认转让协议无效。

依法分析

冀某原系涉案宅基地的使用权人，按照相关规定，宅基地使用权人依法对集体所有的土地享有占有和使用的权利，有权依法利用该土地建造住宅及其附属设施。宅基地使用权是农村集体经济组织成员享有的权利，具有特定的身份属性，非本集体经济组织成员无权取得。

根据《土地管理法》的规定，农村村民出卖、出租住房后，再申请宅基地的，不予批准。可见，《土地管理法》并不禁止宅基地的流转，只是规定村民转让宅基地后不得再行申请。从《民法典》第三百六十三条、第三百六十五条规定可见，法律允许宅基地使用权的转让。

本案中，受让主体为冀某的同村村民崔某，崔某属于受让宅基地使用权的适格主体，且双方签订的转让协议经过了宅基地所有权人即本村村委会的盖章确认。有关法律并未规定此类协议必须经过批准、登记后才生效。因此，冀某和崔某签署的转让协议应属有效，冀某的主张没有法律依据。

相关规定

《中华人民共和国土地管理法》

第六十二条第一、五款　农村村民一户只能拥有一处宅基地，其宅基地的面积不得超过省、自治区、直辖市规定的标准。

农村村民出卖、出租、赠与住宅后，再申请宅基地的，不予批准。

《中华人民共和国民法典》

第三百六十三条　宅基地使用权的取得、行使和转让，适用土地管理的法律和国家有关规定。

第三百六十五条　已经登记的宅基地使用权转让或者消灭的，应当及时办理变更登记或者注销登记。

专家解析

农村村民一户只能拥有一处宅基地。崔某若在已拥有一处宅基地的基础上再受让冀某转让的宅基地，该转让协议是否因违反上述规定而无效?

强制性规定可以分为效力性强制性规定和管理性强制性规定。下列强制性规定，应当认定为效力性强制性规定：涉及金融安全、市场秩序、国家宏观政策等公序良俗的；交易标的禁止买卖的，如禁止人体器官、毒品、枪支等买卖；违反特许经营规定的，如场外配资合同；交易方式严重违法的，如违反招投标等竞争性缔约方式订立的合同；交易场所违法的，如在批准的交易场所之外进行期货交易。关于经营范围、交易时间、交易数量等行政管理性质的强制性规定，一般应当认定为管理性强制性规定。只有违反效力性强制性规定，才属于违反法律强制性规定而应认定合同无效的情况。

《土地管理法》关于一户一宅的使用原则，属于管理性强制性规定。因此，即便崔某持有两处宅基地而违反了上述规定，也不能因此认定转让协议无效。

58. 房屋设立抵押权后，能否转让？

案例场景

2021 年 6 月，魏某因办理房屋抵押按揭贷款向银行借款，同时将自己名下的房屋抵押给银行。双方签订了借款协议和抵押协议，协议中约定魏某未经银行允许不得私自转让抵押房屋。双方办理了抵押登记手续，但是未将限制转让抵押财产的约定进行登记。魏某的妻子吴某与魏某关系并不好，对上述协议的有关约定也不知情。

2021 年 8 月，魏某与吴某因家庭矛盾协议离婚，双方在离婚协议中对夫妻财产进行了分割，其中魏某名下房屋归吴某所有，过户之后的房屋贷款由吴某偿还。当月，魏某与吴某办理房屋过户登记，房屋过户至吴某名下，但双方均未通知抵押权人即银行，更未取得银行的同意。

吴某取得房屋的所有权后，并未按时偿还贷款。拖欠贷款的行为引起了银行的注意，银行发现抵押财产已经过户给吴某，遂起诉至法院要求确认魏某与吴某协议转让财产的行为无效，并请求确认该转让不发生物权变动效力。

依法分析

对于抵押财产是否能够转让的认定经历了以下阶段：《担保法》阶段需履行事先告知义务→《物权法》阶段需经抵押权人同意→《民法总则》阶段需经债权人同意→《民法典》阶段以可转让为原则不可转让为例外。魏某、吴某与银行的纠纷处于《民法典》阶段。

魏某与银行虽在协议上约定了转让抵押财产需经银行同意，但由于未将约定登记，吴某对该约定也不知情，因此银行要求确认转让行为无效及转让不发生物权效力的诉求不能得到法院支持。银行只能要求魏某承担相应的违约责任，并对涉案房屋行使抵押权。

相关规定

《中华人民共和国民法典》

第四百零六条 抵押期间，抵押人可以转让抵押财产。当事人另有约定的，按照其约定。抵押财产转让的，抵押权不受影响。

抵押人转让抵押财产的，应当及时通知抵押权人。抵押权人能够证明抵押财产转让可能损害抵押权的，可以请求抵押人将转让所得的价款向抵押权人提前清偿债务或者提存。转让的价款超过债权数额的部分归抵押人所有，不足部分由债务人清偿。

《最高人民法院关于适用〈中华人民共和国民法典〉有关担保制度的解释》

第四十三条 当事人约定禁止或者限制转让抵押财产但是未将约定登记，抵押人违反约定转让抵押财产，抵押权人请求确认转让合同无效的，人民法院不予支持；抵押财产已经交付或者登记，抵押权人请求确认转让不发生物权效力的，人民法院不予支持，但是抵押权人有证据证明受让人知道的除外；抵押权人请求抵押人承担违约责任的，人民法院依法予以支持。

当事人约定禁止或者限制转让抵押财产且已经将约定登记，抵押人违反约定转让抵押财产，抵押权人请求确认转让合同无效的，人民法院不予支持；抵押财产已经交付或者登记，抵押权人主张转让不发生物权效力的，人民法院应予支持，但是因受让人代替债务人清偿债务导致抵押权消灭的除外。

专家解析

为了促进财产的有效流转和利用，《民法典》对于抵押财产采取了以可转让为原则的态度。这对抵押权人提出了更高的要求。

2021 年 4 月，自然资源部为了衔接《民法典》对于不动产抵押权的规定，发布了《关于做好不动产抵押权登记工作的通知》。该通知规定不动产登记簿新增“是否存在禁止或限制转让抵押不动产的约定”一栏，用于记载转让抵押不动产的约定情况。有约定的填写“是”，抵押期间依法转让的，应当由受让人、抵押人（转让人）和抵押权人共同申请转移登记；没有约定的填写“否”，抵押期间依法转让的，应当由受让人、抵押人（转让人）共同申请转移登记。《民法典》施行前已经办理抵押登记的不动产，抵押期间转让的，未经抵押权人同意，不予办理转移登记。

为了防范类似本案的风险，建议抵押权人在办理抵押登记时，将存在禁止或限制转让抵押不动产的约定同时进行登记。

59. 集中供暖小区的住户能否选择不用供暖服务、拒缴供暖费并要求解除供暖合同？

案例场景

某小区是集中供暖小区。2021 年，老何在该小区购置一套房屋自住。老何认为供暖温度不达标，于是决定不用热力公司的暖气服务。2022 年进入供暖季后，老何关闭了自家的暖气管道阀门，自行购置了家用电采暖炉，并自该供暖季起停止缴纳供暖费。

热力公司将老何诉至法院，要求老何支付供暖费及逾期利息。老何认为自己并未使用供暖服务，故不应缴纳供暖费，并且提起反诉，要求解除与热力公司的供热合同关系。

依法分析

老何主张不应缴纳供暖费没有依据。热力公司的供热义务不仅基于供热合同的约定，而且需要严格遵守有关行政规章及规范性文件的规定，关乎基本民生和社会公共利益。在热力公司已经履行了合同主要义务即为老何所在小区提供供暖服务的情况下，老何应缴纳相应供暖费。退一步讲，即便老何暂停用热，根据北京市居民供热采暖合同范本的有关内容，业主在暂停用热期间也应当向供暖单位支付基本费用，对基本费用没有规定的，每个采暖季的基本费用按采暖费的 60% 支付。

老何的反诉请求亦不应得到支持。老何所在小区实行集中供暖，热力公司必须履行供热义务，难以对某一业主终止供热服务。为了保护公众利益不受侵害，单户业主对供热服务的选择权应该受到严格限制，单户业主无权拒绝接受供热服务，亦不享有合同的单方解除权。业主不能滥用民事权利损害公共利益。当然，热力公司的服务具有公共性质和行政强制性，热力公司亦不享有合同的单方解除权。

相关规定

《中华人民共和国民法典》

第一百三十二条　民事主体不得滥用民事权利损害国家利益、社会公共利益或者他人合法权益。

专家解析

若老何家供暖温度不达标，老何需要举证证明。一般来说，老何可以请有资质的第三方机构入户进行室内空气温度检测，并出具《检测报告》。若《检测报告》足以证明供暖温度不达标的事实，老何可以据此要求热力公司补正或要求降低需支付的供暖费。

60. 因借款设立房屋抵押，还清借款后债权人不配合解除抵押怎么办？

案例场景

郑某因做生意需要周转资金，经朋友介绍，向郝某借款500万元，郑某出具了借条。同时，郑某将其名下的一栋别墅作为抵押，双方办理了抵押登记。郑某获取借款后，生意立马有了起色，资金状况也不断好转，不到一年时间，郑某按照借条的约定，将全部本息汇入郝某银行账户。

2021年，郑某的资金链再次出现断裂危机，郑某遂向银行申请贷款，银行要求提供无权属瑕疵、无抵押的等值财产进行抵押。郑某想起自己名下的别墅可以提供抵押，但还未和郝某去办理解除抵押手续。郑某联系郝某，发现郝某已经失联。银行不断催促，郑某心急如焚。

依法分析

郑某按照借条约定已经清偿所有债务。按照《民法典》的规定，因郑某已经履行全部债务，故债权已经消灭。债权消灭后，担保物权随之消灭。抵押权属于担保物权的一种，故郝某应当配合郑某办理房屋解除抵押登记手续。

在郝某已经失联的状态下，郑某无法独自前往不动产登记中心单方要求解除抵押。郑某只能将郝某诉至法院，要求郝某配合办理解押手续。法院判决支持郑某的诉讼请求后，郑某可持生效判决向法院申请强制执行。法院执行局向不动产登记中心出具强制解除抵押登记的执行裁定书和协助执行通知书后，郑某可持有关法律文书和身份证明文件办理解押手续。

相关规定

《中华人民共和国民法典》

第三百九十三条 有下列情形之一的，担保物权消灭：

（一）主债权消灭；

（二）担保物权实现；

（三）债权人放弃担保物权；

（四）法律规定担保物权消灭的其他情形。

第五百五十七条 有下列情形之一的，债权债务终止：

（一）债务已经履行；

（二）债务相互抵销；

（三）债务人依法将标的物提存；

（四）债权人免除债务；

（五）债权债务同归于一人；

（六）法律规定或者当事人约定终止的其他情形。

合同解除的，该合同的权利义务关系终止。

专家解析

郝某失联后，郑某虽可通过司法途径解决解押的难题，但是法院可能因郝某无法联系而采用公告程序，旷日持久，严重影响郑某申请贷款的时效。郑某应当在还清本息的当年就联系郝某配合其办理解除抵押。

此外，为了防止债权人不配合的情况发生，建议借款时在抵押协议中明确约定，抵押权消灭后，抵押权人应当在规定期限内配合抵押人办理解除抵押手续，否则应当承担违约责任，支付违约金。

61. 承租人装修房屋的，租赁合同解除后承租人能否要求出租人赔偿？

案例场景

貂蝉公司承租了昭君公司名下的一栋办公楼作为经营场地，双方签订房屋租赁合同，租期五年，并约定不得提前退租，若貂蝉公司提前退租则应承担违约责任，且昭君公司享有合同单方解除权。因办公楼是毛坯房，昭君公司与貂蝉公司协商后签订补充协议，昭君公司同意貂蝉公司对办公楼进行装修并添置办公家具，装饰装修费用由貂蝉公司负担。

租期进入第四个年头时，貂蝉公司因业务调整，需要将办公场所迁移至外地，于是与昭君公司协商提前退租事宜，双方谈得很不愉快，昭君公司不同意提前退租，貂蝉公司只得自行搬离。

没多久，貂蝉公司就收到法院邮寄的一纸诉状，昭君公司要求解除合同、支付违约金、结清水电费用；貂蝉公司也不甘示弱，提起反诉，要求昭君公司赔偿剩余租赁期内装饰装修残值损失。

依法分析

租赁合同中约定貂蝉公司不得提前退租，若提前退租，应赔偿违约金，且昭君公司享有合同单方解除权。故昭君公司的诉讼请求应予以支持。

装饰装修物可以分为未形成附合的装饰装修物和已形成附合的装饰装修物。貂蝉公司购置的办公桌椅、电脑打印机、沙发地毯等，属于未形成附合的装饰装修物，应由貂蝉公司进行拆除后搬离。如果貂蝉公司拆除时给办公楼造成毁损的，应当恢复原状。装修办公楼时铺设的地板瓷砖、安装的中央空调、定制窗帘等，属于已形成附合的装饰装修物，无法拆除或拆除后失去利用价值。本案系貂蝉公司违约导致合同解除，故貂蝉公司请求昭君公司赔偿装饰装修残值损失的请求，不应得到支持。但昭君公司如若同意利用现有装修，应给予貂蝉公司适当补偿。

相关规定

《最高人民法院关于审理城镇房屋租赁合同纠纷案件具体应用法律若干问题的解释》

第八条 承租人经出租人同意装饰装修，租赁期间届满或者合同解除时，除当事人另有约定外，未形成附合的装饰装修物，可由承租人拆除。因拆除造成房屋毁损的，承租人应当恢复原状。

第九条 承租人经出租人同意装饰装修，合同解除时，双方对已形成附合的装饰装修物的处理没有约定的，人民法院按照下列情形分别处理：

（一）因出租人违约导致合同解除，承租人请求出租人赔偿剩余租赁期内装饰装修残值损失的，应予支持；

（二）因承租人违约导致合同解除，承租人请求出租人赔偿剩余租赁期内装饰装修残值损失的，不予支持。但出租人同意利用的，应在利用价值范围内予以适当补偿；

（三）因双方违约导致合同解除，剩余租赁期内的装饰装修残值损失，由双方根据各自的过错承担相应的责任；

（四）因不可归责于双方的事由导致合同解除的，剩余租赁期内的装饰装修残值损失，由双方按照公平原则分担。法律另有规定的，适用其规定。

专家解析

出租人同承租人解除租赁合同后，对已形成附合的装饰装修物的处理，双方有约定的从其约定。如果没有约定，需要按照合同当事人是否违约及过错程度进行判断，由于不可归责于双方的事由导致合同解除的，按公平原则分担。

另外，租赁合同无效时，已形成附合的装饰装修物，出租人同意利用的，可折价归出租人所有；不同意利用的，由双方各自按照导致合同无效的过错分担现值损失。

62. 购房者认为商品房宣传手册上的内容未达到预期，能否要求开发商承担责任？

案例场景

小吕最近有点忙，他每到周末就会去各大新开楼盘售楼处转悠，因为他刚与女朋友订婚了，需要购置一套三居室作为婚房。

又是一个忙碌的周六，小吕来到了今天的第三个楼盘售楼处，工作人员特别热情，给小吕端茶送水上吃的，并尽其所能介绍了楼盘的优点，小吕有些心动。临走时，工作人员给小吕送了楼盘的宣传手册，告诉小吕如果 7 天内签订买卖合同，可再享超值优惠。

小吕回家后认真阅读了宣传手册，手册上称购置该楼盘商品房后可“坐拥宫廷般养眼视野，尽享帝王般舒适感受，把握皇家龙脉风水，构筑美满幸福人生”，小吕不再犹豫，联系售楼人员与开发商签订了房屋买卖合同。

入住后，小吕觉得不对劲。所谓“宫廷般养眼视野”变成了楼间距狭窄、开窗见楼的逼仄视野；所谓“帝王般舒适感受”变成了户型奇葩、空气不流通的恼人感受；所谓“皇家龙脉风水”更是让人气愤，小区附近就是公共墓地；所谓“构筑美满幸福人生”更让人绝望，因小吕女朋友很不喜欢小吕买的这套房子，双方大吵一架，就此分手。

小吕带着满腔怒气起诉开发商，主张开发商的宣传与实际情况不符，要求解除合同、退还已付房款并支付违约金。

依法分析

小吕的遭遇让人同情，但该案仍需从法律层面进行分析。

商品房的宣传资料为要约邀请，若出卖人就房屋及相关设施所作的说明和允诺具体确定，并对合同订立及房屋价格的确定有重大影响的，构成要约。

小吕拿到的宣传手册虽然辞藻华丽、引人遐想，但无法确定具体事项，不能作为要约内容对待。尽管开发商很可恶，但是小吕据此要求解除合同缺乏充分的依据，不能得到法院支持。

相关规定

《最高人民法院关于审理商品房买卖合同纠纷案件适用法律若干问题的解释》

第三条 商品房的销售广告和宣传资料为要约邀请，但是出卖人就商品房开发规划范围内的房屋及相关设施所作的说明和允诺具体确定，并对商品房买卖合同的订立以及房屋价格的确定有重大影响的，构成要约。该说明和允诺即使未载入商品房买卖合同，亦应当为合同内容，当事人违反的，应当承担违约责任。

专家解析

若开发商的销售广告和宣传资料中所作说明和允诺具体明确，如"可享使用面积不低于16平方米的豪华阳台，坐拥宫廷般养眼视野"，则构成要约，即便该允诺未载入商品房买卖合同，亦构成合同内容的一部分，出卖人出售的房屋应当包含使用面积不低于16平方米的阳台，否则应当承担违约责任。

对于购房者而言，如若宣传广告辞藻华丽但无具体内容，其应当详细了解楼盘情况，实地走访，并认真阅读房屋买卖合同的有关约定，以此规避类似问题。

63. 签订房屋买卖合同后有何办法防止售房人另行出售房屋?

案例场景

2021年7月，小丁入职某单位。按照规定，小丁入职满一年后才能办理当地户口。入职后，小丁很想买房，而自己又因为没有户口不具备购房资格，心急如焚。

小丁同部门的年长同事老汪给小丁出了个主意："小丁，你可以先看房子，觉得合适就买下来先住进去，等到2022年7月你户口下来了再办理房屋过户手续嘛！这些你都可以在房屋买卖合同条款中落实呀，如果对方到时候不配合过户，就让他支付高额违约金！"

小丁认为老汪说得有道理，但还是觉得有风险："如果售房人和我签完合同、我付款后，又把房子卖给别人并过户给别人，那怎么办？"

依法分析

小丁的担心不无道理，而"预告登记制度"解决了上述困境。预告登记指当事人签订买卖房屋或者其他物权协议，为保障将来实现物权，可以向登记机关申请预告登记。如在商品房交易中，购房者可以就商品房进行预告登记，以制约售房者把已出售的住房再次出售。

小丁可以和售房者在房屋买卖合同中约定预告登记的有关条款，并前往不动产登记中心办理预告登记手续。预告登记后，未经小丁同意，售房者即便将房屋再次售出，也无法办理过户登记手续。小丁借此可以把主动权牢牢掌握在自己手中。

相关规定

《中华人民共和国民法典》

第二百二十一条　当事人签订买卖房屋的协议或者签订其他不动产物权的协议，为保障将来实现物权，按照约定可以向登记机构申请预告登记。预告登记后，未经预告登记的权利人同意，处分该不动产的，不发生物权效力。

预告登记后，债权消灭或者自能够进行不动产登记之日起九十日内未申请登记的，预告登记失效。

《最高人民法院关于适用〈中华人民共和国民法典〉物权编的解释（一）》

第四条　未经预告登记的权利人同意，转让不动产所有权等物权，或者设立建设用地使用权、居住权、地役权、抵押权等其他物权的，应当依照民法典第二百二十一条第一款的规定，认定其不发生物权效力。

专家解析

预告登记不仅能防止转移不动产所有权，也能有效防止设立建设用地使用权、居住权、地役权、抵押权等其他物权。预告登记经过公示后产生排他效力，抗拒后续的物权变动，稳定不动产交易秩序，保障民事主体之间的交易安全。

预告登记制度是物权登记制度的一种，此外，法律还规定了更正登记制度、异议登记制度。更正登记是指权利人、利害关系人认为不动产登记簿记载的事项错误的，可以申请更正登记。不动产登记簿记载的权利人书面同意更正或者有证据证明登记确有错误的，登记机构应当予以更正。异议登记是指不动产登记簿记载的权利人不同意更正的，利害关系人可以申请异议登记。登记机构予以异议登记，申请人自异议登记之日起十五日内不提起诉讼的，异议登记失效。异议登记不当，造成权利人损害的，权利人可以向申请人请求损害赔偿。

第四章　消费者权益保护法律知识

64. 通过网络购物方式购买的商品是否可以七天无理由退货？

案例场景

小张在电商平台的自营店铺相中了一款手机，但是在购买时未注意到该电商平台网站在商品页面提示的“不适用七天无理由退货”。小张通过点击加入购物车，进行付款即完成了购买。两天后，小张收到了电商平台交付的手机，并激活使用了五天。小张在使用过程中感觉新手机没有什么亮点，于是想退货。联系电商平台后，平台告知小张该商品不适用七天无理由退货。小张感到不解，再次点击当时购买手机的网页，发现该页面确有不适用七天无理由退货的提示，但该提示很不显眼，小张购买手机时并未注意到。那么，小张购买的手机究竟能否适用七天无理由退货呢？

依法分析

网络购物的商品不适用无理由退货应当同时具备以下两个条件：一是一经激活或者试用，价值贬损较大；二是网络商品销售者在商品销售必经流程中设置了显著的确认程序，供消费者对单次购买行为进行确认。在小张购买手机的整个过程中，并没有相应的确认程序（要求小张点击已知晓商品不适用七天无理由退货的确认选项后方可付款购买），而仅仅是在商品的宣传页面上进行了不适用七天无理由退货的告知，小张很有可能在没有注意到告知的情况下完成购买。因此，小张可以向电商平台主张七天无理由退货，电商不同意的情况下，小张可以通过起诉电商平台要求退货。

相关规定

《中华人民共和国消费者权益保护法》

第二十五条 经营者采用网络、电视、电话、邮购等方式销售商品，消费者有权自收到商品之日起七日内退货，且无需说明理由，但下列商品除外：

（一）消费者定作的；

（二）鲜活易腐的；

（三）在线下载或者消费者拆封的音像制品、计算机软件等数字化商品；

（四）交付的报纸、期刊。

除前款所列商品外，其他根据商品性质并经消费者在购买时确认不宜退货的商品，不适用无理由退货。

消费者退货的商品应当完好。经营者应当自收到退回商品之日起七日内返还消费者支付的商品价款。退回商品的运费由消费者承担；经营者和消费者另有约定的，按照约定。

《网络购买商品七日无理由退货暂行办法》

第六条 下列商品不适用七日无理由退货规定：

（一）消费者定作的商品；

（二）鲜活易腐的商品；

（三）在线下载或者消费者拆封的音像制品、计算机软件等数字化商品；

（四）交付的报纸、期刊。

第七条 下列性质的商品经消费者在购买时确认，可以不适用七日无理由退货规定：

（一）拆封后易影响人身安全或者生命健康的商品，或者拆封后易导致商品品质发生改变的商品；

（二）一经激活或者试用后价值贬损较大的商品；

（三）销售时已明示的临近保质期的商品、有瑕疵的商品。

第二十条 网络商品销售者应当采取技术手段或者其他措施，对于本办法第六条规定的不适用七日无理由退货的商品进行明确标注。

符合本办法第七条规定的商品，网络商品销售者应当在商品销售必经流程中设置显著的确认程序，供消费者对单次购买行为进行确认。如无确认，网络商品销售者不得拒绝七日无理由退货。

专家解析

消费者在通过网络购物方式购买商品时一定要注意相关的提示信息，特别是在付款过程中要注意是否有关于所购商品不适用七天无理由退货的提示。出现一些弹出窗口或者提示信息时，切勿不加阅读便草率地点击“已阅读”

或“已知晓”等确认按钮。此外，消费者主张七天无理由退货，还要注意退货时应当保持商品完好以及按照七天无理由退货的相关程序进行申请。关于商品完好的相关标准及退货程序，可查阅《网络购买商品七日无理由退货暂行办法》第八条至第十九条的规定。

65. 网购的食品无生产商、生产日期、保质期，消费者该如何维权？

案例场景

小王在某网购平台上买了5袋牛肉干，收到后发现食品包装上没有生产商、生产日期、保质期，无法知晓食品的生产时间及保质期限。小王联系商家退货遭到拒绝，商家告知该食品保证安全，没有质量问题，不同意退货。此时小王应当如何维权？

依法分析

根据《食品安全法》及相关规定，预包装食品标签上应当标明的生产者名称、地址、生产日期、保质期、成分或者配料表等信息属于强制标识的信息，未标识中文标签的行为将使购买者难以准确获得食品的原产地、名称、规格、净含量、生产日期、保质期以及境内代理商的名称、地址、联系方式等与食品安全息息相关的信息，影响消费者的知情权。未标明上述信息的，生产者或经营者应当承担惩罚性赔偿责任。因此，小王可以要求商家赔偿。在不知晓商家信息的情况下，小王可以要求网购平台披露商家的真实信息，以向商家主张赔偿。

相关规定

《中华人民共和国食品安全法》

第六十七条　预包装食品的包装上应当有标签。标签应当标明下列事项：

（一）名称、规格、净含量、生产日期；

（二）成分或者配料表；

（三）生产者的名称、地址、联系方式；

（四）保质期；

（五）产品标准代号；

（六）贮存条件；

（七）所使用的食品添加剂在国家标准中的通用名称；

（八）生产许可证编号；

（九）法律、法规或者食品安全标准规定应当标明的其他事项。

专供婴幼儿和其他特定人群的主辅食品，其标签还应当标明主要营养成分及其含量。

食品安全国家标准对标签标注事项另有规定的，从其规定。

第一百四十八条 消费者因不符合食品安全标准的食品受到损害的，可以向经营者要求赔偿损失，也可以向生产者要求赔偿损失。接到消费者赔偿要求的生产经营者，应当实行首负责任制，先行赔付，不得推诿；属于生产者责任的，经营者赔偿后有权向生产者追偿；属于经营者责任的，生产者赔偿后有权向经营者追偿。

生产不符合食品安全标准的食品或者经营明知是不符合食品安全标准的食品，消费者除要求赔偿损失外，还可以向生产者或者经营者要求支付价款十倍或者损失三倍的赔偿金；增加赔偿的金额不足一千元的，为一千元。但是，食品的标签、说明书存在不影响食品安全且不会对消费者造成误导的瑕疵的除外。

专家解析

网络购物消费者由于在付款时尚未见到实物，无法知晓商品及包装的具体情况，可能经常遇到网购的食品无生产商、生产日期、保质期的情形。消费者在收货后发现食品无生产商、生产日期、保质期等内容的，有权要求商家退货并予以赔偿。如果商家不同意退货及赔偿的，消费者可以联系网络购物平台进行调解，网购购物平台有义务组织消费者和商家进行调解。消费者也可以选择要求平台披露商家的真实信息，通过诉讼或其他途径向商家主张赔偿。

66. 婚宴不能在酒店如期举行的，可否要求酒店退还押金？

案例场景

小吴在某市一家酒店预订了婚宴，并当场交付了2万元押金（预付款）。但由于公共政策原因，酒店告知小吴不能如期承办婚宴。小吴要求酒店退还押金，但双方多次协商仍未达成一致意见，商家认为不能举办婚宴不是自己的责任，不同意退还押金。小吴应当如何维权？

依法分析

经营者以预收款方式提供商品或者服务的，应当按照约定提供相应商品或者服务。经营者在未按照约定提供商品或者服务的情况下，应当按照消费者的要求继续履行约定或者向消费者退回预付款项。消费者为此支付的合理费用，经营者也应当承担。因此，在酒店明确告知小吴婚宴不能按期举行的情况下，小吴有权要求酒店全额退还其已付的押金。如果酒店不退款，小吴可以通过诉讼或者其他维权途径要求商家退款。

相关规定

《中华人民共和国消费者权益保护法》

第五十三条 经营者以预收款方式提供商品或者服务的，应当按照约定提供。未按照约定提供的，应当按照消费者的要求履行约定或者退回预付款；并应当承担预付款的利息、消费者必须支付的合理费用。

专家解析

婚宴、酒会等聚众集会活动极有可能因公共政策的因素而不能如期举办。在接到公共政策通知不能举办集会活动的情况下，无论商家是否主动告知消费者不能举办活动，消费者都可以向商家主张取消活动，要求商家退还预付款（押金、定金、订金等）。在商家不同意退款的情况下，消费者可以向当地市场监督管理部门或者消费者协会投诉，也可以向人民法院提起诉讼要求商家退款，消费者为此支出了相关的必要费用（如交通费）的，可以要求商家承担。

67. 购买灯具使用一个月即损坏，可否要求商家更换？

案例场景

小刘在某灯饰城购买声控灯一盏，但刚使用一个月灯就不亮了。经与商家联系，商家仅给小刘的灯具更换了一组灯带，但更换灯带后，声控模式出现不灵敏的情况，仍然无法正常使用。小刘再次与商家联系，商家不予理睬。小刘能否要求商家退款或者重新更换一盏声控灯？

依法分析

小刘购买的灯具使用不到一个月即损坏，其使用期限明显短于日常使用的灯具寿命。由此，可以认定商家提供的产品不符合质量要求。根据《民法典》《消费者权益保护法》的相关规定，商家提供的产品不符合质量要求的，消费者可以依照国家规定、当事人约定退货，或者要求经营者履行更换、修理等义务。因此，小刘可以要求商家退款或者更换新的声控灯。

相关规定

《中华人民共和国民法典》

第五百八十二条 履行不符合约定的，应当按照当事人的约定承担违约责任。对违约责任没有约定或者约定不明确，依据本法第五百一十条的规定仍不能确定的，受损害方根据标的的性质以及损失的大小，可以合理选择请求对方承担修理、重作、更换、退货、减少价款或者报酬等违约责任。

《中华人民共和国消费者权益保护法》

第二十四条 经营者提供的商品或者服务不符合质量要求的，消费者可以依照国家规定、当事人约定退货，或者要求经营者履行更换、修理等义务。没有国家规定和当事人约定的，消费者可以自收到商品之日起七日内退货；七日后符合法定解除合同条件的，消费者可以及时退货，不符合法定解除合同条件的，可以要求经营者履行更换、修理等义务。

依照前款规定进行退货、更换、修理的，经营者应当承担运输等必要费用。

专家解析

关于灯具的保修期，目前尚无国家的强制性规定。保修期以厂家承诺的售后期限为准，在无特别说明情形下，一般而言，灯具（包括灯座和光源）的保修期不应少于一年。上述案例中，小刘购买的灯具光源仅使用一个月就损坏，在更换光源后又出现感应不灵敏的情况，这明显短于正常的灯具使用期限，不符合产品的质量要求。

68. 装修公司使用劣质涂料影响房主健康，房主如何维权？

案例场景

张女士在某装修公司定制了墙面涂料套餐，支付价款 3 万余元。此后，装修公司向张女士推荐了所谓的“升级版”涂料套餐，张女士同意升级套餐，但产品品牌不变，并为此支付了升级套餐差额 5000 元。墙面工程于当年 7 月完工后，张女士于当年 10 月入住，入住后发现使用涂料的墙面大面积起霉，不仅如此，张女士的儿子频繁地发烧和腹泻。张女士怀疑所购产品存在质量问题，因此直接联系了该产品的供货商，供货商为此派员至张女士家中查看，发现张女士家中使用的涂料并非该品牌的产品。张女士十分生气，联系装修公司要求退款并进行赔偿，遭到装修公司拒绝。此时，张女士应当如何维权？

依法分析

上述案例中，装修公司存在如下问题：第一，向张女士提供的涂料仅过了

3个月就出现大面积起霉现象，这明显不符合产品质量约定。根据《民法典》的规定，装修公司履行合同不符合双方约定，张女士可以要求装修公司承担修理、重作、更换、退货、减少价款或者报酬等违约责任。第二，装修公司未按承诺向张女士提供指定品牌的涂料，属于以假充真的欺骗行为，根据《消费者权益保护法》的相关规定，经营者应当按照消费者的要求增加赔偿其受到的损失，增加赔偿的金额为消费者购买商品的价款或者接受服务的费用的三倍；增加赔偿的金额不足五百元的，为五百元。法律另有规定的，依照其规定。因此，张女士可以据此要求装修公司就涂料价款进行额外的三倍赔偿。第三，装修公司提供的涂料可能因质量问题引起张女士的儿子发烧、腹泻。如果经过质量监督部门调查，确认涂料与张女士儿子的发烧、腹泻存在因果关系，那么装修公司提供的产品属于不符合保障人身、财产安全的产品。此时，装修公司还应就其提供的涂料导致张女士儿子生病所形成的医疗损失承担赔偿责任。此外，根据《消费者权益保护法》的规定，装修公司除向张女士承担民事赔偿责任外，还应当接受市场监督管理部门的行政处罚。

相关规定

《中华人民共和国民法典》

第五百八十二条 履行不符合约定的，应当按照当事人的约定承担违约责任。对违约责任没有约定或者约定不明确，依据本法第五百一十条的规定仍不能确定的，受损害方根据标的的性质以及损失的大小，可以合理选择请求对方承担修理、重作、更换、退货、减少价款或者报酬等违约责任。

《中华人民共和国消费者权益保护法》

第四十八条 经营者提供商品或者服务有下列情形之一的，除本法另有规定外，应当依照其他有关法律、法规的规定，承担民事责任：

（一）商品或者服务存在缺陷的；

（二）不具备商品应当具备的使用性能而出售时未作说明的；

……

经营者对消费者未尽到安全保障义务，造成消费者损害的，应当承担侵权责任。

第五十五条　经营者提供商品或者服务有欺诈行为的，应当按照消费者的要求增加赔偿其受到的损失，增加赔偿的金额为消费者购买商品的价款或者接受服务的费用的三倍；增加赔偿的金额不足五百元的，为五百元。法律另有规定的，依照其规定。

经营者明知商品或者服务存在缺陷，仍然向消费者提供，造成消费者或者其他受害人死亡或者健康严重损害的，受害人有权要求经营者依照本法第四十九条、第五十一条等法律规定赔偿损失，并有权要求所受损失二倍以下的惩罚性赔偿。

第五十六条　经营者有下列情形之一，除承担相应的民事责任外，其他有关法律、法规对处罚机关和处罚方式有规定的，依照法律、法规的规定执行；法律、法规未作规定的，由工商行政管理部门或者其他有关行政部门责令改正，可以根据情节单处或者并处警告、没收违法所得、处以违法所得一倍以上十倍以下的罚款，没有违法所得的，处以五十万元以下的罚款；情节严重的，责令停业整顿、吊销营业执照：

（一）提供的商品或者服务不符合保障人身、财产安全要求的；

（二）在商品中掺杂、掺假，以假充真，以次充好，或者以不合格商品冒充合格商品的；

……

专家解析

家庭房屋装修过程中，消费者常因装修质量问题与装修公司产生纠纷。消费者在与装修公司签订协议时，切勿轻信装修公司的口头承诺，对于承诺的事项（如提供的产品品牌、型号、数量，装修的期限等）要以书面形式写入装修合同。在履行合同过程中消费者还需要注意及时留存相关证据，如装修费用的收据、发票，装修产品的包装，装修过程中与装修公司的沟通记录等。一旦装修公司未按其当初承诺的约定履行义务，消费者可以将双方签订的装修合同或装修过程中与装修公司的沟通记录作为证据向装修公司主张权利。

69. 拼团旅游未能如期出发的，可否要求旅行社退款？

案例场景

小王在宣传海报上看到某旅行社刊登的张家界拼团旅游活动，价格十分优惠，于是与朋友一行9人与该旅行社订立了《境内旅游合同》，约定前往张家界旅游，于2021年6月10日出发，6月16日结束，共7天。但出发前一天，该旅行社突然通知小王，因参团人数不足，旅行社无法完成拼团，不能按时组织旅游，具体旅游时间待定。

小王为此十分生气，要求旅行社立即退款，不料旅行社不但不进行退款，还直接关门停业。小王应当如何主张权利？

依法分析

根据《旅游法》的规定，旅行社开展组团旅游业务，因未达到约定人数不能出团的，旅行社可以解除合同，但是必须按照法律规定提前通知旅游者，境内旅游应当至少提前七天通知，境外旅游应当至少提前三十天通知。上述案例中，组织小王一行人旅行的旅行社在未达到约定人数，不能出团的情况下，应当至少提前七天通知小王一行人。并且，旅行社在通知小王一行人以后，除非找到其他旅行社代替自己履行合同，并且征得小王一行人书面同意，方可由其他旅行社继续组织小王一行人旅游，否则旅行社应当解除合同，退还小王一行人已经支付的全部费用。该旅行社未在出发前七日通知小王一行人不能按约出行，导致小王一行人无法变更旅游计划，不仅应当向小王一行人退款，还应当赔偿由此给小王一行人造成的损失。

相关规定

《中华人民共和国民法典》

第五百七十七条 当事人一方不履行合同义务或者履行合同义务不符合约定的，应当承担继续履行、采取补救措施或者赔偿损失等违约责任。

《中华人民共和国旅游法》

第六十三条　旅行社招徕旅游者组团旅游，因未达到约定人数不能出团的，组团社可以解除合同。但是，境内旅游应当至少提前七日通知旅游者，出境旅游应当至少提前三十日通知旅游者。

因未达到约定人数不能出团的，组团社经征得旅游者书面同意，可以委托其他旅行社履行合同。组团社对旅游者承担责任，受委托的旅行社对组团社承担责任。旅游者不同意的，可以解除合同。

因未达到约定的成团人数解除合同的，组团社应当向旅游者退还已收取的全部费用。

专家解析

拼团旅游是当下流行的一种旅游方式，既划算又相对安全。但是旅行社在组织拼团旅游的过程中常常出现实际拼团人数未达旅行社预计的出行人数，从而无法满足其运营成本要求的情况。此时，旅行社自然不会选择继续组织出团亏本运营，而会考虑将本团成员委托给其他同期组织出游的旅行社或者直接取消本次拼团旅行。但是，这种情况应当提前告知旅游者，境内旅游的必须至少提前七天告知，境外旅游的必须提前三十天告知。否则，旅行社应当向旅游者赔偿由此给旅游者造成的损失。但现实情况中，旅游者很难证明因取消行程给自己造成的实际损失，故通常情况下只能取得全额的已付款。因此在选择拼团旅行时，广大旅游爱好者一定要与旅行社及时沟通，掌握拼团出行的相关动态，并做好该次拼团不能出行的备选预案，尽可能避免因不能成功拼团对自己出行旅游造成影响。

70. 邮寄的物品在运输过程中灭失的，应当如何主张赔偿？

案例场景

消费者王先生在云南某地旅游时，在当地购买了价值10万余元的红木家具，通过某快递公司保价12万元邮寄到自己的住所地。但是未料到在运输途中发生火灾，红木家具全部烧毁。王先生要求快递公司按照保价赔偿，快递公司拒绝按照保价的价值赔偿。王先生应如何维权？

依法分析

根据《民法典》的规定，承运人对运输过程中货物的毁损、灭失承担赔偿责任。但是，承运人证明货物的毁损、灭失是因不可抗力、货物本身的自然性质或者合理损耗以及托运人、收货人的过错造成的，不承担赔偿责任。本案中，快递公司如果不能证明红木家具的灭失是因为不可抗力、货物本身的自然性质或者合理损耗以及托运人、收货人的过错造成的，则其应当向王先生承担赔偿责任。关于赔偿金额的确定，根据《民法典》的规定，当事人有约定的，按照约定；没有约定或者约定不明确的，可以协议补充，不能达成补充协议的，按照合同相关条款或者交易习惯确定；仍不能确定的，按照交付或者应当交付时货物到达地的市场价格计算。法律、行政法规另有规定的，从其规定。本案中，王先生与快递公司进行了保价运输，因此快递公司应当按照货物的保价价值对王先生进行赔偿。

相关规定

《中华人民共和国民法典》

第五百一十条 合同生效后，当事人就质量、价款或者报酬、履行地点等内容没有约定或者约定不明确的，可以协议补充；不能达成补充协议的，按照合同相关条款或者交易习惯确定。

第八百一十一条 承运人应当在约定期限或者合理期限内将旅客、货物安全运输到约定地点。

第八百二十五条 托运人办理货物运输，应当向承运人准确表明收货人的姓名、名称或者凭指示的收货人，货物的名称、性质、重量、数量，收货地点等有关货物运输的必要情况。

因托运人申报不实或者遗漏重要情况，造成承运人损失的，托运人应当承担赔偿责任。

第八百三十一条 收货人提货时应当按照约定的期限检验货物。对检验货物的期限没有约定或者约定不明确，依据本法第五百一十条的规定仍不能确定的，应当在合理期限内检验货物。收货人在约定的期限或者合理期限内对货物的数量、毁损等未提出异议的，视为承运人已经按照运输单证的记载交付的初步证据。

第八百三十二条　承运人对运输过程中货物的毁损、灭失承担赔偿责任。但是，承运人证明货物的毁损、灭失是因不可抗力、货物本身的自然性质或者合理损耗以及托运人、收货人的过错造成的，不承担赔偿责任。

第八百三十三条　货物的毁损、灭失的赔偿额，当事人有约定的，按照其约定；没有约定或者约定不明确，依据本法第五百一十条的规定仍不能确定的，按照交付或者应当交付时货物到达地的市场价格计算。法律、行政法规对赔偿额的计算方法和赔偿限额另有规定的，依照其规定。

专家解析

消费者委托物流公司进行货物运输时，有以下问题需要注意：第一，应当告知物流公司货物名称、性质、重量、数量，收货地点等有关货物运输的必要情况。如果消费者不如实告知物流公司或者遗漏重要情况造成物流公司损失的，消费者反而要向物流公司承担赔偿责任。第二，在货物送到后应当及时验收货物。如果长期未对货物进行验收，则视为物流公司已经取得完成运输工作的初步证据。第三，要慎重考虑是否选择货物的保价运输。对于贵重货物一定要选择保价运输，否则一旦出现损毁灭失，极有可能无法获得货物价值的完全赔偿。

71. 入住的酒店环境与酒店广告宣传严重不符，能否要求酒店赔偿？

案例场景

小杨通过某旅游平台App发现本市郊区某家酒店有周末特价湖景套间的宣传广告，展示的房间环境十分优雅，推开窗就能看到广阔的湖面，每晚入住价格为900元。于是小杨预订了该湖景套间，但实际入住后，小杨发现房间外的湖泊已经干涸且长满了野草，根本没有广告上展示的美丽湖泊。小杨还发现，该酒店未朝向湖泊的房间一晚只需500元，于是小杨要求商家按未朝向湖泊的普通房间退还差价，遭到商家拒绝。小杨能否要求商家退还差价？

依法分析

根据《消费者权益保护法》的相关规定，酒店作为经营者，在进行广告宣传时，应当向消费者提供真实、全面的信息。提供的商品或者服务有欺诈行为的，应按消费者要求增加赔偿损失，金额为商品价款或接受服务费用的三倍。上述案例中，湖泊显然是湖景套间吸引消费者的重要因素，小杨正是基于酒店广告宣传的湖泊美景才预订了该套间。然而事实上湖泊已经干涸，完全没有了广告中展示的景色。对此酒店显然明知，却仍然以湖水充盈时的景色进行宣传来吸引顾客，属于虚假宣传。因此，小杨有权要求酒店退款及给予三倍赔偿。

相关规定

《中华人民共和国消费者权益保护法》

第二十条第一款 经营者向消费者提供有关商品或者服务的质量、性能、用途、有效期限等信息，应当真实、全面，不得作虚假或者引人误解的宣传。

第五十五条第一款 经营者提供商品或者服务有欺诈行为的，应当按照消费者的要求增加赔偿其受到的损失，增加赔偿的金额为消费者购买商品的价款或者接受服务的费用的三倍；增加赔偿的金额不足五百元的，为五百元。法律另有规定的，依照其规定。

专家解析

本案的酒店系以湖景作为其酒店套房的广告宣传特色，因此湖泊景色系该酒店广告宣传的核心内容。消费者选择该套房主要就是基于其能够看到湖景。对于湖泊干涸的事实，酒店显然明知，却仍然以湖景房做广告宣传，从而误导消费者预订前来消费，这明显侵犯了消费者的知情权，构成欺诈。因此，酒店不仅应当退还消费者预付的费用，还应当对消费者予以服务费用的三倍赔偿。但通过本案我们也提示消费者，面对这类利用入住环境进行广告宣传的酒店，消费者选择入住之前，要注意对酒店的实际环境情况进行了解。例如，上述案例的湖泊，消费者可以通过直接询问酒店商家或其他途径获知其现有状态，从而知晓酒店真实的情况，尽可能避免其损失的发生。

72. 修车时商家未明确告知有停车费用，消费者是否可以拒绝支付?

案例场景

小强的车辆发生故障，于是开至附近的修理公司进行维修。修理公司告知小强，店中没有该车的配件，需要从库中调取，修理时间要三天左右。于是小强将车停在了修理公司，三天后取车时，修理公司要求小强支付停车费共计600元，小强大为不解。商家此时才告知小强，停车每日收费200元。小强认为不应支付，商家告知必须支付才能将车开离。双方为此发生纠纷，小强应当如何维权?

依法分析

根据《消费者权益保护法》的相关规定，修理公司提供商品或者服务应当明码标价，且不得设定不合理的交易条件。修理公司在修理车辆时必然会发生车辆停放的事实，这种条件是消费者不能选择的。因此，修理公司应当告知关于停车费用的收取情况，其不告知小强停车费用，属于典型的不诚信经营、不明码标价。修理公司利用修理车辆而产生的停放现状，给消费者设定了不公平、不合理的交易条件。因此，小强有理由不予支付修理公司要求的停车费。

相关规定

《中华人民共和国消费者权益保护法》

第十六条　经营者向消费者提供商品或者服务，应当依照本法和其他有关法律、法规的规定履行义务。

经营者和消费者有约定的，应当按照约定履行义务，但双方的约定不得违背法律、法规的规定。

经营者向消费者提供商品或者服务，应当恪守社会公德，诚信经营，保障消费者的合法权益；不得设定不公平、不合理的交易条件，不得强制交易。

第二十条 经营者向消费者提供有关商品或者服务的质量、性能、用途、有效期限等信息，应当真实、全面，不得作虚假或者引人误解的宣传。

经营者对消费者就其提供的商品或者服务的质量和使用方法等问题提出的询问，应当作出真实、明确的答复。

经营者提供商品或者服务应当明码标价。

专家解析

私家车维修在日常生活中较为普遍。消费者在进行车辆维修时，务必在交付车辆给商家修理之前询问清楚所有可能发生的费用，如配件价格、维修工时费和停车费。在就维修的全部费用达成一致意见的情况下，再将车辆交付修理。有时维修公司会以车辆状况需要进一步检查为由，不给出明确的费用。这种情况下，消费者应当告诉维修公司，这属于违反消费者权益保护法关于经营者明码标价的规定，维修公司务必告知可能发生的费用情况，特别是最高的维修金额，否则将不同意修理。

73. 购买的化妆品发现含有禁用成分，应当如何维权？

案例场景

小于喜欢网购化妆品，经人介绍认识了微商卢某。卢某向其推荐了一款精华液。小于通过微信转账方式向卢某支付货款4000余元购买该产品。此后小于在使用该精华液的过程中脸部出现明显不适，于是将该精华液送交质检部门。经检测，该精华液中含有氢醌成分，根据化妆品安全卫生的相关规定，氢醌为化妆品禁用成分。小于要求卢某退款，遭到拒绝，其应该如何维权？

依法分析

案涉商品含有禁用成分，属于存在缺陷的商品，根据《民法典》及《消费者权益保护法》的规定，销售者提供有缺陷的商品属于履行合同义务不符合约定，消费者有权要求销售者退款。此外，如果在使用过程中造成消费者人身损害的，销售者还应当赔偿为此给消费者造成的相应损失，包括医疗费、护理费、交通费、误工费及康复费用等。因此，小于有权要求卢某全额退款，如果小于因脸部受到伤害产生了医疗费等其他损失的，还可以要求卢某予以赔偿。

相关规定

《中华人民共和国消费者权益保护法》

第四十八条　经营者提供商品或者服务有下列情形之一的，除本法另有规定外，应当依照其他有关法律、法规的规定，承担民事责任：

（一）商品或者服务存在缺陷的；

（二）不具备商品应当具备的使用性能而出售时未作说明的；

（三）不符合在商品或者其包装上注明采用的商品标准的；

（四）不符合商品说明、实物样品等方式表明的质量状况的；

（五）生产国家明令淘汰的商品或者销售失效、变质的商品的；

（六）销售的商品数量不足的；

（七）服务的内容和费用违反约定的；

（八）对消费者提出的修理、重作、更换、退货、补足商品数量、退还货款和服务费用或者赔偿损失的要求，故意拖延或者无理拒绝的；

（九）法律、法规规定的其他损害消费者权益的情形。

经营者对消费者未尽到安全保障义务，造成消费者损害的，应当承担侵权责任。

第四十九条　经营者提供商品或者服务，造成消费者或者其他受害人人身伤害的，应当赔偿医疗费、护理费、交通费等为治疗和康复支出的合理费用，以及因误工减少的收入。造成残疾的，还应当赔偿残疾生活辅助具费和残疾赔偿金。造成死亡的，还应当赔偿丧葬费和死亡赔偿金。

《中华人民共和国民法典》

第五百七十七条 当事人一方不履行合同义务或者履行合同义务不符合约定的，应当承担继续履行、采取补救措施或者赔偿损失等违约责任。

专家解析

市场上的化妆品种类繁多，价格差异更是巨大，昂贵的化妆品并不一定意味着有非常好的效果。但是，我们需要特别提示消费者，在选择化妆品时也不应轻易购买不知名的低价化妆品。因为化妆产品直接作用于面部，一旦出现质量问题，极有可能对消费者的面容造成损害，严重的情况下这种损害可能是长期甚至无法修复的，此时，即使销售者予以赔偿，也无法挽回对消费者身体和心理造成的损害。如果发现购买的化妆品可能存在质量问题，应考虑及时留存化妆品并送至质量检验部门进行检测。如经检测确有质量问题，消费者可据此要求商家退款并赔偿因此受到的损失。

74. 网购的商品未按指定收货地址送货上门，可否要求商家履行送货上门服务？

案例场景

小红在某网络购物平台购买了由某家具公司销售的组装多功能书桌，在订单中写明了收货人和收货地点，勾选了“送货上门”服务并支付了大件商品的专项运费。家具公司委托物流公司进行运输和配送。涉案货物到达小红所在的县城后，物流公司将货物转给了一家快递公司进行配送。然而，快递公司并未直接将货物送到小红订单中指定的收货地点，而是电话联系小红要求其到某自提店面自取，小红明确表示不同意。此后小红一直未收到案涉货物，不得不先后联系了家具公司和网络购物平台，要求将案涉货物配送至指定地点，家具公司和网购平台客服人员均表示因快递公司原因不能配送至指定地点，要求小红取消订单并同意退货退款。小红不愿意退货，可否要求商家履行送货上门的义务？

依法分析

上述案例中，小红购买的系组装的书桌，属于大件且较为沉重的商品，个人本身难以自行取件，并且小红在购物时专门选择了“送货上门”服务并支付了较高运费。而快递公司未将货物配送至小红指定的地点，反而要求其到自提点自取。由于买卖合同系小红与家具公司签订，且运费也是小红向家具公司一并支付的，因此家具公司对此存在违约。此外，网络平台公司在小红与其客服人员联系要求送货上门时，没有采取措施督促家具公司履行送货上门服务，因此网络平台公司亦存在违约。根据《民法典》第五百七十七条及《消费者权益保护法》第十六条的规定，当事人一方不履行合同义务或者履行合同义务不符合约定的，应当承担继续履行、采取补救措施或者赔偿损失等违约责任。因此，小红可以要求家具公司及网络平台公司提供送货上门服务，将购买的组装书桌送至指定的收货地点。

相关规定

《中华人民共和国民法典》

第五百七十七条　当事人一方不履行合同义务或者履行合同义务不符合约定的，应当承担继续履行、采取补救措施或者赔偿损失等违约责任。

《中华人民共和国消费者权益保护法》

第十六条　经营者向消费者提供商品或者服务，应当依照本法和其他有关法律、法规的规定履行义务。

经营者和消费者有约定的，应当按照约定履行义务，但双方的约定不得违背法律、法规的规定。

经营者向消费者提供商品或者服务，应当恪守社会公德，诚信经营，保障消费者的合法权益；不得设定不公平、不合理的交易条件，不得强制交易。

专家解析

网络购物中，消费者可以通过填写订单等方式与经营者明确约定付款时间、金额及收货时间、地点、收货人、运输费用承担等内容，一旦订单确认生效，双方均应按约定全面履行各自的义务，否则将承担违约责任。提供网络交易平台的公司虽不是直接的销售者，但仍应遵守诚实信用原则，基于网络平台服务的信用承诺和消费者选择平台交易的合理信赖，充分尽到网络服务提供者的信息审查、督促交易等义务，促使销售者与消费者依约完成交易。在日常生活中，网购消费者往往在货物较为沉重、搬运不易或者消费者及指定收件人自身不便自取等情形下与销售者约定"送货上门"。约定一旦生效，消费者在支付相应运费后，销售者即应依约将货物运至消费者指定的地点。销售者能履行"送货上门"义务而不完全履行的，属于侵犯消费者合法权益的违约行为，应承担违约责任，网络交易平台公司未尽到自己义务的，亦应承担相应的民事责任。

75. 租车自驾游，在行驶中发生事故，向保险公司申请理赔时发现租车公司未按租车合同中的约定投保足额的第三者责任险，导致消费者向事故对方赔偿，相关损失如何挽回？

案例场景

小斌与朋友一同自驾游，通过 App 向某租车公司承租了小型客车一辆。租车公司发送的电子合同中约定，其已为承租车辆投保了交强险及商业保险，其中第三者责任险的责任限额为 20 万元。此后小斌驾驶该小型客车在自驾游过程中不幸发生事故，经交警认定小斌负事故全部责任，对方向小斌主张损失共计 22 万余元。小斌在申请保险公司理赔过程中发现，租车公司仅为该小型客车投保了交强险和第三者责任险 10 万元。由于小斌未及时向对方赔付，被对方诉至法院。法院经审理判令小斌向对方赔偿 12 万余元。小斌苦恼不已，由于租车公司未按照约定投保足额的第三者责任险，造成了自己 12 万余元的损失，其应当如何挽回？

依法分析

本案中，租车公司在租车合同中明确向小斌承诺其已经投保了 20 万元的第三者责任险。然而，其实际仅向保险公司投保了10万元的第三者责任险。小斌发生交通事故后造成对方共计22万余元的损失，按照租车公司承诺的20万元第三者责任险，小斌超出保险赔付范围的金额仅为2万余元。而租车公司实际投保仅为10万元，因此小斌多承担了10万元本可通过商业保险避免的损失。根据《民法典》的相关规定，租车公司对此属于违约，其应当对由此给小斌造成的损失承担赔偿责任。因此，小斌可向租车公司要求赔偿其原本可以通过第三者责任险避免的10万元损失。

相关规定

《中华人民共和国民法典》

第五百七十七条 当事人一方不履行合同义务或者履行合同义务不符合约定的，应当承担继续履行、采取补救措施或者赔偿损失等违约责任。

专家解析

租车自驾游出行已成为当下越来越流行的一种旅游方式。消费者在选择租车的过程中一定要注意阅读与租车公司之间的合同约定，特别是有关车辆保险的约定。实践中，有的租车公司为提高利润，为所出租的汽车仅投保较低赔付额度的商业保险，却向消费者承诺较高的车辆保险赔付额度。一旦发生事故，消费者将难以通过保险获得足额赔付。因此，消费者在租车时如果发现合同中没有载明相关的保险金额或者约定不清楚时，务必向租车公司询问清楚并要求其将投保的保险相关信息载入合同。如果租车使用过程中不幸发生事故，消费者要及时向租车公司反映，并向其投保的保险公司申请理赔。发现租车公司未按租车合同约定投保足额的保险导致消费者产生了超出保险金额的赔偿款项时，消费者要第一时间向租车公司提出赔偿请求，尽可能通过租车公司直接向事故对方赔偿来避免己方产生实际损失。

76. 购买商品后，商家变更了企业名称并拒绝发货，消费者应当如何维权？

案例场景

小明到某家电小商品专卖店购买了一台豆浆机，小商品专卖店向小明开具了名称为“某某商业公司”的发票及送货单，承诺两天后送货上门。但时隔两周，该店仍未向小明送货。小明找到店家，发现该店变更了店名，更换了经营者。该经营者告知小明，该店是从原来的店主手中收购的，自己不清楚收购该店之前的相关经营情况。小明认为虽然店家更名了，但自己是在该店购买的产品，仍然要求由该店负责发货。但该店的经营者不同意由己方向小明发货。小明应当如何维权？

依法分析

上述案例中，该小商品专卖店系通过转让由新的经营者接手，经营主体仍然是某某商业公司，只是其进行了更名。因此，在这种情况下，小明与小商品专卖店对应的某某商业公司订立的买卖合同并不因商业公司的企业名称变更而改变。该商业公司变更名称后，仍然应当按照约定履行己方的义务。某某商业公司未按照约定发货，经小明要求后仍然拒绝履行发货义务，因而小明有权解除与该商业公司的买卖合同关系并且要求该商业公司退还货款。

相关规定

《中华人民共和国民法典》

第六十七条 法人合并的，其权利和义务由合并后的法人享有和承担。

法人分立的，其权利和义务由分立后的法人享有连带债权，承担连带债务，但是债权人和债务人另有约定的除外。

第五百三十二条 合同生效后，当事人不得因姓名、名称的变更或者法定代表人、负责人、承办人的变动而不履行合同义务。

第五百六十三条　有下列情形之一的，当事人可以解除合同：

（一）因不可抗力致使不能实现合同目的；

（二）在履行期限届满前，当事人一方明确表示或者以自己的行为表明不履行主要债务；

（三）当事人一方迟延履行主要债务，经催告后在合理期限内仍未履行；

（四）当事人一方迟延履行债务或者有其他违约行为致使不能实现合同目的；

（五）法律规定的其他情形。

以持续履行的债务为内容的不定期合同，当事人可以随时解除合同，但是应当在合理期限之前通知对方。

专家解析

实践中，消费者不乏遇到商家在收款后突然更名的情况，此时应当具体情况具体分析：有的商家系变更自身名称但经营主体并未改变，或者与其他经营主体进行合并，或者自身经营主体分立后变更名称。以上三种情况更名后的经营者系由原来的经营者转化的，应当承继原来的权利义务，即俗话说的“换汤不换药”。而有的商家则是完全搬离，其店面已经由其他的商家承租营业。这种情况下更名后的经营者则与原来的经营者之间没有关系，即俗话说的“金蝉脱壳”。

面对商家更名，消费者有权要求更名后的商家出示自身的营业执照信息，通过查询营业执照的主体信息，来确认是否系原来的经营主体变更企业名称，或者与其他主体合并，或者自身分立。如果新的商家属于以上三种情况而更名，则消费者有权要求该商家继续履行合同义务，其拒绝履行的，消费者有权要求解除合同，由该商家退款。而如果新的商家是其他的经营者承租该店面经营，则消费者只能通过向原来开具发票的经营者主体主张权利。此时，消费者可以向当地市场监督管理部门、消费者协会举报，或者以发票主体为被告向人民法院提起诉讼来维护自身权利。

77. 购买二手车发现商家隐瞒车辆实际里程数，应当如何维权？

案例场景

小北在某二手车交易市场看中了一辆小客车，与某二手车交易公司签订了机动车销售合同，并当场通过微信向其支付购车款。交付车辆时，该二手车里程表显示的公里数为 1.3 万公里，二手车交易公司提供的该车的保养记录显示其行驶的公里数为 1 万公里。然而小北在驾驶该二手车过程中发现车辆的发动机存在异响，因而将该车送至 4S 店进行修理，而 4S 店查询发现该车行驶公里数已达 7 万多公里。小北非常生气，找到二手车交易公司要求退车返款，二手车交易公司告知其从未篡改过车辆的里程数，车辆也是自己从个体车主处收购而来的，因而拒绝退款。小北应当如何维权？

依法分析

根据《消费者权益保护法》第八条、第二十条之规定，消费者享有知悉所购买商品真实情况的权利，经营者应当真实、全面地向消费者提供商品有关信息。本案中，小北购买的是二手车，其行驶里程数关系到车辆的使用寿命、实际价值乃至安全性能，属于二手车的重要信息。因此，二手车交易公司应当对二手车的实际里程数等重要信息进行仔细查验核实。如果二手车交易公司不提供车辆的里程数信息，或提供的里程数信息与实际情况存在较大出入，则二手车交易公司属于查验义务履行不当。该二手车交易公司出售的二手车存在里程表显示公里数与实际公里数严重不符的重大瑕疵，这种重大瑕疵足以致使小北购车的合同目的不能实现，二手车交易公司对此存在明显过错。因此，小北有权主张解除合同，并要求二手车交易公司退车返款。

相关规定

《中华人民共和国消费者权益保护法》

第八条 消费者享有知悉其购买、使用的商品或者接受的服务的真实情况的权利。

消费者有权根据商品或者服务的不同情况，要求经营者提供商品的价格、产地、生产者、用途、性能、规格、等级、主要成份、生产日期、有效期限、检验合格证明、使用方法说明书、售后服务，或者服务的内容、规格、费用等有关情况。

第二十条 经营者向消费者提供有关商品或者服务的质量、性能、用途、有效期限等信息，应当真实、全面，不得作虚假或者引人误解的宣传。

经营者对消费者就其提供的商品或者服务的质量和使用方法等问题提出的询问，应当作出真实、明确的答复。

经营者提供商品或者服务应当明码标价。

第二十六条 经营者在经营活动中使用格式条款的，应当以显著方式提请消费者注意商品或者服务的数量和质量、价款或者费用、履行期限和方式、安全注意事项和风险警示、售后服务、民事责任等与消费者有重大利害关系的内容，并按照消费者的要求予以说明。

经营者不得以格式条款、通知、声明、店堂告示等方式，作出排除或者限制消费者权利、减轻或者免除经营者责任、加重消费者责任等对消费者不公平、不合理的规定，不得利用格式条款并借助技术手段强制交易。

格式条款、通知、声明、店堂告示等含有前款所列内容的，其内容无效。

《中华人民共和国民法典》

第五百六十三条 有下列情形之一的，当事人可以解除合同：

（一）因不可抗力致使不能实现合同目的；

（二）在履行期限届满前，当事人一方明确表示或者以自己的行为表明不履行主要债务；

（三）当事人一方迟延履行主要债务，经催告后在合理期限内仍未履行；

（四）当事人一方迟延履行债务或者有其他违约行为致使不能实现合同目的；

（五）法律规定的其他情形。

以持续履行的债务为内容的不定期合同，当事人可以随时解除合同，但是应当在合理期限之前通知对方。

专家解析

近年来，因二手车里程表显示公里数与实际公里数不一致而引发的二手车买卖纠纷时有发生。二手车交易公司对销售的商品负有查验义务，其在销售二手车前应该对二手车的实际里程数等重要信息有明确、具体的了解。即使在销售合同中约定“销售方不保证车辆的实际里程数与显示相符”也不能当然地免除二手车销售者应有的查验义务，因为这属于排除或者限制消费者权利、减轻或者免除经营者责任、加重消费者责任的无效条款。

此外，如果二手车销售者故意篡改或故意隐瞒车辆实际里程数，则构成欺诈，消费者有权依据《消费者权益保护法》第五十五条的规定，主张退还购车款及给付三倍赔偿。通过本案我们也特别提醒消费者：在购买二手车时，有必要要求二手车销售者将车辆表显里程数等重要事项在合同中注明，并提供二手车实际里程数的相关资料。在签订二手车买卖合同时，还应注意检查车辆的登记信息和付款对象，与车辆的所有权人签订合同并支付车款，避免给事后维权带来麻烦。

78. 购买的不记名提货卡有效期仅为一年，且商家未提示消费者注意有效期限，提货卡到期后商家拒绝履行供货义务，消费者该如何维权？

案例场景

园园在某酒类直营店购买了红酒提货卡两张，提货卡背面有卡号、可提货的品名和数量、使用期限及使用须知，但均以很小的字号印制。其中，使用期限为：“自 × 年 × 月 × 日起一年内。”使用须知的第三条为：“提货卡到期后不得再以此提货，仅以五折退还现金。”购买时商家并未提示园园关于提货卡的使用期限，园园也没有注意到提货卡背面印制的小字内容。一年半以后，园园持卡到该商家提货，被商家告知提货卡已过期，只能以五折的金额退还现金。园园认为商家完全没有告知提货卡有使用期限，背面印制的内容完全不能引起自身注意，要求商家继续履行供货义务。双方为此争执不下，园园应当如何维权？

依法分析

商业预付卡的销售者负有提醒买受人不要逾期提货的义务，预付卡制定方应当履行对买受人不利条款的明确说明义务，制定方不能证明对相关条款作出了明确说明的，应当认定条款无效。本案中，园园购买的提货卡上所印制的文字是该酒类直营店商家提供的格式条款，这部分格式条款内容变相加重了消费者的义务，减轻甚至免除了商家不按提货卡交付商品的责任。商家如果未向消费者作出明确说明，这类格式条款应属无效。此外，根据商务部《单用途商业预付卡管理办法（试行）》第十九条规定，不记名卡有效期不得少于三年。商家所提供的提货卡有效期仅为一年，违反了上述管理办法，因此不得以提货卡已过有效期拒绝供货。

相关规定

《中华人民共和国民法典》

第五百七十七条 当事人一方不履行合同义务或者履行合同义务不符合约定的，应当承担继续履行、采取补救措施或者赔偿损失等违约责任。

《中华人民共和国消费者权益保护法》

第二十六条 经营者在经营活动中使用格式条款的，应当以显著方式提请消费者注意商品或者服务的数量和质量、价款或者费用、履行期限和方式、安全注意事项和风险警示、售后服务、民事责任等与消费者有重大利害关系的内容，并按照消费者的要求予以说明。

经营者不得以格式条款、通知、声明、店堂告示等方式，作出排除或者限制消费者权利、减轻或者免除经营者责任、加重消费者责任等对消费者不公平、不合理的规定，不得利用格式条款并借助技术手段强制交易。

格式条款、通知、声明、店堂告示等含有前款所列内容的，其内容无效。

《单用途商业预付卡管理办法（试行）》

第十九条 记名卡不得设有效期；不记名卡有效期不得少于3年。

发卡企业或售卡企业对超过有效期尚有资金余额的不记名卡应提供激活、

换卡等配套服务。

专家解析

商业预付卡销售模式，由于其一方面可以在商品紧缺时起到预售的效果，另一方面通常会有一定的价格优惠，因此越来越受到消费者的青睐。但是，当前的商品预售模式存在比较明显的问题。一是预售卡自身的使用告知不明确，如使用期限、可使用的门店、可兑换的商品种类等。这类告知如果不明确，极易导致消费者在有误解的情况下购买预付卡。二是商家自身的经营状况不够稳定，有的商家在售出预售卡后不久就以经营不善为由宣布关门并与消费者切断联络，导致消费者无法提货甚至无法申请退款。

因此，消费者在选择预付模式购买商品时，一定要小心谨慎。一方面要关注预付卡的使用须知，务必要求商家解释清楚预付卡的使用方法及相关注意事项；另一方面要选择相对正规、有一定知名度的商家，并尽快使用预付卡，避免时间过长导致自身遗忘兑换事宜或者商家搬离等情况的发生。

79. 消费者购买宠物犬，商家承诺宠物健康状况良好，但随即查出其患有严重疾病，应如何维权？

案例场景

丽丽在某宠物店购买小型贵宾犬一只，花费3000元，宠物店承诺该宠物健康状况良好。但刚回家饲养一天，丽丽即发现小狗精神状况不佳，于是丽丽带着小狗去宠物医院做了全面检查。检查结果显示：该小狗已经感染细小病毒，存活率很低。丽丽既生气又难过，于是返回宠物店要求其收回小狗并退款，且赔偿检查宠物犬的相关费用，遭到店家拒绝，丽丽应该如何维权？

依法分析

上述案例中，宠物店向丽丽承诺所售宠物健康状况良好，然而该宠物却携带细小病毒，这种病毒属于宠物幼年期高致死率的病毒。该宠物店严重违反了承诺宠物健康的约定，且这种违约行为足以使丽丽不能实现合同目的。因此，丽丽可以解除合同，要求宠物店收回宠物并退款。此外，丽丽在宠物医院给宠物进行检查所花的费用属于商家违约而造成的损失，合同解除以后商家仍应对此予以赔偿。

相关规定

《中华人民共和国民法典》

第五百六十三条　有下列情形之一的，当事人可以解除合同：

（一）因不可抗力致使不能实现合同目的；

（二）在履行期限届满前，当事人一方明确表示或者以自己的行为表明不履行主要债务；

（三）当事人一方迟延履行主要债务，经催告后在合理期限内仍未履行；

（四）当事人一方迟延履行债务或者有其他违约行为致使不能实现合同目的；

（五）法律规定的其他情形。

以持续履行的债务为内容的不定期合同，当事人可以随时解除合同，但是应当在合理期限之前通知对方。

第五百六十六条　合同解除后，尚未履行的，终止履行；已经履行的，根据履行情况和合同性质，当事人可以请求恢复原状或者采取其他补救措施，并有权请求赔偿损失。

合同因违约解除的，解除权人可以请求违约方承担违约责任，但是当事人另有约定的除外。

主合同解除后，担保人对债务人应当承担的民事责任仍应当承担担保责任，但是担保合同另有约定的除外。

专家解析

随着人们生活水平的提高，饲养宠物的家庭越来越多。但是当前宠物市场运营存在诸多不规范现象，部分无良商家存在恶意隐瞒幼宠患有疾病的情形，甚至在出售前向其注射兴奋药物使其看起来健康活泼，诱使消费者购买。

因此我们建议，消费者在购买宠物时，首先，应当要求商家承诺所售宠物健康状况良好。其次，在购买宠物后，消费者应当在第一时间对宠物是否患有疾病进行全面检查。如果发现患有疾病，一方面消费者有权要求商家收回宠物并退款，并且赔偿相应的检查费用；另一方面消费者也可以选择继续治疗宠物，并要求商家赔偿因检查和治疗宠物而产生的相关费用。此外，如果经宠物医院检查发现商家有恶意向幼宠注射兴奋剂的情形，可以留存相关的检查凭证，以《消费者权益保护法》第五十五条的规定，在要求商家退还购买宠物价款之外，向商家主张三倍赔偿。

80. 办理手机携号转网业务，营业厅工作人员隐瞒价格优惠的资费套餐，导致消费者购买了价格较高的资费套餐，消费者该如何维权？

案例场景

小陈到某通信营业厅办理手机携号转网业务，该营业厅工作人员向小陈介绍了几种资费套餐优惠活动，从 68 元 / 月至 168 元 / 月不等。小陈咨询工作人员，自己平时使用话费较少，是否有更优惠的套餐，该营业厅工作人员告知小陈没有更优惠的套餐，小陈随即办理了 68 元 / 月的套餐。但一个月后小陈偶然在一则广告中看到，该通信公司还有仅为 28 元 / 月的套餐，于是找到该营业厅，要求变更套餐，并要求赔偿此前多花费的套餐费用，遭到营业厅工作人员拒绝。小陈应如何维权？

依法分析

根据《消费者权益保护法》的规定，消费者在购买商品时享有自主选择商品或者服务的权利，经营者向消费者提供有关商品或服务的信息应当真实、全面，不得作出虚假或者令人误解的宣传。上述案例中，营业厅工作人员隐瞒了更优惠的资费套餐，导致小陈误以为没有更优惠的套餐而选择了价格较高的套餐。营业厅的销售行为隐瞒了其提供服务的真实信息，作出了引人误解的宣传，属于欺诈行为。因此，小陈有权要求营业厅退还其在最优惠套餐之外额外花费的资费，并增加赔偿该服务费用三倍的金额，增加赔偿的金额不足五百元的，营业厅应向小陈赔偿五百元。

相关规定

《中华人民共和国消费者权益保护法》

第九条　消费者享有自主选择商品或者服务的权利。

消费者有权自主选择提供商品或者服务的经营者，自主选择商品品种或者服务方式，自主决定购买或者不购买任何一种商品、接受或者不接受任何一项服务。

消费者在自主选择商品或者服务时，有权进行比较、鉴别和挑选。

第二十条　经营者向消费者提供有关商品或者服务的质量、性能、用途、有效期限等信息，应当真实、全面，不得作虚假或者引人误解的宣传。

经营者对消费者就其提供的商品或者服务的质量和使用方法等问题提出的询问，应当作出真实、明确的答复。

经营者提供商品或者服务应当明码标价。

第五十五条第一款　经营者提供商品或者服务有欺诈行为的，应当按照消费者的要求增加赔偿其受到的损失，增加赔偿的金额为消费者购买商品的价款或者接受服务的费用的三倍；增加赔偿的金额不足五百元的，为五百元。法律另有规定的，依照其规定。

《中华人民共和国电信条例》

第三十条　电信业务经营者应当按照国家规定的电信服务标准向电信用户提供服务。电信业务经营者提供服务的种类、范围、资费标准和时限，应当向社会公布，并报省、自治区、直辖市电信管理机构备案。

电信用户有权自主选择使用依法开办的各类电信业务。

专家解析

当前手机通信行业的竞争越发激烈，几家通信公司之间不断推行各类优惠套餐，有的组合套餐价格看起来十分优惠，但背后有诸多限制性规定，消费者在选择时难以马上理解，往往在使用过程中才发现，所谓的优惠套餐实际上存在诸多问题。

因此我们建议消费者在选择通信套餐时，尽量选择收费模式清晰明了的套餐。对于一些设计较为复杂的套餐，应要求营业厅工作人员详细解释，在确保自己已准确理解的前提下再行购买。此外，不要轻信营业厅工作人员口头承诺的一些优惠政策。对于上述案例中营业厅工作人员隐瞒优惠套餐的销售行为，建议消费者在沟通时以录音的形式留存相关证据，从而能够提出初步证据证明该营业厅工作人员存在故意隐瞒资费信息的事实。

81. 消费者在餐厅就餐时，因餐厅地面湿滑导致摔伤，是否可以要求餐厅赔偿？

案例场景

婷婷和几名同学在学校旁一家餐厅聚餐，相聊甚欢。服务员为了尽早下班，在婷婷几人尚未结束用餐时即开始洒水拖地。未料婷婷在准备离开时由于地面湿滑不慎跌倒，导致手臂摔伤，经同学送往医院治疗花费了 5000 余元。婷婷认为餐厅在其尚未离开时就打扫卫生拖地，导致其不慎滑倒，故要求餐厅赔偿其产生的医疗费。餐厅认为婷婷的摔倒系其自身不小心所致，与餐厅没有关系，不同意赔偿。婷婷应如何维权？

依法分析

上述案例中，餐厅作为经营者，对前来就餐的消费者的人身及财产安全负有安全保障义务。一方面，消费者对于场所经营者有特定信赖关系，相信该场所能够保证自身的人身及财产安全；另一方面，经营者正是基于消费者在其营业场所内进行消费活动，才能够获得收益。因此，消费者在经营者场所内进行活动，除非因其自身故意或者其他不可归责于经营者场所环境的原因，否则对于消费者在经营者场所内发生的损害，经营者负有相应的赔偿责任。根据《民法典》《消费者权益保护法》之相关规定，婷婷有权要求餐厅赔偿其摔伤手臂产生的医疗费用。

相关规定

《中华人民共和国民法典》

第一千一百九十八条　宾馆、商场、银行、车站、机场、体育场馆、娱乐场所等经营场所、公共场所的经营者、管理者或者群众性活动的组织者，未尽到安全保障义务，造成他人损害的，应当承担侵权责任。

因第三人的行为造成他人损害的，由第三人承担侵权责任；经营者、管理者或者组织者未尽到安全保障义务的，承担相应的补充责任。经营者、管理者或者组织者承担补充责任后，可以向第三人追偿。

《中华人民共和国消费者权益保护法》

第十八条　经营者应当保证其提供的商品或者服务符合保障人身、财产安全的要求。对可能危及人身、财产安全的商品和服务，应当向消费者作出真实的说明和明确的警示，并说明和标明正确使用商品或者接受服务的方法以及防止危害发生的方法。

宾馆、商场、餐馆、银行、机场、车站、港口、影剧院等经营场所的经营者，应当对消费者尽到安全保障义务。

专家解析

消费者在宾馆、餐厅、商场等公共场所活动时受伤的情况时有发生。除了第三人侵权、受害者自身原因等因素导致消费者受伤之外，多数情况下，经营场所存在安全隐患是导致消费者受伤的原因。

因此我们提醒消费者，在公共场所活动时，一定要注意保护自身的人身及财产安全，尽量避免受到宾馆、商场设施的伤害。倘若在宾馆、餐厅等公共场所不慎受到人身或财产损害，消费者应当了解发生损害的原因，是场所本身的安全隐患还是第三人侵害。如果是场所本身的安全隐患所致，应当要求场所的经营者承担赔偿责任；如果是因第三人的侵害所致，则要考虑场所经营者是否存在未尽到安全保障义务的情形，如果存在，则消费者可以向场所经营者提出赔偿请求，由其承担赔偿责任后再向第三人追偿。此外，消费者要注意及时留存关于损失的相关证据，如医疗凭证、交通费票据等，凭借以上证据向场所经营者提出相应的赔偿请求。

82. 网购的打折商品，收货后发现吊牌价格低于实际付款价格，应如何维权？

案例场景

“双十一”活动期间，文文在某网购平台看中了一条牛仔裤，该牛仔裤的零售原价为888元，“‘双十一’吐血心动赔本价”为666元，加上文文从平台领取的优惠券，显示最终的实际付款金额为555元。文文心动了，于是下单了该牛仔裤，收货后一不小心看到了牛仔裤的标签，上面印有非常小的一个“建议零售价”250元。文文非常生气，要求退款退货。商家却告知文文该商品是特价商品，不接受退款退货，而且标签价格不能代表商品的最终价格。文文应该如何维权？

依法分析

上述案例中，虽然文文的实际付款价格并非该牛仔裤在网页展品上显示的零售原价，但该价格仍然远远高于该牛仔裤标签上注明的价格。文文除对选购商品的品牌、性能、参数、外观等因素进行权衡外，更是基于对商家所称的优惠价格幅度和价格保障的信任，才以555元的价格购买了该牛仔裤。文文实际收到商品后，发现吊牌价竟然显示为250元，不仅远远低于零售原价，甚至还低于实际购买价。这种情况下，商家属于在同一交易场所，对同一商品同时使用两种吊牌价，故意抬高商品价格，再通过减价促销的虚假行为，导致消费者陷入错误认识而达成交易。因此，根据《民法典》《价格法》《消费者权益保护法》之相关规定，商家的行为属于欺诈消费者，文文可以据此要求退款退货，还可以要求商家承担三倍货款的额外赔偿。

相关规定

《中华人民共和国民法典》

第一百四十八条 一方以欺诈手段，使对方在违背真实意思的情况下实施的民事法律行为，受欺诈方有权请求人民法院或者仲裁机构予以撤销。

第一百五十七条　民事法律行为无效、被撤销或者确定不发生效力后，行为人因该行为取得的财产，应当予以返还；不能返还或者没有必要返还的，应当折价补偿。有过错的一方应当赔偿对方由此所受到的损失；各方都有过错的，应当各自承担相应的责任。法律另有规定的，依照其规定。

《中华人民共和国价格法》

第十四条　经营者不得有下列不正当价格行为：

（一）相互串通，操纵市场价格，损害其他经营者或者消费者的合法权益；

（二）在依法降价处理鲜活商品、季节性商品、积压商品等商品外，为了排挤竞争对手或者独占市场，以低于成本的价格倾销，扰乱正常的生产经营秩序，损害国家利益或者其他经营者的合法权益；

（三）捏造、散布涨价信息，哄抬价格，推动商品价格过高上涨的；

（四）利用虚假的或者使人误解的价格手段，诱骗消费者或者其他经营者与其进行交易；

（五）提供相同商品或者服务，对具有同等交易条件的其他经营者实行价格歧视；

（六）采取抬高等级或者压低等级等手段收购、销售商品或者提供服务，变相提高或者压低价格；

（七）违反法律、法规的规定牟取暴利；

（八）法律、行政法规禁止的其他不正当价格行为。

《中华人民共和国消费者权益保护法》

第五十五条第一款　经营者提供商品或者服务有欺诈行为的，应当按照消费者的要求增加赔偿其受到的损失，增加赔偿的金额为消费者购买商品的价款或者接受服务的费用的三倍；增加赔偿的金额不足五百元的，为五百元。法律另有规定的，依照其规定。

专家解析

“双十一”活动看似诱人，实则可能潜藏各种陷阱。一些商家为了自身利益会欺骗消费者，在促销期间故意抬高商品的原价，再利用优惠满减活动、优惠券、收藏关注返现等各种方式营造出商品在活动期间价格极其优惠的假象，诱使消费者购买。我们提醒消费者，在类似"双十一"这类购物季选购商品，特别是通过网络选购商品时，要注意浏览该商品的交易记录，将该商品当前的活动价与平日的零售价进行比较，看是否有实际的优惠。发现该商品无平日交易价格的记录，或者通过观察交易记录仍不能确定该商品当前的活动价是否优惠的情况下，可以与商家直接沟通，要求商家答复该商品是否确实低于平日售价。如果商家答复确实低于平日售价，消费者可及时留存与商家的聊天记录，一旦发现商家违背承诺，在购物季过后反而降低商品价格销售，或者发生上述案例中商品吊牌价低于实际付款价格的情况，消费者可据此要求退款退货，并可以额外主张商品价款的三倍赔偿。

83. 孩子受商家诱惑，在家长不知情的情况下购买贵重商品，家长可否要求商家退款？

案例场景

东东今年9岁。东东放学路上有一家手机店，总是在店外打着各种优惠促销活动的广告。某天放学路上，东东好奇，进了手机店打探。店员艾忽悠见了东东，热情地上前，夸东东聪明伶俐，并乘机向东东推荐了店里的新品手机。东东对新品手机爱不释手，但说自己没钱，艾忽悠说可以专门给东东留一部手机一个月，等东东有钱了再来买。于是东东趁妈妈不在家，拿走了银行卡，到艾忽悠的手机店刷卡付费购买了手机。此后，妈妈发现了东东的新手机，问东东手机是从哪儿来的。东东如实告知，妈妈非常生气，找到艾忽悠要求退款，艾忽悠说手机已经卖了这么多天，已经旧了，不同意退款。东东的妈妈能否要求其退款？

依法分析

八周岁以上的未成年人为限制民事行为能力人，除了纯获利益的行为，实施其他民事法律行为由其法定代理人同意或者经其法定代理人追认。上述案例中，东东作为未成年人，未经监护人同意、追认，独立与艾忽悠所在手机店订立的买卖合同超出了东东的认知能力，与其年龄、智力不相适应，因此东东与手机店签订的买卖合同应属无效。故东东的妈妈有权要求退款，但由于手机使用后价值有所贬损，因此东东的妈妈退还手机后，手机店应退还手机当前仍有价值的价款。

相关规定

《中华人民共和国民法典》

第二十条 不满八周岁的未成年人为无民事行为能力人，由其法定代理人代理实施民事法律行为。

第二十三条 无民事行为能力人、限制民事行为能力人的监护人是其法定代理人。

第一百四十四条 无民事行为能力人实施的民事法律行为无效。

第一百五十七条 民事法律行为无效、被撤销或者确定不发生效力后，行为人因该行为取得的财产，应当予以返还；不能返还或者没有必要返还的，应当折价补偿。有过错的一方应当赔偿对方由此所受到的损失；各方都有过错的，应当各自承担相应的责任。法律另有规定的，依照其规定。

专家解析

当下电子产品越发多样化，部分电子产品如手机，已与各年龄段的人群密不可分。青少年受学习、娱乐、社交、攀比心理等多方面因素的影响，容易对新鲜的电子产品产生购买欲，从而可能做出私自使用父母财产购买手机的行为。此外，随着网络购物的迅速发展，未成年人也能够非常轻易地网购。较之传统购物，网购更易操作且不易被父母觉察，如果购买的是电子产品，由于其一经使用就会产生相应的损耗和折旧，即使与商家的买卖合同被确认无效，家长也要为此承担一部分的损失。因此，父母要更加注意管理好自己的支付账户，以防未成年子女在自己不知情的情况下私自付款购买贵重商品。

第五章　劳动争议法律知识

84. 如何区分劳动关系与劳务关系？

案例场景

黄某，男，1960年4月12日出生，于2020年3月5日入职某酒店，双方签订劳动合同，合同期限为一年。双方约定，黄某每月基本工资为2500元，另外还有补助，黄某的岗位为客房服务员，工作地点为某市公寓酒店。2020年9月酒店安排统一体检，10月中旬体检医院通知黄某尽快就甲状腺问题进行进一步检查，10月下旬黄某确诊甲状腺癌，后黄某住院开始治疗，11月下旬出院后，未再到岗上班。2021年3月，黄某向某酒店所在地的劳动争议仲裁委员会提起劳动仲裁申请，主张其生病后酒店未支付其病假工资，同时，酒店在2020年10月违法与其解除合同，应当支付赔偿金。黄某是否可以向酒店主张支付病假工资及违法解除劳动合同赔偿金？

依法分析

劳动关系与劳务关系虽只有一字之差，但两者之间有明显的区别。根据现行《劳动法》的相关规定，劳动关系是指用人单位与劳动者为完成生产过程而结成的社会关系，劳务关系则是劳动者与用工者之间就劳动者向用工者提供一次性的或者特定的劳动服务而达成的有偿的经济关系。劳动关系中用人单位与劳动者之间的法律地位不平等，用人单位处于管理者的地位，用人单位除向劳动者支付工资外，还需要为其缴纳社会保险费用，而在劳务关系中，劳动者和用工者之间法律地位平等，双方仅有经济关系，用工者仅需向劳动者支付劳动报酬，不用为其缴纳社会保险费用。本案中，黄某于2020年3月5日入职某酒店，于2020年4月12日已年满60周岁，此时，其与酒店之间的劳动合同终止，形成劳务关系，黄某不能再以双方之间存在劳动关系为由要求酒店向其支付病假工资及违法解除劳动合同赔偿金。

相关规定

《中华人民共和国劳动合同法实施条例》

第二十一条 劳动者达到法定退休年龄的，劳动合同终止。

专家解析

劳动者与用人单位签订劳动合同，形成劳动关系的，因劳动关系发生的纠纷应当适用《劳动法》的相关规定。劳动者与用工者之间形成劳务关系，因劳务关系发生纠纷的则应适用《民法典》合同编的相关规定，在此情况下，劳动者不能以用工者违反《劳动法》的相关规定来维护自身合法权益。

85. 劳动者与用人单位就双方是否形成事实劳动关系存在争议时，应如何认定？

案例场景

刘某租住的房屋到期后，想换到离工作单位更近的小区居住，就拨打了某搬家公司的电话，约定某日上午搬家公司派人到刘某住处搬家。某日早上，陈某、王某来到刘某住处，自称受某搬家公司指派来给刘某搬家，刘某向该公司电话核实后，陈某和王某开始搬运家具、衣物等物品。由于刘某居住的楼房没有安装电梯，只能通过楼梯搬运物品，在搬运桌子的过程中，陈某因脚下打滑踩空，从楼梯滚下，造成全身多处骨折，住院治疗了两个多月。陈某出院后找到某搬家公司，主张其入职当天就因工作受伤，直到出院搬家公司都没有支付其工资，虽然在住院期间公司股东黄某说过给其转工资，但仅通过微信向其转款2000元后就失联了。搬家公司应当向其支付工资和未签订劳动合同二倍的工资差额。搬家公司主张双方之间未签订劳动合同，不存在劳动关系，因当天人手不够，王某临时找了同乡陈某帮忙，微信转账是黄某的个人行为，与公司无关，不同意支付陈某相关工资。陈某与某搬家公司之间是否存在事实劳动关系？

依法分析

依据现行《劳动合同法》的相关规定，用人单位与劳动者建立劳动关系，应当订立书面劳动合同。但在日常生活和工作中，仍然存在大量未订立劳动合同的情形，用人单位和劳动者即使未签订书面的劳动合同，只要双方之间形成事实劳动关系，仍应受到法律保护。本案中，陈某想要证明其与某搬家公司之间存在事实劳动关系，仅口头主张是不够的，还要提供相应的证据材料，如某搬家公司招聘陈某入职的相关材料、黄某确系搬家公司股东的材料、黄某与陈某沟通支付工资的微信及转账记录。如果前述材料客观真实存在，且能够相互印证，即足以证明陈某是搬家公司招聘入职的，黄某的行为系代表公司作出的职务行为，可以认定陈某与某搬家公司之间存在事实劳动关系。

相关规定

《中华人民共和国劳动合同法》

第七条　用人单位自用工之日起即与劳动者建立劳动关系。用人单位应当建立职工名册备查。

第十条　建立劳动关系，应当订立书面劳动合同。

已建立劳动关系，未同时订立书面劳动合同的，应当自用工之日起一个月内订立书面劳动合同。

用人单位与劳动者在用工前订立劳动合同的，劳动关系自用工之日起建立。

专家解析

当劳动者与用人单位就双方之间是否形成事实劳动关系存在争议时，现行《劳动法》对如何认定事实劳动关系并未作出明确的规定，根据司法审判实践，结合个案实际情况，可以从以下几个方面进行把握：一是劳动者与用人单位之间是否存在管理监督关系；二是用人单位是否提供了工作场所、劳动工具和设备，限定了工作时间；三是用人单位是否定期向劳动者支付劳动报酬；四是劳动者是提供一次性劳动成果还是持续性地提供劳务。

86. 有关联关系的用人单位交叉使用劳动者，在难以查明劳动者实际工作状况时，如何确定劳动关系？

案例场景

2020年7月，经甲公司人事经理介绍，王某入职乙公司，从事产品销售工作，并与乙公司签订《劳动合同书》。双方约定合同期限为一年，王某每月工资为1万元，乙公司向王某支付了2020年7月至2021年3月的工资。2021年6月1日，乙公司收到王某当面提交的《解除劳动合同通知书》，该通知书载明“自2021年4月起，你公司长期拖欠本人工资，严重违反《劳动合同法》的规定，基于此，从即日起解除双方的劳动合同”。王某要求乙公司向其支付所拖欠工资，同时主张其于2019年2月入职甲公司，从事产品销售工作，甲公司每月向其支付工资，因乙公司与甲公司系关联公司，存在交叉用工行为，应以其入职甲公司的时间来计算工作年限，并由乙公司向其支付经济补偿金。乙公司同意支付所拖欠工资，但认为其与王某仅签订了期限为一年的劳动合同，不同意支付多余年限的经济补偿金。王某后查询得知甲公司已于2021年年初注销。王某主张甲、乙两公司存在交叉用工行为，在难以查明其实际工作状况时，如何确定劳动关系？

依法分析

依据《劳动法》的规定，用人单位与劳动者应当签订劳动合同，双方自用工之日起建立劳动关系，对于交叉用工行为，通常需要判断劳动者与其主张的用人单位之间是否存在劳动关系，存在劳动关系的各用人单位是否存在关联关系。在前述案例中，王某主张甲、乙两公司系关联公司，存在交叉用工行为。在王某与甲公司未签订劳动合同的情况下，需要确定双方是否存在事实劳动关系，现甲公司已经注销，王某需要提供证据证明其与甲公司存在管理监督关系，基于此才能确定双方存在劳动关系。在交叉用工的情况下，还需确定甲、乙两公司是否为关联公司，可以依据《公司法》中对关联关系的认定来进行判断，如甲、乙公司的法定代表人是否相同、一方是否为另一方的控股股东等。

相关规定

《中华人民共和国劳动合同法》

第七条　用人单位自用工之日起即与劳动者建立劳动关系。用人单位应当建立职工名册备查。

《中华人民共和国公司法》

第二百一十六条　本法下列用语的含义：

（一）高级管理人员，是指公司的经理、副经理、财务负责人，上市公司董事会秘书和公司章程规定的其他人员。

（二）控股股东，是指其出资额占有限责任公司资本总额百分之五十以上或者其持有的股份占股份有限公司股本总额百分之五十以上的股东；出资额或者持有股份的比例虽然不足百分之五十，但依其出资额或者持有的股份所享有的表决权已足以对股东会、股东大会的决议产生重大影响的股东。

（三）实际控制人，是指虽不是公司的股东，但通过投资关系、协议或者其他安排，能够实际支配公司行为的人。

（四）关联关系，是指公司控股股东、实际控制人、董事、监事、高级管理人员与其直接或者间接控制的企业之间的关系，以及可能导致公司利益转移的其他关系。但是，国家控股的企业之间不仅因为同受国家控股而具有关联关系。

专家解析

有关联关系的公司交叉轮换使用劳动者，根据现有证据难以查明劳动者实际工作状况的，可以从以下几个方面来处理：一是有无签订劳动合同，签订劳动合同的，以劳动合同来确认劳动关系；二是对于未签订劳动合同的，需要从有关联关系的公司发放工资、缴纳社会保险、工作内容等方面判断是否存在事实劳动关系；三是有关联关系的公司交叉使用劳动者的，劳动者可以主张由一个用人单位承担责任，或由多个用人单位承担连带责任。

87. 劳动者在待岗期间到其他单位工作的，与新用人单位之间是否存在劳动关系？

案例场景

马某于2019年3月入职某保险公司，从事销售业务工作，双方签订为期三年的劳动合同。2020年2月中旬以来，保险公司工作量锐减，公司安排马某在家待岗，复工时间另行通知，待岗期间，保险公司按月向马某支付基本生活费。到了2020年6月中旬，保险公司仍未通知马某复工。由于马某日常开销较大，仅靠微薄的基本生活费无法满足日常支出，遂有了另谋职业的想法。2020年7月初，马某遛弯时在小区门口广告栏看到某水果店正在招聘送货员，通过微信与水果店老板简单沟通后，双方确定了具体的工作内容、工作地点、工作时间及工资待遇等事项。次日，马某便到水果店上班，开始向周边小区派送货物。2020年8月的一天晚上，刚下过雷阵雨，路面比较湿滑，马某骑电动车送货经过路口时不慎从车上摔下，造成手臂骨折，被路人发现后送医治疗。出院后马某想到社保部门认定工伤，被工作人员告知需要先确定与水果店之间存在劳动关系，才能开展后续的认定工伤的工作。马某在待岗期间到水果店从事送货工作，与水果店之间是否存在劳动关系？

依法分析

受经济环境影响，用人单位会根据经营情况对不同的劳动者采取停薪留职、安排提前退休、下岗待岗等方式，在此情况下，劳动者往往会另谋出路，到其他用人单位工作，客观上形成双重劳动关系。依据《最高人民法院关于审理劳动争议案件适用法律问题的解释（一）》的相关规定，停薪留职、下岗待岗等人员与新的用人单位发生用工争议的，人民法院应当按照劳动关系进行处理。在前述案例中，马某在待岗期间到某水果店从事送货员工作，其与该水果店的负责人通过微信方式沟通确定了工作内容、工作地点、工作时间及工资待遇等事项，可以认定双方之间存在劳动关系。

相关规定

《最高人民法院关于审理劳动争议案件适用法律问题的解释（一）》

第三十二条　用人单位与其招用的已经依法享受养老保险待遇或者领取退休金的人员发生用工争议而提起诉讼的，人民法院应当按劳务关系处理。

企业停薪留职人员、未达到法定退休年龄的内退人员、下岗待岗人员以及企业经营性停产放长假人员，因与新的用人单位发生用工争议而提起诉讼的，人民法院应当按劳动关系处理。

专家解析

劳动者在待岗、停职留薪等期间与新的用人单位建立劳动关系的，应当由新的用人单位与劳动者依据法律规定缴纳社会保险费用，劳动者在新的用人单位工作期间，发生工伤事故的，应当由新的用人单位承担支付工伤待遇的各项义务。

88. 劳动者在停工留薪期内与用人单位的劳动合同履行期限届满，双方劳动关系存续期间应如何认定？

案例场景

吴某于2019年4月1日入职北京市某保安公司，从事保安工作，双方签订了期限为一年的劳动合同，同时约定了工资、工作时间、工作地点等事项。合同签订后，保安公司安排吴某至某新建住宅楼工地，主要负责看门及人员登记事务。2020年3月13日早晨，吴某来到工地大门口，发现一辆车停在大门外五米处，影响其他车辆通行，遂与司机沟通让其驶离，司机刘某表示其在等其他办事的同伴，十分钟后就开走，吴某表示必须立即开走，双方遂发生言语争执，进而引发肢体冲突。后经诊断，吴某左腿胫骨骨折，经住院治疗后于2020年3月底出院，但未返岗工作。2020年4月底，吴某要求保安公司向其支付停工留薪期工资，保安公司通知吴某双方劳动合同履行期限届满，已不存在劳动关系，不同意支付工资。在吴某与保安公司的劳动合同履行期限届满后，双方劳动关系存续期间应如何认定？

依法分析

通常情况下，劳动者与用人单位劳动合同履行期满的双方劳动关系终止，但也存在例外情形，如劳动者在停工留薪期内的，用人单位不得与其解除劳动合同。所谓停工留薪期，是指劳动者因工作遭受事故伤害或者患有职业病需要暂停工作接受工伤医疗，原工资福利等待遇不变的期限，一般不超过12个月。在前述案例中，吴某左腿胫骨骨折，依据《北京市工伤职工停工留薪期管理办法》的规定，其停工留薪期应为6个月，吴某与某保安公司的劳动合同履行期限虽届满，但保安公司不得终止劳动合同，双方劳动关系存续期间应顺延至停工留薪期满。

相关规定

《中华人民共和国劳动法》

第二十九条 劳动者有下列情形之一的，用人单位不得依据本法第二十六条、第二十七条的规定解除劳动合同：

（一）患职业病或者因工负伤并被确认丧失或者部分丧失劳动能力的；

（二）患病或者负伤，在规定的医疗期内的；

（三）女职工在孕期、产期、哺乳期内的；

（四）法律、行政法规规定的其他情形。

《中华人民共和国劳动合同法》

第四十二条 劳动者有下列情形之一的，用人单位不得依照本法第四十条、第四十一条的规定解除劳动合同：

（一）从事接触职业病危害作业的劳动者未进行离岗前职业健康检查，或者疑似职业病病人在诊断或者医学观察期间的；

（二）在本单位患职业病或者因工负伤并被确认丧失或者部分丧失劳动能力的；

（三）患病或者非因工负伤，在规定的医疗期内的；

（四）女职工在孕期、产期、哺乳期的；

（五）在本单位连续工作满十五年，且距法定退休年龄不足五年的；

（六）法律、行政法规规定的其他情形。

《工伤保险条例》

第三十三条　职工因工作遭受事故伤害或者患职业病需要暂停工作接受工伤医疗的，在停工留薪期内，原工资福利待遇不变，由所在单位按月支付。

停工留薪期一般不超过12个月。伤情严重或者情况特殊，经设区的市级劳动能力鉴定委员会确认，可以适当延长，但延长不得超过12个月。工伤职工评定伤残等级后，停发原待遇，按照本章的有关规定享受伤残待遇。工伤职工在停工留薪期满后仍需治疗的，继续享受工伤医疗待遇。

生活不能自理的工伤职工在停工留薪期需要护理的，由所在单位负责。

专家解析

为保护因工作遭受事故伤害或患职业病的劳动者的合法权益，保障其基本生活条件，法律法规明确规定停工留薪期内用人单位不得解除与劳动者的劳动合同，劳动者在停工留薪期内的工资福利待遇等不变。此处的工资标准，依据《工伤保险条例》的规定，是指工伤职工因工作遭受事故伤害或者患职业病前12个月平均月缴费工资。本人工资高于统筹地区职工平均工资300%的，按照统筹地区职工平均工资的300%计算；本人工资低于统筹地区职工平均工资60%的，按照统筹地区职工平均工资的60%计算。

89. 劳务派遣纠纷中当事人的诉讼资格如何确定？

案例场景

李某于2018年3月5日与甲公司签订《劳动合同书（劳务派遣）》，合同期限为2018年3月5日至2021年3月4日，同日，李某被派遣到乙公司处工作，岗位为汽车驾驶员，工作地点为A市。工作期间，李某的薪资由乙公司进行实际核算，甲公司每月收到乙公司核算的薪资后，在扣减完相应社保费用后如数向李某支付薪资。2020年3月，乙公司业务大幅减少，遂决定安排李某至B市的丙公司从事汽车驾驶工作，李某得知乙公司安排后当场表示拒绝，后乙公司又安排人事经理两次与李某进行沟通，李某均以离家太远为由拒绝到丙公司工作。乙公司明确告知李某必须服从公司安排，否则要求甲公司与其解除劳动合同。李某觉得乙公司坚持让其到丙公司工作是有意为难自己，逼着自己辞职，遂旷工一天进行抗议。乙公司得知李某旷工后，告知甲公司李某严重违反公司规章制度和劳动合同的约定，应该与李某解除劳动合同。甲公司了解相关情况后，向李某发送《解除劳动合同通知书》，主要内容为："李某：我公司于2020年3月18日接到乙公司退回通知，退回原因为：根据公司经营需要进行业务调整，部分岗位重新设定，对李某的岗位进行调整安排，但李某拒绝服从公司对他的工作进行安排管理，无故旷工，严重违反公司管理规定。根据相关规定，决定于2020年3月19日与你解除劳动关系……"李某收到该通知书后，认为甲公司和乙公司的行为违反《劳动法》的相关规定。李某能否同时以甲公司和乙公司为被申请人提起劳动仲裁?

依法分析

依据《劳动合同法》的相关规定，劳动合同用工是我国企业基本用工形式，劳务派遣用工是补充形式，只能在临时性、辅助性或者替代性的工作岗位上实施。劳务派遣中派遣单位是用人单位，应当履行用人单位对劳动者的义务。在前述案例中，甲公司与李某签订有《劳动合同书（劳务派遣）》，双方建立了劳动关系，后甲公司将李某派遣到乙公司从事汽车驾驶员工作，甲公司为用人单位，乙公司为用工单位。依据《劳动争议调解仲裁法》第二十二条的规定，劳务派遣单位或者用工单位与劳动者发生劳动争议的，劳务派遣单位和用工单位为共同当事人。李某如果认为甲公司作出的《解除劳动合同通知书》违反《劳动法》的规定，可以甲公司、乙公司为共同的被申请人向劳动仲裁机构提起劳动仲裁申请。

相关规定

《中华人民共和国劳动争议调解仲裁法》

第二十二条 发生劳动争议的劳动者和用人单位为劳动争议仲裁案件的双方当事人。

劳务派遣单位或者用工单位与劳动者发生劳动争议的，劳务派遣单位和用工单位为共同当事人。

《中华人民共和国劳动合同法》

第九十二条　违反本法规定，未经许可，擅自经营劳务派遣业务的，由劳动行政部门责令停止违法行为，没收违法所得，并处违法所得一倍以上五倍以下的罚款；没有违法所得的，可以处五万元以下的罚款。

劳务派遣单位、用工单位违反本法有关劳务派遣规定的，由劳动行政部门责令限期改正；逾期不改正的，以每人五千元以上一万元以下的标准处以罚款，对劳务派遣单位，吊销其劳务派遣业务经营许可证。用工单位给被派遣劳动者造成损害的，劳务派遣单位与用工单位承担连带赔偿责任。

《中华人民共和国劳动合同法实施条例》

第三十五条　用工单位违反劳动合同法和本条例有关劳务派遣规定的，由劳动行政部门和其他有关主管部门责令改正；情节严重的，以每位被派遣劳动者1000元以上5000元以下的标准处以罚款；给被派遣劳动者造成损害的，劳务派遣单位和用工单位承担连带赔偿责任。

专家解析

在劳务派遣中，用工单位违反《劳动法》的规定或劳务派遣协议要求将劳动者退回派遣单位的，劳动者可以依照前述法律规定，在劳动仲裁程序中将派遣单位和实际用工单位作为共同的被申请人提起劳动仲裁申请，要求二者承担连带责任。

90. 不定时工作制合同期满后双方继续履行的，能否仍然按照不定时工作制认定双方权利与义务？

案例场景

朱某经朋友介绍于2018年6月入职某机械公司担任生产经理，双方签订劳动合同，合同期限为2018年6月至2021年6月，月工资标准为7000元，同时该合同约定机械公司安排朱某执行不定时工时制度。机械公司曾于2016年9月获批实行不定时工作制，期限为三年。2019年12月中旬，机械公司再次申请不定时工作制，同年12月底获审批通过，期限为三年。2021年6月合同期满后，朱某以机械公司未足额支付工作日和休息日加班工资为由，提出解除劳动合同，同时要求机械公司支付加班工资。机械公司不同意支付加班工资，主张朱某工作岗位实行不定时工作制，公司已经足额支付工资，不存在未支付的加班工资。不定时工作制合同期满后双方继续履行的，能否仍然按照不定时工作制认定双方权利与义务？

依法分析

不定时工作制，是指因生产特点、工作特殊需要等，不能实行标准工时制度或不能保证劳动者每周至少休息一日，经劳动行政部门批准，可以采取不确定工作时间的一种工时制度。在前述案例中，朱某与机械公司签订的劳动合同约定执行不定时工作制，且不定时工作制已经行政部门审批通过。在朱某与机械公司的劳动合同履行期间，该项审批虽已到期，但双方并未变更或终止劳动合同，双方有关不定时工作制的约定仍然存在，机械公司未能及时办理审批手续，应承担相应的行政责任，但这并不意味着朱某与机械公司签订的有关工时制的合同条款必然无效。如果在合同履行期间，朱某的工作岗位、工作内容未发生变化，则不宜否定双方实行不定时工时的合同约定。

相关规定

《中华人民共和国劳动法》

第三十九条 企业因生产特点不能实行本法第三十六条、第三十八条规定的，经劳动行政部门批准，可以实行其他工作和休息办法。

《国务院关于职工工作时间的规定》

第三条 职工每日工作8小时、每周工作40小时。

第五条 因工作性质或者生产特点的限制，不能实行每日工作8小时、每周工作40小时标准工时制度的，按照国家有关规定，可以实行其他工作和休息办法。

《关于企业实行不定时工作制和综合计算工时工作制的审批办法》

第三条　企业因生产特点不能实行《中华人民共和国劳动法》第三十六条、第三十八条规定的，可以实行不定时工作制或综合计算工时工作制等其他工作和休息办法。

第五条第一款　企业对符合下列条件之一的职工，可实行综合计算工时工作制，即分别以周、月、季、年等为周期，综合计算工作时间，但其平均日工作时间和平均周工作时间应与法定标准工作时间基本相同。

专家解析

依据现行法律的相关规定，实行不定时工作制并不意味着用人单位可以随意规定工作时间，对于实行不定时工作制的劳动者，企业应当根据工时制度合理安排劳动者的劳动定额及休息时间。依照《关于企业实行不定时工作制和综合计算工时工作制的审批办法》的规定，实行不定时工作制的企业应当履行审批手续，但在一些地方的规范性文件中，明确规定企业中的高级管理人员实行不定时工作制，不需要办理审批手续。

91. 劳动者追索劳动报酬的仲裁时效如何把握？

案例场景

王某于2018年9月16日入职某保洁公司，岗位为保洁员，双方签订书面劳动合同，约定王某月工资标准为3500元，另有绩效奖金和餐补等费用，每月根据工作完成情况进行发放，后王某被派到某小学从事保洁员工作。工作期间，保洁公司每月按时给王某发放工资。2020年3月后，保洁公司收入大幅减少，无法足额支付王某每月工资。2020年5月16日，王某以保洁公司拖欠工资为由与其解除劳动合同。此后双方未再有联系，直到2021年4月，王某向当地劳动仲裁机构提起劳动仲裁申请，请求保洁公司支付拖欠工资、经济补偿金。对王某的仲裁请求，保洁公司均不同意，并主张王某的申请已经超过仲裁时效。王某向保洁公司追索劳动报酬是否已经超过仲裁时效？

依法分析

依据《劳动争议调解仲裁法》第二十七条的规定，劳动争议申请仲裁的时效期间为一年。仲裁时效期间从当事人知道或者应当知道其权利被侵害之日起计算。由于在现实生活中，劳动者常常处于弱势地位，即便知道自己的劳动报酬被拖欠，也往往会为了维持劳动关系而暂不追讨欠薪。如果直接适用前述规定计算仲裁时效，则不利于保护劳动者合法权益，故该条同时规定劳动关系存续期间因拖欠劳动报酬发生争议的，劳动者申请仲裁不受本条第一款规定的仲裁时效期间的限制，但是劳动关系终止的，应当自劳动关系终止之日起一年内提出。在前述案例中，王某与保洁公司的劳动关系于2020年5月16日终止，其于2021年4月提起仲裁申请，此时与保洁公司终止劳动关系尚未满一年，未超过仲裁时效。

相关规定

《中华人民共和国劳动争议调解仲裁法》

第二十七条 劳动争议申请仲裁的时效期间为一年。仲裁时效期间从当事人知道或者应当知道其权利被侵害之日起计算。

前款规定的仲裁时效，因当事人一方向对方当事人主张权利，或者向有关部门请求权利救济，或者对方当事人同意履行义务而中断。从中断时起，仲裁时效期间重新计算。

因不可抗力或者有其他正当理由，当事人不能在本条第一款规定的仲裁时效期间申请仲裁的，仲裁时效中止。从中止时效的原因消除之日起，仲裁时效期间继续计算。

劳动关系存续期间因拖欠劳动报酬发生争议的，劳动者申请仲裁不受本条第一款规定的仲裁时效期间的限制；但是，劳动关系终止的，应当自劳动关系终止之日起一年内提出。

专家解析

劳动关系的存在是适用《劳动争议调解仲裁法》第二十七条有关仲裁时效规定的前提条件，如果劳动者与用人单位之间系雇佣、承揽等法律关系，则不适用前述法条的规定。劳动者与用人单位解除劳动关系后，劳动者如果认为用人单位存在拖欠工资、违法解除劳动合同等侵犯自身合法权益的行为，为避免超过仲裁时效，应当及时提起劳动仲裁申请，积极维护自身合法权益。

92. 劳动争议案件中加班事实的举证责任如何分配？

案例场景

2019 年 3 月 15 日，李某经朋友介绍入职某医疗器械公司从事司机岗位工作，双方签订书面劳动合同，约定合同期限为三年，每月工资为 5000 元，同时约定加班需要经过公司审批。2021 年 8 月 9 日，李某向公司邮寄《被迫解除劳动合同通知书》，主要内容为："因你单位安排本人超载运输货物，该工作违反法律的规定，且损害本人合法权益，现依据《劳动合同法》第三十八条之规定，告知你公司于收到本通知书之日起正式解除劳动合同，请你公司依法向本人支付 2019 年 3 月 15 日至 2021 年 8 月 9 日延时加班工资、休息日加班工资，同时向本人支付解除劳动合同经济补偿金等。"医疗器械公司收到该通知书后，不同意向李某支付加班工资及经济补偿金，主张李某在职期间不存在延时加班、休息日加班的情况，李某主张的超载运输货物的情况不存在，李某系主动离职，不应支付经济补偿金。后李某向当地仲裁机构提起劳动仲裁申请，要求医疗器械公司支付加班工资及解除劳动合同经济补偿金。该案件中，针对加班事实的举证责任应当如何分配？

依法分析

依据司法解释的规定，劳动者主张加班费的，应当就加班事实的存在承担举证责任。但劳动者有证据证明用人单位掌握加班事实存在的证据，如保存有相应的工资支付记录的，用人单位则需要对两年内向劳动者支付工资的情况进行举证，如果拒绝举证或者举证不充分的，由用人单位承担不利后果。在前述案例中，李某主张存在加班工资，需要提供相应的证据材料，如果其有证据证明医疗器械公司保存有相应的考勤记录和工资支付凭证，则公司需要提供。

相关规定

《最高人民法院关于审理劳动争议案件适用法律问题的解释（一）》

第四十二条 劳动者主张加班费的，应当就加班事实的存在承担举证责任。但劳动者有证据证明用人单位掌握加班事实存在的证据，用人单位不提供的，由用人单位承担不利后果。

《工资支付暂行规定》

第六条 用人单位应将工资支付给劳动者本人。劳动者本人因故不能领取工资时，可由其亲属或委托他人代领。

用人单位可委托银行代发工资。

用人单位必须书面记录支付劳动者工资的数额、时间、领取者的姓名以及签字，并保存两年以上备查。用人单位在支付工资时应向劳动者提供一份其个人的工资清单。

专家解析

通常情况下，经劳动者和用人单位确认的考勤记录可以作为认定存在加班事实的依据，但劳动者如果仅凭电子打卡记录就要求认定存在加班的事实，将会面临举证不能的风险。现实生活中，用人单位常常会因安全、节假日等需要，安排劳动者从事与本职工作无关的值班任务，这种情况下，劳动者如果主张用人单位支付加班工资，一般也难以得到司法裁判的支持。针对此种情形，劳动者可以要求用人单位依据劳动合同、规章制度等支付相应待遇。

93. 加班工资的计算基数应当如何确定？

案例场景

夏某某于2020年4月入职某物业公司从事保洁员工作，双方签订劳动合同，合同期限为三年，夏某某每月基本工资为2000元，系夏某某所在城市最低工资标准。夏某某入职后被安排在某小区担任保洁员，物业公司除每月通过银行向夏某某支付2000元基本工资外，还按月向其支付生活补贴、伙食补助、工龄工资、奖金、加班费等。2021年5月14日，夏某某在工作中与同事方某发生言语冲突，次日，物业公司以夏某某违反公司规章制度为由，对其作出开除的决定，并向其发送通知书。夏某某认为物业公司作出的开除行为严重违反《劳动法》的规定，同时主张其在职期间经常加班，要求物业公司向其支付拖欠的加班工资和违法解除劳动合同赔偿金。物业公司认可夏某某工作期间存在加班行为，但不认可夏某某的主张，认为加班工资已经足额支付，其对夏某某作出开除的决定完全符合公司章程，不同意向其支付违法解除劳动合同赔偿金。后夏某某以物业公司为被申请人向当地劳动仲裁机构提出仲裁申请。该案件中，夏某某与物业公司均认可存在加班的事实，在此情况下，应当如何确定加班工资的计算基数？

依法分析

劳动者加班工资的计算基数应当依照法定工作时间内劳动者提供正常劳动应得工资确定，如果劳动者与用人单位在劳动合同中约定了加班工资计算基数，应当以该约定为准；在劳动者正常提供劳动情况下，用人单位向劳动者实际发放的工资高于约定工资标准的，应当以实际发放的工资标准作为加班工资的计算基数。在前述案例中，物业公司除每月向夏某某支付2000元基本工资外，还按月向其支付生活补贴、伙食补助、工龄工资等，应当以实际发放的工资为标准作为计算加班工资的基数。

相关规定

《中华人民共和国劳动法》

第四十四条　有下列情形之一的，用人单位应当按照下列标准支付高于劳动者正常工作时间工资的工资报酬：

（一）安排劳动者延长工作时间的，支付不低于工资的百分之一百五十的工资报酬；

（二）休息日安排劳动者工作又不能安排补休的，支付不低于工资的百分之二百的工资报酬；

（三）法定休假日安排劳动者工作的，支付不低于工资的百分之三百的工资报酬。

《中华人民共和国劳动合同法》

第三十一条 用人单位应当严格执行劳动定额标准，不得强迫或者变相强迫劳动者加班。用人单位安排加班的，应当按照国家有关规定向劳动者支付加班费。

专家解析

在确定劳动者加班工资计算基数时，用人单位按月支付的工资、奖金、津贴、补贴等都属于实际发放的工资。需要注意的是，在以实际发放的工资作为加班工资的计算基数时，用人单位之前发放的加班费、伙食补助等应当予以扣除，不能列入加班工资计算基数的范围。

94. 劳动者与用人单位续订劳动合同时，工作岗位发生变化，能否重新约定试用期？

案例场景

杨某于2016年6月1日入职某销售公司，从事行政岗位工作，双方签订书面劳动合同，约定合同期限为三年，试用期三个月，试用期工资按照标准工资的80%支付，同时约定了工作地点、福利待遇、竞业限制等事项。入职后杨某被分配到公司办公室从事行政工作，工作期间，销售公司每月中旬通过银行转账向杨某支付工资。2019年5月31日，双方续签劳动合同，合同约定杨某工作岗位为销售，合同期限为三年，同时约定试用期为三个月。自2020年4月起，销售公司业务锐减，工资未能按月发放。2020年6月1日，杨某向销售公司提出解除劳动合同，同时要求公司向其支付第二份劳动合同期间违法约定试用期未足额支付的工资差额、未支付的工资和解除劳动合同经济补偿金。销售公司不同意支付试用期工资差额和经济补偿金，主张杨某同意约定试用期，且两次试用期时间未超过6个月，符合法律规定，公司未能及时发放工资已经提前向杨某告知，公司也允诺之后会足额发放拖欠的工资，故不同意向杨某支付经济补偿金。劳动者与用人单位续订劳动合同时，工作岗位发生变化，能否重新约定试用期？

依法分析

劳动者与用人单位首次签订劳动合同时往往会约定试用期，在续订劳动合同时，有的用人单位仍然与劳动者约定试用期，该行为明显违反《劳动合同法》第十九条的相关规定，该条明确规定，同一用人单位与同一劳动者只能约定一次试用期。在前述案例中，杨某与某销售公司在签订第一份劳动合同时已经约定试用期，在双方续订劳动合同时，虽然杨某的工作岗位发生了变化，但依据前述法条的规定双方不得再约定试用期。

相关规定

《中华人民共和国劳动法》

第二十一条　劳动合同可以约定试用期。试用期最长不得超过六个月。

《中华人民共和国劳动合同法》

第十九条　劳动合同期限三个月以上不满一年的，试用期不得超过一个月；劳动合同期限一年以上不满三年的，试用期不得超过二个月；三年以上固定期限和无固定期限的劳动合同，试用期不得超过六个月。

同一用人单位与同一劳动者只能约定一次试用期。

以完成一定工作任务为期限的劳动合同或者劳动合同期限不满三个月的，不得约定试用期。

试用期包含在劳动合同期限内。劳动合同仅约定试用期的，试用期不成立，该期限为劳动合同期限。

专家解析

劳动关系中，通常劳动者处于弱势地位，有些用人单位利用劳动者缺乏劳动法律知识的弱点，通过曲解法律，在与劳动者续签劳动合同时约定试用期，以此达到少付劳动报酬或者随时解聘劳动者的目的。对此，一方面，需要劳动者自身加强劳动法知识学习，积极维护自身合法权益；另一方面，行政执法部门应当全面准确地掌握劳动法律法规，依法履行法定职责，切实有效地维护劳动者的合法权益，促使用人单位自觉规范用工行为。

95. 用人单位试用期内解除劳动合同，是否需要向劳动者支付经济补偿金？

案例场景

张大明和张小明是孪生兄弟，张大明在某高档酒店担任面点厨师，张小明因学艺不精在某饭馆担任厨师。某日张小明看到某餐饮公司在橱窗发布招聘面点厨师的广告，公司要求面试者需经过专业机构培训并取得高级证书。张小明看到招聘广告后，假借张大明的资格证书到餐饮酒店面试，后顺利通过面试。双方于2020年12月7日签订《劳动合同书》，约定张小明工作岗位为面点厨师，合同期限为三年，自2020年12月7日起至2023年12月6日止，每月税前基本工资为7000元，试用期至2021年6月6日止，试用期工资为约定工资的80%。工作期间，张小明主要负责主食制作，由于技艺不精，制作的主食多次遭到顾客投诉，后酒店发现张小明存在冒用张大明资格证书的行为，遂于2021年1月22日决定与张小明解除劳动合同。张小明主张酒店在试用期解除合同应向其支付经济补偿金。对此，酒店主张其与张小明解除劳动合同系因为张小明不能胜任岗位工作，不存在支付经济补偿金的情形。用人单位试用期内解除劳动合同，是否需要向劳动者支付经济补偿金？

依法分析

《劳动合同法》第四十六条对用人单位需要向劳动者支付经济补偿金的情形作了具体规定，就前述案例而言，如果劳动者在试用期内被证明不符合录用条件的，用人单位可以解除劳动合同，此种情形下解除劳动合同，不适用《劳动合同法》第四十六条的规定，用人单位不需要向劳动者支付经济补偿金。

相关规定

《中华人民共和国劳动合同法》

第三十九条　劳动者有下列情形之一的，用人单位可以解除劳动合同：

（一）在试用期间被证明不符合录用条件的；

（二）严重违反用人单位的规章制度的；

（三）严重失职，营私舞弊，给用人单位造成重大损害的；

（四）劳动者同时与其他用人单位建立劳动关系，对完成本单位的工作任务造成严重影响，或者经用人单位提出，拒不改正的；

（五）因本法第二十六条第一款第一项规定的情形致使劳动合同无效的；

（六）被依法追究刑事责任的。

第四十六条　有下列情形之一的，用人单位应当向劳动者支付经济补偿：

（一）劳动者依照本法第三十八条规定解除劳动合同的；

（二）用人单位依照本法第三十六条规定向劳动者提出解除劳动合同并与劳动者协商一致解除劳动合同的；

（三）用人单位依照本法第四十条规定解除劳动合同的；

（四）用人单位依照本法第四十一条第一款规定解除劳动合同的；

（五）除用人单位维持或者提高劳动合同约定条件续订劳动合同，劳动者不同意续订的情形外，依照本法第四十四条第一项规定终止固定期限劳动合同的；

（六）依照本法第四十四条第四项、第五项规定终止劳动合同的；

（七）法律、行政法规规定的其他情形。

专家解析

在试用期内，用人单位依据《劳动合同法》第三十九条的规定解除劳动合同的不需要向劳动者支付经济补偿，如果依据该法第四十条的规定解除劳动合同，则需要向劳动者支付经济补偿。

96. 解除劳动合同的经济补偿金计算基数如何确定?

案例场景

许某于2020年1月入职某投资发展公司，担任客服专员，双方签订固定期限劳动合同，约定合同期限为三年，每月中旬投资发展公司向许某发放上月工资，工资由基本工资、岗位津贴、奖金组成，基本工资为4000元。2021年2月，许某晋升为客服主管，月基本工资调整为5000元。2021年7月，投资发展公司因业务调整，决定停止许某所在城市的经营业务，同时与许某协商解除劳动合同。协商过程中，许某要求投资发展公司向其支付未休年休假工资、经济补偿金，投资发展公司主张已安排许某休假，不同意支付未休年休假工资，只同意向许某支付经济补偿金，但要以基本工资为基数计算经济补偿金。许某认为投资发展公司关于经济补偿金的计算标准违反法律规定，应以其税前工资为基数计算，遂以投资发展公司为被申请人向当地劳动仲裁机构提出劳动仲裁申请。劳动者与用人单位解除劳动合同时，解除劳动合同的经济补偿金计算基数应如何确定?

依法分析

依据《劳动合同法》第四十七条的规定，解除劳动合同经济补偿按劳动者在用人单位工作的年限，每满一年支付一个月工资的标准向劳动者支付，六个月以上不满一年的，按一年计算，不满六个月的，向劳动者支付半个月工资的经济补偿。该条所称月工资是指劳动者在劳动合同解除或者终止前十二个月的平均工资。该平均工资的计算基数应以劳动合同解除前十二个月劳动者应得工资为准，不同于计算劳动者二倍工资差额的标准，该处的应得工资除基本工资外，还包括奖金、津贴和补贴等货币性收入。就前述案例而言，投资发展公司主张以基本工资为基数计算与许某解除劳动合同的经济补偿，显然违反相关规定。

相关规定

《中华人民共和国劳动合同法》

第四十七条　经济补偿按劳动者在本单位工作的年限，每满一年支付一个月工资的标准向劳动者支付。六个月以上不满一年的，按一年计算；不满六个月的，向劳动者支付半个月工资的经济补偿。

劳动者月工资高于用人单位所在直辖市、设区的市级人民政府公布的本地区上年度职工月平均工资三倍的，向其支付经济补偿的标准按职工月平均工资三倍的数额支付，向其支付经济补偿的年限最高不超过十二年。

本条所称月工资是指劳动者在劳动合同解除或者终止前十二个月的平均工资。

《中华人民共和国劳动合同法实施条例》

第二十七条　劳动合同法第四十七条规定的经济补偿的月工资按照劳动者应得工资计算，包括计时工资或者计件工资以及奖金、津贴和补贴等货币性收入。劳动者在劳动合同解除或者终止前12个月的平均工资低于当地最低工资标准的，按照当地最低工资标准计算。劳动者工作不满12个月的，按照实际工作的月数计算平均工资。

专家解析

劳动者的应得工资应当包含由劳动者个人缴纳的社会保险和住房公积金以及所得税。劳动者与用人单位对劳动者应得工资数额存在争议的，用人单位需要对向劳动者已支付的工资数额承担举证责任，否则将承担举证不能的法律后果。

97. 劳动者入职新单位，原工作年限能否计入新用人单位？

案例场景

田某从汽车技修学校毕业后于2016年3月入职李师傅汽修公司，双方签订书面劳动合同，约定合同期限为三年，同时约定工作岗位、劳动报酬、工作时间、年休假待遇等内容。2019 年 3 月，双方合同期满，李师傅汽修公司安排田某到马师傅汽修公司工作，田某与马师傅汽修公司重新签订劳动合同，约定合同期限为三年，劳动合同的内容与田某和李师傅汽修公司签订的劳动合同内容基本一致。2019 年 12 月，田某在维修汽车的过程中，由于操作不当造成左手无名指和小指损伤，后送医治疗。2020 年 1 月，田某要求马师傅汽修公司向其支付医疗费用，马师傅汽修公司认为田某所受损伤并不严重，公司已经垫付了相关的医疗费用，不同意再向田某支付医疗费用，同时以田某旷工为由与田某解除劳动合同。田某认为马师傅汽修公司违法解除劳动合同，应当向其支付违法解除劳动合同赔偿金，赔偿金年限应从其入职李师傅汽修公司开始计算。劳动者入职新单位，原工作年限能否计入新用人单位？

依法分析

在市场经济中，用人单位根据市场行情和自身经营状况调整经营策略是比较常见的现象，随着经营策略的调整，用人单位的用工形式也不可避免地随之发生变动。实践中，有些用人单位为防止劳动者工作年限连续计算，往往以关联公司名义与劳动者重新签订劳动合同，来实现劳动者工作年限归零的目的。为有效保护劳动者的合法权益，《最高人民法院关于审理劳动争议案件适用法律问题的解释（一）》明确规定非因劳动者本人原因从原用人单位被安排到新用人单位工作，原用人单位未支付经济补偿的，劳动者与新用人单位解除劳动合同，在计算支付经济补偿或赔偿金的工作年限时，劳动者请求把在原用人单位的工作年限合并计算为新用人单位工作年限的，人民法院应予支持。在前述案例中，田某主张计算赔偿金时将其在李师傅汽修公司的工作年限合并计入在马师傅汽修公司的工作年限，符合相关规定。

相关规定

《最高人民法院关于审理劳动争议案件适用法律问题的解释（一）》

第四十六条 劳动者非因本人原因从原用人单位被安排到新用人单位工作，原用人单位未支付经济补偿，劳动者依据劳动合同法第三十八条规定与新用人单位解除劳动合同，或者新用人单位向劳动者提出解除、终止劳动合同，在计算支付经济补偿或赔偿金的工作年限时，劳动者请求把在原用人单位的工作年限合并计算为新用人单位工作年限的，人民法院应予支持。

用人单位符合下列情形之一的，应当认定属于“劳动者非因本人原因从原用人单位被安排到新用人单位工作”：

（一）劳动者仍在原工作场所、工作岗位工作，劳动合同主体由原用人单位变更为新用人单位；

（二）用人单位以组织委派或任命形式对劳动者进行工作调动；

（三）因用人单位合并、分立等原因导致劳动者工作调动；

（四）用人单位及其关联企业与劳动者轮流订立劳动合同；

（五）其他合理情形。

专家解析

劳动者与用人单位的劳动合同到期后，用人单位安排劳动者与劳务派遣公司签订新的劳动合同后，劳务派遣公司又派遣劳动者至原用人单位工作的，由于劳动者的工作场所和工作岗位并无实质变化，其工作具有稳定性和持续性，应当依照《最高人民法院关于审理劳动争议案件适用法律问题的解释（一）》第四十六条的规定，将劳动者在原用人单位的工作年限合并计算为劳务派遣公司的工作年限。

98. 劳动者借助互联网平台为用工方提供劳务的，劳动关系如何认定？

案例场景

赵某从事家电维修工作，自 2018 年 6 月通过小当家维修公司的 App 接单，为小当家维修公司的客户提供上门维修服务。工作流程是客户通过小当家公司的 App 下单，公司客服接单后，根据客户所在位置与维修师傅身处的位置进行匹配，安排离客户最近的维修师傅上门服务。赵某在工作期间，由小当家维修公司负责统一发放工服、维修工具，公司每月根据赵某接单的数量、维修费用核算工作报酬，于每月上旬发放上一自然月工资。2020年7月，小当家维修公司与赵某签订《合作协议》，约定双方为合作关系。2021年3月，小当家维修公司以赵某多次未完成派单为由与赵某解除合作关系。赵某认为其与小当家维修公司存在劳动关系，公司未与其签订劳动合同违反法律规定，同时通过签订所谓《合作协议》意图否认双方之间存在劳动关系，要求小当家维修公司向其支付未签订劳动合同二倍工资差额、违法解除劳动合同赔偿金。劳动者借助互联网平台为用工方提供劳务的，劳动关系如何认定？

依法分析

随着网络科技的迅速发展，代购、外卖骑手等以互联网平台为媒介的用工形式呈现出快速发展的趋势，相较于传统用工方式，以互联网平台为媒介的用工方式更加灵活多样，这也对认定劳动者与互联网平台提供方之间的劳动关系带来了更多的挑战。依据《劳动法》及原劳动和社会保障部发布的《关于确立劳动关系有关事项的通知》的相关规定，劳动者与用人单位之间是否存在控制、支配和从属关系，是判断双方是否存在劳动关系的关键。就前述案例而言，赵某与小当家维修公司虽然签订了《合作协议》，但如果能够确认在赵某工作期间，是由公司对赵某进行考勤、指派、奖惩等，赵某与公司存在较强的从属关系，双方之间符合劳动关系特征，则可以认定赵某与小当家维修公司之间存在劳动关系。

相关规定

《中华人民共和国劳动合同法》

第七条　用人单位自用工之日起即与劳动者建立劳动关系。用人单位应当建立职工名册备查。

第十条　建立劳动关系，应当订立书面劳动合同。

已建立劳动关系，未同时订立书面劳动合同的，应当自用工之日起一个月内订立书面劳动合同。

用人单位与劳动者在用工前订立劳动合同的，劳动关系自用工之日起建立。

《关于确立劳动关系有关事项的通知》

一、用人单位招用劳动者未订立书面劳动合同，但同时具备下列情形的，劳动关系成立。

（一）用人单位和劳动者符合法律、法规规定的主体资格；

（二）用人单位依法制定的各项劳动规章制度适用于劳动者，劳动者受用人单位的劳动管理，从事用人单位安排的有报酬的劳动；

（三）劳动者提供的劳动是用人单位业务的组成部分。

专家解析

针对劳动者借助互联网平台提供劳务、获取劳动报酬的用工形式，如果劳动者提供劳务主要是通过平台派单，劳动报酬由平台根据接单数量向劳动者支付，这种用工的方式明显带有人身依附特征，双方更有可能建立劳动关系。若劳动者主要是通过竞争获得业务，劳动报酬由客户向劳动者支付，在此种用工方式中，劳动者自主性更强，其对平台的人身依附性更弱，则不宜认定劳动者与平台之间存在劳动关系。

99. 劳动者与用人单位签订无固定期限劳动合同后又签订了固定期限劳动合同，如何认定固定期限劳动合同的性质？

案例场景

徐某于2016年3月入职某物业公司，双方签订无固定期限劳动合同，约定徐某任单位行政岗位工作，月工资标准为6000元，每月上旬发放上一自然月工资，年底根据全年工作情况发放相应的奖金，双方还对岗位职责、年休假、解除劳动合同进行了补充约定。2017年3月，物业公司成立新的分公司，考虑到徐某住址离分公司比较近，遂安排徐某到新成立的分公司工作，同时与徐某签订了新的劳动合同，合同期限为三年，徐某的工作岗位、薪酬待遇等与原合同约定一致。2020年3月，物业公司以双方合同到期为由，不再与徐某续订劳动合同，同意向徐某支付经济补偿。徐某认为物业公司在与其签订无固定期限劳动合同后签订的固定期限劳动合同应无效，物业公司以劳动合同到期为由与其解除劳动关系违反劳动法规定，双方应当继续履行无固定期限劳动合同。劳动者与用人单位签订无固定期限劳动合同后又签订了固定期限劳动合同，如何认定固定期限劳动合同的性质？

依法分析

对于劳动者与用人单位订立无固定期限劳动合同后又订立的固定期限劳动合同的效力，依据意思自治原则，如果订立固定期限劳动合同系劳动者与用人单位双方真实意思表示，则应认定有效。就前述案例而言，如果徐某与物业公司签订的固定期限劳动合同系双方真实意思表示，则应认定该固定期限劳动合同有效。

相关规定

《中华人民共和国劳动合同法》

第十三条 固定期限劳动合同，是指用人单位与劳动者约定合同终止时间的劳动合同。

用人单位与劳动者协商一致，可以订立固定期限劳动合同。

第十四条 无固定期限劳动合同，是指用人单位与劳动者约定无确定终止时间的劳动合同。

用人单位与劳动者协商一致，可以订立无固定期限劳动合同。有下列情形之一，劳动者提出或者同意续订、订立劳动合同的，除劳动者提出订立固定期限劳动合同外，应当订立无固定期限劳动合同：

（一）劳动者在该用人单位连续工作满十年的；

（二）用人单位初次实行劳动合同制度或者国有企业改制重新订立劳动合同时，劳动者在该用人单位连续工作满十年且距法定退休年龄不足十年的；

（三）连续订立二次固定期限劳动合同，且劳动者没有本法第三十九条和第四十条第一项、第二项规定的情形，续订劳动合同的。

用人单位自用工之日起满一年不与劳动者订立书面劳动合同的，视为用人单位与劳动者已订立无固定期限劳动合同。

专家解析

用人单位与劳动者签订无固定期限劳动合同后又订立固定期限劳动合同的，固定期限劳动合同到期后，用人单位能否单方终止劳动合同？笔者认为，在此种情形下，用人单位不享有单方终止劳动合同的权利。根据《劳动合同法》第十四条第二款第三项的规定，劳动者与用人单位连续订立二次固定期限劳动合同，劳动者没有该法第三十九条和第四十条第一项、第二项规定的情形，再次续订劳动合同的，劳动者可以选择订立固定期限劳动合同，也可以选择订立无固定期限劳动合同。依据该规定，用人单位根据劳动者的选择负有强制缔约的义务。以此类推，当劳动者与用人单位签订无固定期限劳动合同后又签订固定期限劳动合同，固定期限劳动合同期满后，劳动者可以选择与用人单位继续订立固定期限劳动合同，亦可以选择订立无固定期限劳动合同。

100. 劳动者与用人单位未订立书面劳动合同，二倍工资从何时起算，计算标准如何确定？

案例场景

林某 2017 年 7 月从某高校护理专业毕业后，经过面试入职某医院，从事临床护士岗位工作，双方签订书面劳动合同，合同期限为 2017 年 7 月 3 日至 2020 年 7 月 2 日，林某税前月薪为 8000 元，其中 4000 元为基本工资、2000 元为岗位工资、2000 元为绩效工资，每月 15 日支付上个自然月工资。2020 年 7 月 2 日林某与医院劳动合同到期后，林某由外科护士调整至门诊护士，税前月薪调整至 9000 元，双方未签订书面劳动合同。2021 年 4 月 15 日，医院以林某定级考核不达标为由将林某工资调整为税前月薪 7000 元，林某主张医院违规进行定级考核，故意降低其评级，应当足额向其发放工资。医院不同意林某的上述主张，认为相关定级考试程序符合管理规定，且已经将定级结果予以公示，林某如果对评级有意见应当通过合理途径进行反馈。2021 年 5 月 14 日，林某以医院拖欠工资为由提出解除劳动合同，要求医院向其支付拖欠工资、未签订劳动合同二倍工资差额、解除劳动合同经济补偿金。劳动者与用人单位未订立书面劳动合同，二倍工资从何时起算，计算标准如何确定？

依法分析

依据《劳动合同法》第十条的规定，用人单位与劳动者建立劳动关系，应当订立书面劳动合同；已建立劳动关系，未同时订立书面劳动合同的，应当自用工之日起一个月内订立书面劳动合同。为督促用人单位及时与劳动者订立书面劳动合同，该法第八十二条规定，用人单位未及时与劳动者签订书面劳动合同的，应当向劳动者每月支付二倍的工资。关于支付二倍工资的时限，依据《劳动合同法实施条例》第七条的规定，应为自用工之日起满一个月的次日至满一年的前一日。对于用人单位与劳动者劳动合同期满后，劳动者仍在用人单位工作，双方未签订劳动合同的，用人单位应自劳动合同期满的次日起至满一年的前一日向劳动者每月支付二倍的工资。就前述案例而言，医院应自双方劳动合同期满的次日起向林某每月支付二倍工资的差额。

相关规定

《中华人民共和国劳动合同法》

第十条 建立劳动关系，应当订立书面劳动合同。

已建立劳动关系，未同时订立书面劳动合同的，应当自用工之日起一个月内订立书面劳动合同。

用人单位与劳动者在用工前订立劳动合同的，劳动关系自用工之日起建立。

第八十二条 用人单位自用工之日起超过一个月不满一年未与劳动者订立书面劳动合同的，应当向劳动者每月支付二倍的工资。

用人单位违反本法规定不与劳动者订立无固定期限劳动合同的，自应当订立无固定期限劳动合同之日起向劳动者每月支付二倍的工资。

《中华人民共和国劳动合同法实施条例》

第七条 用人单位自用工之日起满一年未与劳动者订立书面劳动合同的，自用工之日起满一个月的次日至满一年的前一日应当依照劳动合同法第八十二条的规定向劳动者每月支付两倍的工资，并视为自用工之日起满一年的当日已经与劳动者订立无固定期限劳动合同，应当立即与劳动者补订书面劳动合同。

专家解析

关于未签订劳动合同二倍工资的计算标准，通常应以对应月份正常工作时间内的应得工资为计算基数。考虑到二倍工资具有惩罚性质，又不能完全等同于劳动者的劳动报酬，因此在实践中，应得工资的范围应当限定为经用人单位与劳动者协商确定的较为固定的工资数额，不固定的提成收入、随机发放的奖金等不应计算在内。

101. 用人单位未通知工会可否单方解除劳动合同?

案例场景

周某于2012年10月9日入职顺通公司，担任水暖工，双方未签订书面劳动合同，周某月工资标准为4000元，工作期间存在值夜班的情形，顺通公司未为周某缴纳社保。2014年3月，周某与顺通公司协商签订书面劳动合同，约定劳动合同期限为三年，周某月工资标准调整为5000元，公司每月为其缴纳社保，周某每年享受五天的带薪休假。2017年3月，双方劳动合同到期后，续签劳动合同，约定劳动合同期限为三年，周某月工资标准调整为6000元。2019年2月20日，顺通公司以周某未经请假程序无故旷工为由对周某作出罚款500元的决定。周某不服该处罚决定，在与公司人事经理交涉无果后离开公司。2019年2月23日，顺通公司在未通知工会的情况下，以周某旷工、严重违反公司管理制度为由，与周某解除劳动合同。周某主张顺通公司在未通知工会的情况下，违法解除劳动合同，要求顺通公司向其支付2012年10月至2019年2月值夜班延时加班工资、未签订劳动合同二倍工资差额、违法解除劳动合同赔偿金。用人单位未通知工会可否单方解除劳动合同?

依法分析

用人单位依据《劳动合同法》第三十九条、第四十条规定解除劳动合同，属于合法解除劳动合同，在合法解除劳动合同的情况下，用人单位未事先将解除理由通知工会的，属于程序性瑕疵，并未构成《劳动合同法》第八十七条规定的违法解除劳动合同，但需要在起诉前补正有关程序，否则仍构成违法解除劳动合同，需要向劳动者支付赔偿金。就前述案例而言，如果周某存在严重违反公司规章制度的行为，顺通公司以此解除劳动合同，属于合法解除劳动合同，虽未事先将解除理由通知工会，但仍可以在起诉前采取补正措施。

相关规定

《最高人民法院关于审理劳动争议案件适用法律问题的解释（一）》

第四十七条 建立了工会组织的用人单位解除劳动合同符合劳动合同法第三十九条、第四十条规定，但未按照劳动合同法第四十三条规定事先通知工会，劳动者以用人单位违法解除劳动合同为由请求用人单位支付赔偿金的，人民法院应予支持，但起诉前用人单位已经补正有关程序的除外。

专家解析

用人单位解除劳动合同时应当通知工会，不能简单地理解为作出通知行为即可。用人单位需要事先将解除理由告知工会，如果工会认为用人单位解除合同行为存在违反法律规定或有关合同内容的情形，要求用人单位认真研究决定的，用人单位需要根据工会的意见作出相应处理，并将处理结果通知工会。在把握用人单位作出补正行为的时间点时，也不能机械地理解为仅限于起诉之前，用人单位在劳动仲裁前和仲裁中均可以作出补正行为。

102. 用人单位能否单方变更工作地点？

案例场景

陈某于2017年6月15日入职摩天建筑公司，该公司主营业务为工程建设，双方签订了期限为2017年6月15日至2020年6月14日的固定期限劳动合同，合同约定陈某工作岗位为资料管理员，工作地点为平原市，月工资标准为7000元，同时约定陈某在工作期间需遵守公司各项规章制度。陈某入职后被安排到平原市通天大厦建筑项目部工作，工作期间，由项目部提供上下班的班车。2019 年 4 月 5 日通天大厦建筑工程施工完毕后，摩天建筑公司通知陈某回总部档案室工作。2019 年 8 月 12 日，摩天建筑公司安排陈某到相邻的高原市天涯项目部从事采购工作，陈某认为该项目地点距离其住处较远，不同意公司安排，仍在总部上班。2019 年 8 月 19 日，摩天建筑公司以陈某未履行请假手续，无故旷工，且拒绝服从公司安排造成恶劣影响，已严重违反公司规章制度为由与陈某解除劳动合同。陈某认为公司违法解除劳动合同，应向其支付赔偿金。用人单位未与劳动者协商，能否单方变更工作地点?

依法分析

依据《劳动合同法》第三十五条的规定，用人单位与劳动者协商一致可以变更劳动合同内容。对单方变更行为该条文未进行明确规定，换言之，现行法律未明确规定单方变更劳动合同内容的效力。就前述案例而言，用人单位是否可以单方变更工作地点、该变更行为是否具有效力，笔者认为需要从以下两个方面进行分析：一是用人单位单方变更工作地点是否导致劳动合同目的难以实现，如果用人单位单方面变更劳动者的工作地点，导致劳动者通勤时间大幅增加，上班成本亦随之提高，则会有碍劳动合同目的的实现。前述案例中，公司安排陈某到高原市天涯项目部工作，调整后的工作地点与陈某原工作地点分属不同的城市，应视为对陈某的通勤时间造成严重影响，可以认定公司变更工作地点已影响到双方订立劳动合同目的的实现。二是用人单位变更工作地点是否具有正当性。前述案例中，摩天建筑公司主营业务为工程建设，其业务内容决定了相关工作人员工作地点需要随项目而变动，但这种变动因员工工作性质的差异亦应有所限制。依据双方签订的劳动合同，陈某工作岗位为资料管理员，工作地点为平原市，其工作岗位不同于建筑工人，工作地点较为固定，公司调整其工作地点和工作岗位均超出陈某的合理预期，缺乏正当性。综上，摩天建筑公司在未与陈某沟通协商的情况下，不应单方变更陈某的工作地点。

相关规定

《中华人民共和国劳动合同法》

第十七条 劳动合同应当具备以下条款：

（一）用人单位的名称、住所和法定代表人或者主要负责人；

（二）劳动者的姓名、住址和居民身份证或者其他有效身份证件号码；

（三）劳动合同期限；

（四）工作内容和工作地点；

（五）工作时间和休息休假；

（六）劳动报酬；

（七）社会保险；

（八）劳动保护、劳动条件和职业危害防护；

（九）法律、法规规定应当纳入劳动合同的其他事项。

劳动合同除前款规定的必备条款外，用人单位与劳动者可以约定试用期、培训、保守秘密、补充保险和福利待遇等其他事项。

第三十五条　用人单位与劳动者协商一致，可以变更劳动合同约定的内容。变更劳动合同，应当采用书面形式。

变更后的劳动合同文本由用人单位和劳动者各执一份。

专家解析

实践中，因市场环境变化和用人单位自身情况变动，用人单位可能会根据生产经营需要调整劳动者的工作地点。对于用人单位单方变更工作地点的行为是否具有合同效力，应从是否有碍劳动合同目的的实现、是否属于用人单位出于经营需要而作出的必要调整等方面进行综合考量。如果用人单位单方调整劳动者的工作地点确有其合理性和正当性，则劳动者应服从相关安排。

103. 劳动者与用人单位基于办理落户手续约定服务期的，能否同时约定违约金？

案例场景

高某系某知名高校环境工程专业研究生，2018年6月毕业后，入职碧水蓝天公司，担任总经理助理，双方签订书面落户协议和劳动合同。落户协议约定碧水蓝天公司为高某办理落户手续，但高某需在公司服务满五年。劳动合同约定了工作地点、工作岗位、薪酬待遇，同时约定高某在碧水蓝天公司的工作时间不低于落户协议确定的服务年限，若未满服务期提前离职，高某需向单位支付违约金，并赔偿因提前离职给公司造成的损失。具体工作时间为2018年7月2日至2023年7月1日。2019年8月，高某正式落户。2019年9月，高某在当地购买房屋，后将户籍迁至购买的房屋地址。2020年1月，高某以公司安排的工作岗位与自己职业规划不符为由，申请人事部门调整工作岗位，对高某的调岗申请公司未予处理。2020年2月14日，高某以碧水蓝天公司未提供劳动条件为由提出离职，要求公司办理离职手续。2020年4月，碧水蓝天公司向劳动人事争议仲裁委员会申请仲裁，请求裁决高某向公司支付提前离职违约金、赔偿服务期内提前离职给公司造成的损失。高某主张依据法律规定，劳动合同约定服务期的不得约定违约金条款，不同意支付违约金，其提前离职并未对公司造成实际的损失，不同意赔偿损失。劳动者与用人单位基于办理落户手续约定服务期的，能否同时约定违约金？

依法分析

实践中，部分用人单位以落户为条件与劳动者约定服务期，《劳动法》对约定服务期的情形进行限制性规定，如果用人单位与劳动者约定服务期系双方真实的意思表示，且不违背公序良俗，则双方关于服务期的约定应属有效。既然用人单位与劳动者可以约定服务期，那么双方能否就违反服务期约定的行为约定违约金？依据《劳动合同法》第二十二条的规定，劳动者违反服务期约定的，应当按照约定向用人单位支付违约金。但此处的违约金仅针对该条第一款规定的用人单位基于为劳动者提供专项培训费用，对其进行专业技术培训而约定服务期的情形。笔者认为，依据该法第二十五条的规定，除基于培训约定服务期及竞业限制这两种情形可以约定违约金外，用人单位与劳动者因办理落户约定服务期的，一般不得与劳动者约定由劳动者承担违约金。

相关规定

《中华人民共和国劳动合同法》

第二十二条　用人单位为劳动者提供专项培训费用，对其进行专业技术培训的，可以与该劳动者订立协议，约定服务期。

劳动者违反服务期约定的，应当按照约定向用人单位支付违约金。违约金的数额不得超过用人单位提供的培训费用。用人单位要求劳动者支付的违约金不得超过服务期尚未履行部分所应分摊的培训费用。

用人单位与劳动者约定服务期的，不影响按照正常的工资调整机制提高劳动者在服务期期间的劳动报酬。

第二十三条 用人单位与劳动者可以在劳动合同中约定保守用人单位的商业秘密和与知识产权相关的保密事项。

对负有保密义务的劳动者，用人单位可以在劳动合同或者保密协议中与劳动者约定竞业限制条款，并约定在解除或者终止劳动合同后，在竞业限制期限内按月给予劳动者经济补偿。劳动者违反竞业限制约定的，应当按照约定向用人单位支付违约金。

第二十五条 除本法第二十二条和第二十三条规定的情形外，用人单位不得与劳动者约定由劳动者承担违约金。

专家解析

用人单位与劳动者就办理落户约定服务期，虽然双方不能直接约定违约金，但若劳动者违反诚实信用原则给用人单位造成损失的，劳动者应当对用人单位进行赔偿。对于是否存在损失及损失大小，则用人单位负有举证责任，如果用人单位无法证明其实际损失的，可以通过综合考虑劳动者尚未履行的服务期年限、在职期间薪酬待遇等因素来确定具体损失。

104. 用人单位以劳动者严重违反规章制度为由解除劳动合同的，应如何理解和认定"严重违反规章制度"？

案例场景

冯某于2019年11月15日入职软件开发公司，双方签订固定期限劳动合同，约定冯某担任开发工程师岗位工作，合同期限自2019年11月15日起至

2022年11月14日止，试用期至2020年2月14日止，月工资标准为12000元，试用期工资按标准工资的80%发放，每月15日前支付上月工资。劳动合同中还约定冯某需遵守员工手册、绩效考核规则等公司规章制度。2020年2月，软件开发公司安排全体员工居家办公，每日通过公司微信办公群发布工作任务，同时规定居家办公期间员工需按时打卡上下班，无故旷工三天及以上视为严重违反公司规章制度，公司有权解除劳动合同。居家办公期间，冯某按部门领导要求完成相关工作，但因疏忽存在打卡不规范的情形。2020年3月27日，软件开发公司以冯某无故旷工，严重违反公司规章制度为由与其解除劳动合同。冯某主张其居家办公期间按时完成公司分配工作任务，虽有几次忘记打卡，但不存在旷工行为，公司与其解除劳动合同违反法律规定，应当对其进行经济赔偿。用人单位以劳动者严重违反规章制度为由解除劳动合同，应如何理解和认定“严重违反规章制度”？

依法分析

依据《劳动合同法》第三十九条的规定，严重违反用人单位的规章制度的，用人单位可以解除劳动合同。实践中，用人单位制定的规章制度不可能完善到规范劳动者方方面面的行为，在此种情形下，需要根据个案实际情况，从劳动者从事工作岗位的特点、劳动者行为对用人单位产生的影响等方面综合来判断劳动者的行为是否构成严重违反规章制度。就前述案例而言，软件开发公司主张冯某存在旷工行为，如果仅从上下班打卡情况来看，冯某确实存在忘打卡的情形，但忘打卡并不代表未按时上班，且冯某在居家办公期间已按部门领导要求完成相关工作，仅因其打卡不规范即认定存在旷工行为，进而以其严重违反公司规章制度为由解除劳动合同应属不妥。

相关规定

《中华人民共和国劳动合同法》

第三十九条 劳动者有下列情形之一的，用人单位可以解除劳动合同：

（一）在试用期间被证明不符合录用条件的；

（二）严重违反用人单位的规章制度的；

（三）严重失职，营私舞弊，给用人单位造成重大损害的；

（四）劳动者同时与其他用人单位建立劳动关系，对完成本单位的工作任务造成严重影响，或者经用人单位提出，拒不改正的；

（五）因本法第二十六条第一款第一项规定的情形致使劳动合同无效的；

（六）被依法追究刑事责任的。

专家解析

根据前述《劳动合同法》的相关规定，劳动者严重违反用人单位的规章制度的，用人单位可以解除劳动合同，但如果用人单位制定的规章制度过于严苛或违背公序良俗，则相关条款不能作为规范劳动者行为的依据。实践中，存在用人单位未制定规章制度或者制定的规章制度内容比较简单的情形，在此种情况下，如果劳动者的行为严重违反劳动纪律或者职业道德，用人单位亦可据此与劳动者解除劳动合同。

105. 如何理解用人单位未及时足额支付劳动报酬?

案例场景

曹某于2020年6月1日与影视制作公司签订劳动合同，其担任活动策划岗位工作，劳动合同期限为2020年6月1日至2021年5月31日，双方约定曹某月工资标准为5000元，每月15日以银行转账形式支付上月工资。影视制作公司分别于2020年7月17日、2020年8月19日、2020年9月18日、2020年10月19日向曹某发放工资。曹某认为影视制作公司每月都没有及时足额支付劳动报酬，遂于2020年10月30日与公司解除劳动合同，并要求公司向其支付经济补偿。影视制作公司不认可曹某的主张，表示公司个别月份因财务核算和银行发放流程的问题确实存在推迟几日发放工资的情况，但公司没有恶意拖欠曹某工资，曹某工作期间的工资均已足额支付。因影视制作公司不同意支付经济补偿，曹某遂向当地劳动仲裁机构申请仲裁。实践中，应当如何理解用人单位未及时足额支付劳动报酬?

依法分析

依据《劳动合同法》第三十八条第一款第二项的规定，用人单位未及时足额支付劳动报酬的，劳动者可以解除劳动合同，并可依据该法第四十六条的规定，要求用人单位支付经济补偿。《劳动法》第九十一条也规定，用人单位克扣或者无故拖欠劳动者工资的，由劳动行政部门责令支付劳动者的工资报酬、经济补偿，并可以责令支付赔偿金。如何理解用人单位未及时足额支付工资或无故拖欠工资，笔者认为，若用人单位无正当理由超过规定支付劳动报酬的时间未支付劳动者工资的，可以视为未及时支付或无故拖欠工资。如果用人单位主观上并未恶意拖欠劳动者报酬，且未超过合理期限已足额支付劳动者报酬的，在此种情形下，则不宜要求用人单位支付经济补偿。就前述案例而言，影视制作公司虽然确实存在迟延几日支付曹某工资的情况，但在当月已经足额发放，根据其迟延发放的期限及已足额发放的事实，不宜认定影视制作公司存在未及时足额支付劳动报酬的情形。

相关规定

《中华人民共和国劳动法》

第五十条　工资应当以货币形式按月支付给劳动者本人。不得克扣或者无故拖欠劳动者的工资。

第九十一条　用人单位有下列侵害劳动者合法权益情形之一的，由劳动行政部门责令支付劳动者的工资报酬、经济补偿，并可以责令支付赔偿金：

（一）克扣或者无故拖欠劳动者工资的；

（二）拒不支付劳动者延长工作时间工资报酬的；

（三）低于当地最低工资标准支付劳动者工资的；

（四）解除劳动合同后，未依照本法规定给予劳动者经济补偿的。

《中华人民共和国劳动合同法》

第三十八条　用人单位有下列情形之一的，劳动者可以解除劳动合同：

（一）未按照劳动合同约定提供劳动保护或者劳动条件的；

（二）未及时足额支付劳动报酬的；

（三）未依法为劳动者缴纳社会保险费的；

（四）用人单位的规章制度违反法律、法规的规定，损害劳动者权益的；

（五）因本法第二十六条第一款规定的情形致使劳动合同无效的；

（六）法律、行政法规规定劳动者可以解除劳动合同的其他情形。

用人单位以暴力、威胁或者非法限制人身自由的手段强迫劳动者劳动的，或者用人单位违章指挥、强令冒险作业危及劳动者人身安全的，劳动者可以立即解除劳动合同，不需事先告知用人单位。

专家解析

实践中，用人单位因生产经营困难等客观原因无法及时足额支付劳动者工资的，如果用人单位已经向劳动者说明情况并经工会或者职工代表协商一致，可以在合理期限内延期支付工资。除此之外，劳动者与用人单位如果就劳动者工资构成、是否需支付加班工资及未休年休假工资等存在争议，导致用人单位未能及时足额支付工资的，用人单位主观上若不存在无故拖欠工资的恶意，也不宜认定用人单位属于《劳动合同法》第三十八条所规定的未及时足额支付劳动报酬的情形。

第六章　侵权责任法律知识

106. 劳动者在履行职务过程中致人损害后，是否需要承担赔偿责任？

案例场景

马小跑在口口香餐饮公司从事外卖送餐服务，2021年5月10日上午，公司安排马小跑到中心小学送外卖，马小跑驾驶电动车行至康庄大道与幸福街交会路口时因刹车不及时与牛大力驾驶的电动车发生碰撞，事故造成牛大力骨折。后经公安局交警支队事故处理大队认定并作出事故认定书，认定马小跑为电动车所有人，对交通事故承担全部责任。后经协商，马小跑赔偿牛大力医疗费5000元。马小跑认为其系在履行职务过程中致牛大力人身损害，应当由口口香餐饮公司承担损失。经与公司协商未能达成一致意见，后马小跑将口口香餐饮公司起诉至法院，要求承担赔偿责任。劳动者在履行职务过程中致人损害后，是否需要承担赔偿责任？

依法分析

依据《民法典》第一千一百九十一条的规定，用人单位的工作人员因执行工作任务造成他人损害的，由用人单位承担侵权责任。用人单位承担侵权责任后，可以向有故意或者重大过失的工作人员追偿。就前述案例而言，马小跑系受口口香餐饮公司安排从事送餐服务途中与牛大力发生交通事故，造成牛大力骨折，符合因执行工作任务造成他人损害的情形，产生的法律后果应由口口香餐饮公司承担。马小跑虽被认定对交通事故负全部责任，但其主观上应属过失，无发生交通事故的主观故意，也不属于重大过失行为，不应承担侵权责任。

相关规定

《中华人民共和国民法典》

第一千一百六十五条 行为人因过错侵害他人民事权益造成损害的，应当承担侵权责任。

依照法律规定推定行为人有过错，其不能证明自己没有过错的，应当承担侵权责任。

第一千一百九十一条 用人单位的工作人员因执行工作任务造成他人损害的，由用人单位承担侵权责任。用人单位承担侵权责任后，可以向有故意或者重大过失的工作人员追偿。

劳务派遣期间，被派遣的工作人员因执行工作任务造成他人损害的，由接受劳务派遣的用工单位承担侵权责任；劳务派遣单位有过错的，承担相应的责任。

专家解析

依据前述《民法典》的规定，用人单位对劳动者因职务行为造成他人损害的应承担侵权责任，实践中，用人单位与劳动者往往就劳动者是否系因职务行为导致他人损害存在争议。对于劳动者的行为是个人行为还是职务行为，可以从以下几个方面进行判断：一是劳动者的行为是否有用人单位的授权；二是劳动者的行为是否发生在工作时间和工作场所；三是劳动者的行为是否以经营者的名义或身份实施；四是劳动者的行为是否与其职务有内在联系，如劳动者实施的行为是否为了满足工作需要。

107. 因被监护人行为造成他人人身损害，监护人责任如何认定？

案例场景

陶陶今年八岁，在和美家园附属小学读二年级，陶陶的家就在和美家园小区，平时写完作业，爷爷都会带着陶陶到小区广场和其他孩子一起玩。2021年暑假的一天，陶陶写完作业后，骑自行车跟爷爷来到小区广场，看到好朋友闹闹也在广场骑自行车，两人就骑车在广场上追逐起来。由于刚下过雨，刹车不及时，致使陶陶的自行车与从超市买菜回家的李大爷正面相撞，李大爷被撞后摔倒在地，陶陶也从自行车上摔了下来。闹闹见状后扔下自行车先去问陶陶有没有事，陶陶爬起来说自己没有事，两个人又去看李大爷，李大爷说自己的右胳膊可能骨折了，不能动了，陶陶就让闹闹去喊爷爷过来。陶陶的爷爷了解情况后及时拨打了120急救电话，送李大爷到医院检查，后经检查，李大爷右胳膊骨折，花费4000元，陶陶的爷爷垫付了相关费用。陶陶的爸爸得知陶陶撞人后，抱怨陶陶爷爷没有看好陶陶，陶陶爷爷听了后声称陶陶以后的事情他再也不管了。李大爷后续检查和康复又花费了2000元，拿着发票去找陶陶爷爷，陶陶爷爷告诉李大爷陶陶的事情他不管了，李大爷可以去找陶陶爸爸，医药费用本来就该陶陶爸爸负担。因被监护人行为造成他人人身损害，监护人责任应如何认定？

依法分析

依据《民法典》第一千一百八十八条的规定，无民事行为能力人、限制民事行为能力人造成他人损害的，由监护人承担侵权责任。监护人尽到监护职责的，可以减轻其侵权责任。就前述案例而言，陶陶年满八周岁，属于限制民事行为能力人，其父母为其监护人，陶陶因骑车造成李大爷人身损害，陶陶的父母依据前述法律规定应当承担侵权责任。如果陶陶的父母和爷爷约定将陶陶的监护职责委托给爷爷，这种约定是一种合同关系，原则上合同当事人之间的约定不能对第三人发生效力。在这种情况下，陶陶的父母对陶陶造成他人损害的行为仍应当承担侵权责任，陶陶的爷爷在履行监护职责的过程中有过错的，承担相应的责任。

相关规定

《中华人民共和国民法典》

第一千一百八十八条 无民事行为能力人、限制民事行为能力人造成他人损害的，由监护人承担侵权责任。监护人尽到监护职责的，可以减轻其侵权责任。

有财产的无民事行为能力人、限制民事行为能力人造成他人损害的，从本人财产中支付赔偿费用；不足部分，由监护人赔偿。

第一千一百八十九条 无民事行为能力人、限制民事行为能力人造成他人损害，监护人将监护职责委托给他人的，监护人应当承担侵权责任；受托人有过错的，承担相应的责任。

专家解析

因被监护人对他人造成损害而由监护人承担侵权责任，属于一类严格归责的特殊侵权责任。依据《民法典》的规定，监护人尽到监护责任的，可以适当减轻其侵权责任。监护人的监护责任主要是代理被监护人实施民事法律行为，保护被监护人的人身权利、财产权利及其他合法权益等。未成年人的监护人履行监护职责，在作出与被监护人利益相关的决定时，应当根据被监护人的年龄和智力状况，尊重被监护人的真实意愿。

108. 雇员在从事雇佣活动中遭受人身损害，能否向雇主主张赔偿？

案例场景

洪某家所在的地区连下了几场大雨，自建的二层楼房房顶有些漏水，就找了同村的泥瓦匠丁某来维修。双方约定工期三天，丁某每日人工费为200元，洪某自己负责采买物料。丁某在洪某家房顶铺设防水材料时，脚下打滑从二楼摔了下来。后被送到医院治疗，被诊断为左跟骨粉碎性骨折、左脚踝关节韧带损伤，住院治疗五天，共支出医疗费4000元。洪某为丁某预交了2000元医疗费后未再支付任何费用。丁某出院后找到洪某，要求其支付医疗费、误工费、营养费，洪某表示自己已经负担一部分医疗费用，不同意再支付其他的费用，丁某是自己在维修作业中没有做好安全防护工作才导致受伤，存在明显过错，应自行承担相应的责任。雇员在从事雇佣活动中遭受人身损害，能否主张由雇主进行赔偿?

依法分析

依据《民法典》侵权责任编的相关规定，雇员在从事雇佣活动中因自身行为遭受人身损害的，应根据雇员和雇主双方各自的过错承担相应的责任，如果系因第三人造成雇员人身损害的，雇员可以请求第三人承担赔偿责任，也可以请求雇主承担赔偿责任，雇主承担责任后可以向第三人追偿。就前述案例而言，洪某雇用丁某维修房屋，其作为雇主在丁某维修作业期间未能尽到安全监管义务，致使丁某遭受人身损害，应当承担主要的赔偿责任。同时，丁某自身未做好安全防护工作，未尽到应有的安全注意义务，对损害的发生存在一定过错，也应承担相应的责任。

相关规定

《中华人民共和国民法典》

第一千一百九十二条　个人之间形成劳务关系，提供劳务一方因劳务造成他人损害的，由接受劳务一方承担侵权责任。接受劳务一方承担侵权责任后，可以向有故意或者重大过失的提供劳务一方追偿。提供劳务一方因劳务受到损害的，根据双方各自的过错承担相应的责任。

提供劳务期间，因第三人的行为造成提供劳务一方损害的，提供劳务一方有权请求第三人承担侵权责任，也有权请求接受劳务一方给予补偿。接受劳务一方补偿后，可以向第三人追偿。

专家解析

在提供劳务受害责任纠纷中，如果涉及多个侵权人，应当根据各方过错程度按比例承担赔偿责任。受害人遭受人身损害，因就医治疗支出的各项费用以及因误工减少的收入，主要包括医疗费、误工费、护理费、交通费、住宿费、住院伙食补助费、必要的营养费等，就上述费用，赔偿义务人应当予以赔偿。

109. 劳务派遣工作人员侵权责任纠纷中雇主责任如何认定？

案例场景

赵某经朋友介绍入职某酒店从事餐厅服务员工作，赵某入职后经酒店安排与某劳务派遣公司签订劳动合同。某日，赵某在为顾客服务的过程中，不慎将顾客自带的一瓶高档白酒打碎，顾客要求赵某进行赔偿。赵某找到经理进行处理，经过协商，顾客同意赵某按照该瓶酒市场销售价格的50%赔偿，酒店赔偿20%。后赵某把事情经过告诉了朋友，朋友告诉赵某在这种情况下应该由酒店进行赔偿，赵某无须承担赔偿责任。后赵某找到酒店要求支付其赔偿顾客的价款，酒店告知赵某自己也是受害方，让赵某去找劳务派遣公司索要价款。赵某找到劳务派遣公司要求进行赔偿，劳务派遣公司拒绝赔偿赵某损失，表示自己不清楚事实经过，平时赵某也不接受其管理，酒店是用工方，赵某应该去找酒店索要赔偿款。赵某在向酒店和劳务派遣公司索要赔偿款无果后，将两家公司起诉到了法院。劳务派遣工作人员侵权责任纠纷中雇主责任应如何认定？

依法分析

从《劳动合同法》的相关规定来看，劳务派遣单位是劳动法上的用人单位，属于雇主，接受以劳务派遣形式用工的单位为用工单位。根据《民法典》侵权责任编的相关规定，劳动者在派遣期间，因履行工作职责造成他人损害的，由接受劳务派遣的用工单位承担侵权责任，如果劳务派遣单位存在过错，需承担相应的补充责任。就前述案例而言，赵某系因执行工作任务而造成顾客财产损失，应当由用工单位酒店承担侵权责任，劳务派遣单位在该起事件中并无过错，不应承担赔偿责任。

相关规定

《中华人民共和国民法典》

第一千一百九十一条 用人单位的工作人员因执行工作任务造成他人损害的，由用人单位承担侵权责任。用人单位承担侵权责任后，可以向有故意或者重大过失的工作人员追偿。

劳务派遣期间，被派遣的工作人员因执行工作任务造成他人损害的，由接受劳务派遣的用工单位承担侵权责任；劳务派遣单位有过错的，承担相应的责任。

专家解析

在劳务派遣工作人员侵权责任纠纷中，用工单位承担无过错责任，劳务派遣公司承担过错推定责任，如果劳务派遣单位在选任劳动者上存在过错，且该过错与劳动者的侵权行为之间有直接关系，则劳务派遣公司需要承担与其过错相当的侵权责任。

110. 网络服务提供者承担连带责任的范围如何认定?

案例场景

冯某和陈某分手后，认为是陈某的同学卫某插足才导致其与陈某分手，因为其在分手的第二天就撞见陈某和卫某一同进入某高档酒店。冯某觉得难以咽下这口气，就开始创作以卫某为原型的小说，将其塑造为第三者的形象。某日，冯某的好友蒋某看到冯某创作的小说后，觉得很有故事性，就让冯某将电子稿发给自己，冯某告诉蒋某只可自己阅读，不能外传。后蒋某将小说刊载到了当地知名论坛，阅读量很高。卫某的朋友看到小说后告知了卫某，卫某当即与论坛经营者褚某交涉，要求其删除相关文章，褚某表示要进行核实。几日后，褚某告知卫某其举报的事情证据不足，不能认定论坛刊载的该小说存在侵害其名誉的内容，卫某需要提供相关证据或者通过其他途径来解决，并在论坛首页对小说做了重点推荐。与褚某沟通未果后卫某又找到冯某，要求其删除文章，冯某表示自己并不知情，论坛的刊载行为与其无关，且该刊载行为也侵犯了自己的利益。卫某在与褚某、冯某协商无果后，向法院提起诉讼。如果论坛经营者褚某需要对刊载行为承担连带责任，承担连带责任的范围应如何认定?

依法分析

实践中，网络用户利用互联网发布不实信息损害他人民事权益的现象屡见不鲜。依据《民法典》侵权责任编的相关规定，网络用户利用网络服务实施侵权行为，网络服务提供者被权利人通知后，未及时采取必要措施，需要对损害的扩大部分与网络用户承担连带责任。网络服务提供者明知网络用户利用其网络服务侵害他人民事权益，未采取必要措施的，与该网络用户承担连带责任。网络用户利用网络服务实施的侵权行为既包括侵害著作权的行为，也包括侵害其他民事权益的行为，《民法典》对这两类民事权益的保护采用了同一标准。就前述案例而言，褚某经营的论坛存在刊载侵害卫某名誉权的小说，在卫某告知其存在侵权行为后，褚某未采取必要措施，同时又在论坛首页重点推荐该小说，导致对卫某的侵害进一步扩大，需要承担连带侵权责任。褚某刊载小说的行为未经冯某同意，若冯某要求褚某停止刊载行为后褚某继续进行刊载，亦需就其侵权行为承担连带责任。

相关规定

《中华人民共和国民法典》

第一千一百九十四条 网络用户、网络服务提供者利用网络侵害他人民事权益的，应当承担侵权责任。法律另有规定的，依照其规定。

第一千一百九十五条 网络用户利用网络服务实施侵权行为的，权利人有权通知网络服务提供者采取删除、屏蔽、断开链接等必要措施。通知应当包括构成侵权的初步证据及权利人的真实身份信息。

网络服务提供者接到通知后，应当及时将该通知转送相关网络用户，并根据构成侵权的初步证据和服务类型采取必要措施；未及时采取必要措施的，对损害的扩大部分与该网络用户承担连带责任。

权利人因错误通知造成网络用户或者网络服务提供者损害的，应当承担侵权责任。法律另有规定的，依照其规定。

第一千一百九十六条 网络用户接到转送的通知后，可以向网络服务提供者提交不存在侵权行为的声明。声明应当包括不存在侵权行为的初步证据及网络用户的真实身份信息。

网络服务提供者接到声明后，应当将该声明转送发出通知的权利人，并告知其可以向有关部门投诉或者向人民法院提起诉讼。网络服务提供者在转送声明到达权利人后的合理期限内，未收到权利人已经投诉或者提起诉讼通知的，应当及时终止所采取的措施。

第一千一百九十七条　网络服务提供者知道或者应当知道网络用户利用其网络服务侵害他人民事权益，未采取必要措施的，与该网络用户承担连带责任。

专家解析

网络用户利用互联网实施侵权行为的，被侵权人如果能够知道实施侵权的网络用户的具体信息，可以依据前述法律规定，就网络用户和需承担连带责任的网络服务提供者一并提起诉讼。网络服务提供者承担连带责任后，可以向实施侵权行为的网络用户进行追偿。

111. 网络用户在互联网上发布内容失实的信息，是否需承担侵权责任？

案例场景

何某与吕某是高中同学，后吕某到外地读大学，毕业后回到家乡，在某镇政府办公室工作，经过多年踏踏实实的工作，被提拔为副镇长。何某有一个亲戚，家就在吕某所在的镇上，想让何某帮忙介绍到镇政府上班，于是何某找到吕某。吕某了解情况后告诉何某镇政府职务招聘都要通过公开选拔，他也不能违纪提供帮助。何某认为吕某在暗示他要帮忙就需要送礼，就又买了烟酒去找吕某，被吕某当面拒绝，并告诉何某他的行为既违反组织纪律的规定，又伤害了同学情谊。何某认为吕某在摆官威，不愿帮忙还要羞辱自己，实在气不过，就在微博上发布吕某贪污腐败的虚假信息。吕某知道后，告知何某必须立即删除不实内容，否则将要承担法律责任。何某不但没有删除，还继续发布关于吕某对其进行打击报复的虚假信息。吕某无奈，只能报警，并向法院提起诉讼。网络用户在互联网上发布内容失实的信息，是否需承担侵权责任？

依法分析

随着科技的发展，互联网越来越深刻地影响着大众的生活，网上冲浪、网上购物已经成为许多人日常生活的一部分，但互联网不是法外之地，人们在互联网上发布内容失实的信息，侵害其他人的民事权益的，也要承担侵权责任。就前述案例而言，何某因吕某不愿违反组织纪律对其请托事项行便，遂在互联网上发布不实信息，既违反《治安管理处罚法》的相关规定，亦侵犯吕某的名誉权，应当承担侵权责任。

相关规定

《中华人民共和国民法典》

第一千一百九十四条 网络用户、网络服务提供者利用网络侵害他人民事权益的，应当承担侵权责任。法律另有规定的，依照其规定。

专家解析

网络用户在互联网发布内容失实的信息，侵害他人名誉权的，存在主观过错，应当承担相应的侵权责任，被侵权人有权要求网络用户恢复名誉及消除影响，其要求消除影响的范围应当与侵权所造成不良影响的范围相当。

112. 安全保障义务的内容与限度如何确定？

案例场景

方某购买了一辆新能源汽车，到某商场经营的汽车充电站给汽车充电，在充电时不小心被充电站的电线绊倒受伤。充电站保安听到方某呼救后及时拨打了急救电话，后方某被送往医院治疗，住院半个月后出院，出院诊断为右髌骨粉碎性骨折，后经鉴定构成十级伤残，共花费医疗费 1.5 万元。方某找到商场经营者，主张自己在商场经营的充电站正常消费时受到人身损害，商场未尽到安全保障义务，应当向其赔偿医疗费、住院伙食补助费、营养费、护理费、误工费、鉴定费等损失。商场表示汽车充电站安装的充电设施符合国家标准，且在充电桩旁摆放了“有电危险”的提示，已尽到安全保障义务，不同意向方某进行赔偿。后方某向法院提起诉讼。该案例中，商场是否已经履行了安全保障义务，安全保障义务的内容与限度如何确定？

依法分析

安全保障义务主要是用于解决与直接侵权相对的间接侵权行为的责任认定问题，安全保障义务的内容应当是公众可信赖并可期待的，如果欠缺期待可能，则行为人自身须认识到危险的存在并保护自身安全，而不能要求他人负有安全保障义务。对负有安全保障义务的主体而言，其安全保障义务应当与其管理、控制能力相适应，超出合理限度范围造成的损害后果应当由受害人自行承担。就前述案例而言，商场经营的汽车充电站安装的充电设施如果符合国家标准，且已经在充电场所设置“有电危险”的提示，其保安也及时到达现场拨打急救电话，则商场已经履行了安全保障义务，方某因自身疏忽未注意到充电线而被绊倒，不属于商场的管理和控制范围，应自行承担损害后果。

相关规定

《中华人民共和国民法典》

第一千一百九十八条　宾馆、商场、银行、车站、机场、体育场馆、娱乐场所等经营场所、公共场所的经营者、管理者或者群众性活动的组织者，未尽到安全保障义务，造成他人损害的，应当承担侵权责任。

因第三人的行为造成他人损害的，由第三人承担侵权责任；经营者、管理者或者组织者未尽到安全保障义务的，承担相应的补充责任。经营者、管理者或者组织者承担补充责任后，可以向第三人追偿。

专家解析

安全保障义务的形式主要包括警示、告知、安保措施等，具体的安全保障义务内容需要结合个案来明确。需要注意的是，安全保障义务并不要求负有安全保障义务的主体做到保障不发生任何损害后果的程度，相关主体采取了合理的防范措施即可。

113. 学生受到损害能否以学校未尽到安全保障义务为由要求学校承担赔偿责任？

案例场景

范小宝和于大海是小学同班同学，两个人还是学校乐团的成员，每天放学后会一起在乐团排练一个小时。某个下午，范小宝和于大海放学后结伴去乐团排练，两人在下楼梯时互相追赶，在下到一楼的最后几个台阶时，范小宝追上了于大海，从后面轻推了一下，于大海没有站稳从楼梯上滚了下去，导致右手臂骨折。于大海受伤时并无学校老师在场，范小宝跑到排练室找到负责排练的老师，其拨打急救电话后将于大海送医救治。于大海先后在两家医院治疗，共支出医疗费 4000 元。为了维护自身合法权益，于大海将范小宝及其父母、学校作为被告起诉到法院，要求连带赔偿医疗费、护理费、营养费等共计 6000 元。针对于大海的诉请，范小宝及其父母主张，两人当时在追逐打闹，对损害后果于大海自己应当承担一部分责任；事情发生在学校，学校也应当承担赔偿责任。学校主张，事故发生时已经放学，损害结果系范小宝和于大海下楼时追逐打闹造成，学校平时在日常教学中曾多次对学生进行了安全教育，已经尽到教育管理责任，不应承担责任。该案中，学生能否以学校未尽到安全保障义务为由要求学校承担相应赔偿责任？

依法分析

依据《民法典》侵权责任编的相关规定，无民事行为能力人和限制民事行为能力人在学校受到人身损害，如果学校不能证明已尽到教育、管理职责，需要承担相应责任。学校承担的责任因具体情形不同可以分为直接责任、间接责任和补充责任。直接责任是指事故发生与学校有直接因果关系；间接责任是指造成学生人身损害的直接原因不在学校，学校在事故发生中存在某些过错或安保措施不力，客观上为事故的发生提供了条件；补充责任是指因学校以外的第三人造成学生人身损害，在事故中学校有过错的，应当承担相应的补充赔偿责任。就前述案例而言，于大海受伤虽发生在放学后，但属于参加乐团排练的时间内，范小宝和于大海在楼梯上追逐玩闹存在明显的人身危险性，学校尽管已经在平时对学生进行了安全教育，但并无老师进行制止，由此可知学校未能全面地履行管理和保护职责，应当承担相应的赔偿责任。

相关规定

《中华人民共和国民法典》

第一千二百零一条　无民事行为能力人或者限制民事行为能力人在幼儿园、学校或者其他教育机构学习、生活期间，受到幼儿园、学校或者其他教育机构以外的第三人人身损害的，由第三人承担侵权责任；幼儿园、学校或者其他教育机构未尽到管理职责的，承担相应的补充责任。幼儿园、学校或者其他教育机构承担补充责任后，可以向第三人追偿。

专家解析

学生主张其受到人身伤害系因学校未尽到安全保障义务造成的，一般由受害方承担举证责任，但对于因学校的校舍、场地或其他公共设施，以及学校提供给学生使用的学具、教育教学设备不符合国家规定的标准，或者存在明显不安全因素，造成学生人身损害的，应当由学校承担举证责任。

114. 学生因受到违纪处分而自杀身亡，能否要求学校承担赔偿责任？

案例场景

谢某系某中学初二年级学生，在参加学校组织的历史考试中，因夹带纸条被监考老师发现，按作弊处理，后监考老师将纸条交到学校教务处。次日上午，学校依据该校考试纪律的规定，决定给予谢某记过处分，并在学校张榜公布。谢某看到公布的处分信息后，向班主任老师、教务处领导作了解释，提出撤销处分的申请，但未获同意。同日下午，谢某在家中被发现自缢身亡。

谢某父母认为，学校对谢某作出相关处分决定并未通知家长，学校的处分决定给谢某造成了巨大的心理压力才导致谢某自杀身亡，应当承担赔偿责任。学校则主张，谢某违反学校考试纪律，在考试中作弊，学校依据考试纪律的规定对谢某给予相应的处分并无不当。后谢某父母以学校为被告起诉至法院。学生因受到违纪处分而自杀身亡，能否要求学校承担赔偿责任？

依法分析

依据《教育法》等相关规定，学校可以对受教育者进行处分。通常情况下，各个学校均会根据自身情况制定相关管理制度，出于保障学生受教育权和行政处分正当性的考虑，学校作出处分需要经过较为严格的审批程序，在对未成年学生作出处分后，需要将处分情况及时告知其监护人。如果学校为了追求惩戒的时效性，既未考虑作出处分行为对学生的外部压力，又未及时与家长进行沟通，使得各方错失对学生进行教育、引导的机会，则学校对造成学生自杀的后果存在一定过错，应当依法承担相应的赔偿责任。就前述案例而言，虽有谢某作弊的事实存在，但如果学校在对谢某作出记过处分时未经严格审批手续，作出处分后又未能及时通知其父母，则可以认定学校对造成谢某人身损害后果存在一定过错，应当承担赔偿责任。

相关规定

《学生伤害事故处理办法》

第九条 因下列情形之一造成的学生伤害事故，学校应当依法承担相应的责任：

……

（九）学校教师或者其他工作人员体罚或者变相体罚学生，或者在履行职责过程中违反工作要求、操作规程、职业道德或者其他有关规定的；

……

第十二条 因下列情形之一造成的学生伤害事故，学校已履行了相应职责，行为并无不当的，无法律责任：

（一）地震、雷击、台风、洪水等不可抗的自然因素造成的；

（二）来自学校外部的突发性、偶发性侵害造成的；

（三）学生有特异体质、特定疾病或者异常心理状态，学校不知道或者难于知道的；

（四）学生自杀、自伤的；

（五）在对抗性或者具有风险性的体育竞赛活动中发生意外伤害的；

（六）其他意外因素造成的。

《中华人民共和国民法典》

第一千二百条　限制民事行为能力人在学校或者其他教育机构学习、生活期间受到人身损害，学校或者其他教育机构未尽到教育、管理职责的，应当承担侵权责任。

专家解析

学校作为教育机构在对未成年学生作出处分行为时，应当认识到处分只是教育的一种手段，而不是目的。未成年学生往往心理尚未发育成熟，对外部压力的承受能力有限，这就要求学校在处分的同时做好心理辅导工作。此外，还要及时与学生家长进行沟通，共同对学生做好教育、引导工作。如果学校在作出处分行为时存在不当之处，如未经审批程序、剥夺学生申辩权等，对造成学生人身损害后果存在过错，则应当承担与其过错相应的侵权责任。

115. 外来人员在小区通行时造成身体损伤，能否要求该小区物业公司承担赔偿责任？

案例场景

顾某在某百货公司上班，平时为了节省时间，习惯穿过百货公司旁边的小区上下班。某日傍晚下起了雷阵雨，顾某穿着雨衣骑电动车从小区穿行时不慎摔倒受伤。路过的行人发现顾某受伤后，拨打了急救电话，之后顾某被送往医院救治，诊断结果为右踝关节骨折，为治疗和康复共花费 4 万余元，后经鉴定，顾某被评定为伤残十级。顾某找到该小区物业公司要求赔偿其医疗费、后续治疗费、精神抚慰金等。小区物业公司认为当天下雨后路面湿滑，为避免行人摔伤，保安已经提前在小区出入口、内部道路旁摆放多处提示标牌，提醒行人“雨天路滑，注意安全”，已经尽到安全保障义务。顾某系自己骑电动车不慎摔伤，与物业公司无关，物业公司无须承担赔偿责任。外来人员在小区通行时造成身体损伤，能否要求该小区物业公司承担赔偿责任？

依法分析

依据《民法典》侵权责任编的相关规定，宾馆、商场、银行、车站等公共场所的管理者、经营者未尽到安全保障义务，造成他人损害的后果的，应当承担侵权责任。住宅小区除生活在其中的业主外，通常还有其他人员在小区活动，使得住宅小区具有公共场所的属性，前述法律关于安全保障义务的规定亦适用小区物业公司。小区物业公司的安全保障义务包括配备保安人员、建立保安制度、在服务区域设置安全设施等。如果小区物业公司未尽到安全保障义务，造成他人损害后果的，应当承担侵权责任。就前述案例而言，小区物业公司针对雨天路面湿滑的情况，已经提前在小区出入口、通行的道路旁等比较醒目的地方摆放了提示标牌，履行了相应的安全保障义务，同时，作为普通人，雨天路面湿滑容易摔倒应该是基本常识，顾某在雨天骑电动车从小区通行时，应当有基本的自我保护的注意义务。基于此，顾某要求物业公司承担侵权责任缺乏事实根据和法律依据。

相关规定

《中华人民共和国民法典》

第一千一百九十八条 宾馆、商场、银行、车站、机场、体育场馆、娱乐场所等经营场所、公共场所的经营者、管理者或者群众性活动的组织者，未尽到安全保障义务，造成他人损害的，应当承担侵权责任。

因第三人的行为造成他人损害的，由第三人承担侵权责任；经营者、管理者或者组织者未尽到安全保障义务的，承担相应的补充责任。经营者、管理者或者组织者承担补充责任后，可以向第三人追偿。

专家解析

小区物业公司的安全保障义务，从法律意义上来讲是一种行为义务，而非结果义务。物业公司的安全保障义务应当是为物业使用提供方便安全的条件，对物业服务区域内的公共安全提供防范性服务。这种防范性服务不是完全保证小区内活动的人员人身、财产安全不受损害，而是采取必要的防范措施，降低损害风险发生的可能性。

116. 商场经营者未尽到安全保障义务致使消费者受到损害，如何认定赔偿责任？

案例场景

秦小花平时工作较忙，习惯周末的时候约着朋友一起逛商场，既可以联络下感情，也可以购买些自己中意的商品。某个周末，秦小花约了好朋友陈小蕊一起到一家新开的商场购物。商场因新开业，到处都在做活动，挤满了前来购物的顾客，秦小花和陈小蕊逛了几个小时后，都买到了各自称心的商品。两个人边坐扶梯下楼边商量去哪儿吃饭，突然一个行人推着购物车从电梯上滑落，撞到了秦小花的腰部，秦小花当时虽觉得有些疼痛，但以为问题不大，在该行人道歉后就让其走了。后来吃饭时，秦小花感觉腰部越来越疼，就让陈小蕊陪着去医院做了检查，后被诊断为软组织挫伤，需要进行治疗。秦小花和陈小蕊于是回到商场，要求经营者赔偿治疗费用。商场经营者以是其他顾客造成秦小花受伤为由，拒绝承担赔偿责任。秦小花表示自己已经找不到把她撞伤的顾客，商场有责任保障经营环境的安全，应当对其所受损害进行赔偿。商场经营者未尽到安全保障义务致使消费者受到损害，如何认定赔偿责任？

依法分析

《民法典》第一千一百九十八条明确规定，宾馆、商场和银行等公共场所的管理人员、经营者在其经营场所内未对消费者和其他进入经营场所的人员的人身安全、财产安全在合理限度范围内尽到安全保障义务，造成相关人员人身损害的，应当承担侵权责任。法律规定公共场所管理人员、经营者安全保障义务的目的在于避免客人的人身、财产遭受损害。就前述案例而言，商场作为经营者，对推着购物车上扶梯可能造成的危险后果应当是知晓的，但并未进行制止或及时采取相应措施避免可能发生的损害，应当认定商场在安全保障方面存在瑕疵，应对秦小花的受伤承担补充赔偿责任。

相关规定

《中华人民共和国民法典》

第一千一百九十八条 宾馆、商场、银行、车站、机场、体育场馆、娱乐场所等经营场所、公共场所的经营者、管理者或者群众性活动的组织者，未尽到安全保障义务，造成他人损害的，应当承担侵权责任。

因第三人的行为造成他人损害的，由第三人承担侵权责任；经营者、管理者或者组织者未尽到安全保障义务的，承担相应的补充责任。经营者、管理者或者组织者承担补充责任后，可以向第三人追偿。

专家解析

安全保障义务并非让经营者承担绝对的义务，经营者承担安全保障义务应在合理限度范围内。何谓合理限度范围，可以从以下几个方面来进行考量：一是法定的标准，如果法律法规对安全保障的内容作了明确规定，应当依据法律法规的规定来判断义务人是否尽到了安全保障义务；二是约定的标准，如果当事人在合同中约定了一方对另一方负有安全保障义务，义务人是否尽到合理的保障义务，就需要根据合同的约定来进行判断；三是理性人的标准，如果法律法规未对安全保障义务进行明确规定，就需要安全保障义务人以理性人应当具有的注意义务来保障相关人员的人身、财产安全免受侵害。

117. 消费者主张食品十倍惩罚性赔偿是否需要以存在损害结果为必要条件？

案例场景

邵某在某超市购买某品牌大枣4袋，商品单价为36元，共计花费144元。

邵某在食用该大枣时觉得口感过于油腻，便找到某检测机构对大枣进行检测。根据检测机构作出的检验检测报告，邵某购买的大枣脂肪含量远高于该商品营养成分标注的含量。邵某认为其购买的大枣标示的脂肪含量与其实际含量严重不符，存在误导消费者的行为，且因该品牌的大枣标示的脂肪含量不真实，可能影响消费者身体健康，遂要求超市向其赔偿十倍价款。超市表示其销售的商品不存在食品安全问题，既未对邵某造成损害后果，亦不存在明知商品不符合食品安全标准仍然销售的行为，同意对邵某购买的大枣进行退款退货处理，不同意给予销售价款十倍的赔偿。消费者主张十倍惩罚性赔偿是否需要以存在损害结果为必要条件？

依法分析

实践中，消费者依据《食品安全法》的规定，向食品生产者或经营者主张惩罚性赔偿时，相关食品往往未造成消费者人身损害的后果，此种情况下，生产者或经营者多以未造成损害后果为由抗辩不承担惩罚性赔偿责任。对此，依据《最高人民法院关于审理食品安全民事纠纷案件适用法律若干问题的解释（一）》第十条的规定，生产者或者经营者以未造成消费者人身损害为由抗辩的，人民法院不予支持。就前述案例而言，超市若仅以其销售的商品未对邵某造成损害后果而主张不承担十倍价款的赔偿，将面临败诉的风险。

相关规定

《中华人民共和国食品安全法》

第一百四十八条 消费者因不符合食品安全标准的食品受到损害的，可以向经营者要求赔偿损失，也可以向生产者要求赔偿损失。接到消费者赔偿要求的生产经营者，应当实行首负责任制，先行赔付，不得推诿；属于生产者责任的，经营者赔偿后有权向生产者追偿；属于经营者责任的，生产者赔偿后有权向经营者追偿。

生产不符合食品安全标准的食品或者经营明知是不符合食品安全标准的食品，消费者除要求赔偿损失外，还可以向生产者或者经营者要求支付价款十倍或者损失三倍的赔偿金；增加赔偿的金额不足一千元的，为一千元。但是，食品的标签、说明书存在不影响食品安全且不会对消费者造成误导的瑕疵的除外。

《最高人民法院关于审理食品安全民事纠纷案件适用法律若干问题的解释（一）》

第十条 食品不符合食品安全标准，消费者主张生产者或者经营者依据食品安全法第一百四十八条第二款规定承担惩罚性赔偿责任，生产者或者经营者以未造成消费者人身损害为由抗辩的，人民法院不予支持。

专家解析

《食品安全法》第一百四十八条第二款规定的惩罚性赔偿并未要求以消费者人身或财产遭受损害为前提，且依据《消费者权益保护法》第五十五条第一款的规定，惩罚性赔偿金并未以消费者的损失作为计算标准，而是以消费者购买商品的价款或者接受服务的费用作为计算标准。上述法律规定均表明惩罚性赔偿的目的在于惩罚而非填补损害，旨在通过高额的经济惩罚来对商品销售中的欺诈违法行为进行制裁和预防。

118. 如何认定产品生产者的免责情形？

案例场景

鲁某从某摩托车销售公司购买一辆摩托车，并为该摩托车上了车牌照。2020年8月，鲁某在未取得机动车驾驶证的情况下，驾驶该摩托车外出购物，在经过路口时因闯红灯与一辆小轿车发生碰撞，造成摩托车严重受损，鲁某经医治无效死亡。后交管部门委托鉴定机构对摩托车进行鉴定，鉴定机构出具的鉴定意见认为，摩托车存在产品缺陷和质量问题。因此，交管部门认为鲁某在未取得机动车驾驶证的情况下驾驶不符合质量标准的机动车，应对事故承担主要责任。鲁某的继承人认为，摩托车生产商生产的摩托车不符合国家标准，应当对鲁某的死亡承担赔偿责任。摩托车生产商表示其生产的是经国家检验机构检验合格的产品，事故发生的主要原因是鲁某在未取得机动车驾驶证的情况下驾驶摩托车闯红灯，与其无关，其不应承担赔偿责任。鲁某的继承人因与摩托车生产商协商无果，遂向法院提起了诉讼。实践中，如何认定产品生产者的免责情形？

依法分析

产品缺陷造成人身损害的责任是一种特殊的侵权责任，在归责原则上，生产者对受害者承担无过错责任。受害人在举证时需证明产品存在缺陷，因使用缺陷产品导致人身损害，且受害人所受损害与产品缺陷存在因果关系。产品生产者若主张免责，则需举证证明产品不存在缺陷，或者其存在《产品质量法》第四十一条规定的未将产品投入流通领域，或产品投入流通时，引起损害的缺陷尚不存在等免责事由。就前述案例而言，根据鉴定机构出具的鉴定意见书，事故车存在不符合国家标准的情形，即存在产品缺陷，摩托车生产商并不存在法律规定的免责事由，其应对因摩托车存在缺陷所造成的损失承担赔偿责任。鲁某的死亡是因其闯红灯所致，故摩托车生产商应当承担部分赔偿责任。

相关规定

《中华人民共和国产品质量法》

第四十一条　因产品存在缺陷造成人身、缺陷产品以外的其他财产（以下简称他人财产）损害的，生产者应当承担赔偿责任。

生产者能够证明有下列情形之一的，不承担赔偿责任：

（一）未将产品投入流通的；

（二）产品投入流通时，引起损害的缺陷尚不存在的；

（三）将产品投入流通时的科学技术水平尚不能发现缺陷的存在的。

专家解析

产品缺陷造成人身损害时生产者的责任虽是无过错责任，但不是绝对责任，《产品质量法》第四十一条即对生产者的免责事由作了具体的规定。因产品缺陷致人损害引起的诉讼，应当由产品生产者就法律规定的免责事由承担举证责任。同时，依据《民法典》第一千二百零六条的规定，产品投入流通后发现存在缺陷的，生产者应当及时采取停止销售、警示、召回等补救措施，如果未及时采取补救措施或者补救措施不力造成损害扩大的，对扩大的损害也应当承担侵权责任。

119. 出借机动车造成他人人身损害时，出借人是否需要承担赔偿责任？

案例场景

董某与孟某是好朋友，董某名下有一辆小货车，一直停在家里闲置着。临近春节，经营水果生意的孟某想从外地拉些水果在自家店里出售，便找到董某。经过交谈，董某同意把小货车借给孟某，并叮嘱孟某一定要注意交通安全。2021 年 2 月 1 日晚 9 时左右，孟某驾驶货车从一处加油站驶出时与一辆三轮车相撞，导致三轮车驾驶员范某受伤。后经当地交管部门认定，孟某负事故的全部责任。因孟某与范某调解不成，范某便将孟某、董某和保险公司一同起诉到法院。在这起案件中，董某因出借机动车造成范某人身损害，出借人董某是否需要承担赔偿责任？

依法分析

依据《民法典》第一千二百零九条的规定，因出借机动车发生交通事故造成他人人身损害，属于机动车一方责任的，由机动车的实际使用人承担赔偿责任，如果机动车的所有人对损害的发生存在过错，则应承担相应的赔偿责任。同时，该法第一千二百一十三条规定了承保机动车强制保险的保险人、承保机动车商业保险的保险人和侵权人承担赔偿责任的先后顺序。就前述案例而言，董某虽系造成交通事故的车辆的车主，但其并非直接侵权人，如果范某不能证明董某在此次交通事故中存在过错，则车辆出借人董某无须承担赔偿责任。如果本次交通事故发生在保险公司为肇事车辆承保机动车强制保险和商业保险的保险期内，则先由保险公司对范某的损失进行赔偿，不足部分由侵权人进行赔偿。

相关规定

《中华人民共和国民法典》

第一千二百零九条 因租赁、借用等情形机动车所有人、管理人与使用人不是同一人时，发生交通事故造成损害，属于该机动车一方责任的，由机动车使用人承担赔偿责任；机动车所有人、管理人对损害的发生有过错的，承担相应的赔偿责任。

第一千二百一十三条　机动车发生交通事故造成损害，属于该机动车一方责任的，先由承保机动车强制保险的保险人在强制保险责任限额范围内予以赔偿；不足部分，由承保机动车商业保险的保险人按照保险合同的约定予以赔偿；仍然不足或者没有投保机动车商业保险的，由侵权人赔偿。

《最高人民法院关于审理道路交通事故损害赔偿案件适用法律若干问题的解释》

第一条　机动车发生交通事故造成损害，机动车所有人或者管理人有下列情形之一，人民法院应当认定其对损害的发生有过错，并适用民法典第一千二百零九条的规定确定其相应的赔偿责任：

（一）知道或者应当知道机动车存在缺陷，且该缺陷是交通事故发生原因之一的；

（二）知道或者应当知道驾驶人无驾驶资格或者未取得相应驾驶资格的；

（三）知道或者应当知道驾驶人因饮酒、服用国家管制的精神药品或者麻醉药品，或者患有妨碍安全驾驶机动车的疾病等依法不能驾驶机动车的；

（四）其它应当认定机动车所有人或者管理人有过错的。

专家解析

依据《民法典》的相关规定，机动车出借人只有在对损害的发生存在过错的情况下，才对交通事故造成的损害承担赔偿责任。对于如何判断机动车出借人是否存在过错，《最高人民法院关于审理道路交通事故损害赔偿案件适用法律若干问题的解释》第一条作了明确的规定。依据该条规定，出借人在出借机动车时，应当履行以下职责：一是检查自己的车辆是否存在影响安全行驶的故障；二是需要确认借车人是否有合法驾照，驾照的准驾车型是否与出借车辆相符合；三是需要核实借车人有无饮酒、吸毒行为或患有妨碍安全驾驶机动车的疾病。实践中，出借人在出借车辆后还要及时查询车辆是否存在违章情形，以免影响车辆年检。

120. 好意同乘情形下发生交通事故，如何认定赔偿责任？

案例场景

黄某和江某是单位同事，两人又在同一小区居住，平时上下班两人互相搭乘对方的车辆。2021年5月的一天，黄某开车载江某一起上班，车行驶到一处路口时，因黄某操作不当导致车辆侧翻，造成本人及江某受伤。事故发生后，经当地交管部门认定黄某承担事故的全部责任，江某不承担事故责任。江某为治疗共支出医疗费10万余元，便找到黄某，希望由其承担全部的费用。黄某表示自己是出于好意让江某乘车，其也不希望发生交通事故，作为同事和朋友，仅同意承担江某一部分治疗费用。江某因与黄某就赔偿协商未果，遂向法院提起诉讼，要求黄某和保险公司赔偿其因交通事故造成的损失。该案例中，黄某出于好意让江某搭乘车辆，发生交通事故后，应如何认定赔偿责任？

依法分析

好意同乘是指经驾驶人同意他人无偿搭乘其驾驶的车辆的行为，在好意同乘情形下，施以好意的车辆驾驶人员负有安全注意义务，不得损害同乘人的人身和财产权益。根据《民法典》第一千二百一十七条的规定，好意同乘时机动车发生道路交通事故，造成同乘人的人身或财产损害的，属于同乘车辆一方责任的，应当减轻赔偿义务人的赔偿责任，但机动车使用人有故意或者重大过失的除外。就前述案例而言，黄某出于好意让江某搭乘其车辆，后因其操作不当发生交通事故造成江某受伤，如果黄某的操作不当行为已达到重大过失的程度，则黄某应当承担赔偿责任，且不存在减轻赔偿责任的情形。

相关规定

《中华人民共和国民法典》

第一千一百七十三条 被侵权人对同一损害的发生或者扩大有过错的，

可以减轻侵权人的责任。

第一千一百七十四条　损害是因受害人故意造成的，行为人不承担责任。

第一千一百七十五条　损害是因第三人造成的，第三人应当承担侵权责任。

第一千二百一十七条　非营运机动车发生交通事故造成无偿搭乘人损害，属于该机动车一方责任的，应当减轻其赔偿责任，但是机动车使用人有故意或者重大过失的除外。

专家解析

好意同乘情形下，如果好意人没有过错，交通事故的发生系因不可抗力、自然灾害或意外事件造成，好意人可以免除赔偿责任。如果好意人和搭乘人员均存在过错，则应当按照双方的过错分担责任。若交通事故造成的损害后果是搭乘人故意造成的，则好意人不承担责任。

121. 当事人就医院是否存在过错申请进行鉴定，如何确定鉴定机构？

案例场景

徐某从事保洁工作，一次在打扫卫生时，不慎从楼梯台阶摔下，导致右脚受伤，后被送到某医院进行治疗。根据徐某右脚的影像学片，医生告诉徐某没有发现其右脚骨折，就开了一些口服和外敷的药物，并叮嘱徐某要在家休养一段时间。徐某遵从医嘱休养了一段时间后，发现右脚仍有疼痛，便再次来到医院进行治疗，并重新拍摄了影像学片，经诊断徐某右脚跟骨骨折。徐某认为医院在诊疗中存在过错，延误治疗，需对其进行赔偿。医院认为其诊疗行为并无过错，徐某如果认为医院在诊疗过程中存在过错，可以进行医疗鉴定。徐某同意进行鉴定，但双方就如何确定鉴定机构未达成一致意见，后徐某将医院起诉至法院，并申请对医院的诊疗行为进行鉴定。当事人就医院是否存在过错申请进行鉴定，如何确定鉴定机构？

依法分析

实践中，当事人对医院的诊疗行为是否存在过错可以申请专业鉴定机构进行鉴定，在确定鉴定机构时，患者和医院可以协商确定，协商确定鉴定机构可以在诉前启动，也可以在诉讼过程中进行。人民法院在审理医疗损害责任纠纷案件时，对于当事人申请进行医疗过错鉴定的，通常会询问当事人是否就鉴定机构的选择达成一致意见，如果未达成一致意见，则为保障鉴定过程的公正性，可以通过随机摇号的形式在人民法院编制的司法鉴定人名册范围内确定鉴定机构。

相关规定

《中华人民共和国民事诉讼法》

第七十九条　当事人可以就查明事实的专门性问题向人民法院申请鉴定。当事人申请鉴定的，由双方当事人协商确定具备资格的鉴定人；协商不成的，由人民法院指定。

当事人未申请鉴定，人民法院对专门性问题认为需要鉴定的，应当委托具备资格的鉴定人进行鉴定。

专家解析

医疗损害责任纠纷案件往往涉及医学专业问题，通过司法鉴定，可以对案件中涉及的某些专门性问题进行鉴别和判断，从而为诉讼案件的公正裁判提供科学依据。如果当事人协商一致选定的鉴定机构不在人民法院编制的司法鉴定人名册内，则人民法院应当对当事人选定的鉴定机构进行审查，经审查如果鉴定机构的鉴定资格、资质存在问题，可以要求当事人重新协商选定。

122. 鉴定机构作出的鉴定意见对法院作出责任认定是否具有必然的约束力？

案例场景

高某患有高血压、高血糖多年。2021 年 4 月 16 日，高某因胸闷、呼吸不畅，在亲友陪同下至县中心医院就诊。医生询问并作了初步检查后，认为高某患有慢性支气管炎，遂为其配了药，由护士为高某输液。在输了半瓶盐水后，高某觉得有点疼，亲属便找了医生，医生简单看了后，告诉高某这是正常现象。没过多久，高某觉得呼吸困难，医生检查后告诉家属需要到市里的医院抢救，并拨打了急救电话。半小时后，救护车赶到县中心医院，检查后发现高某已出现瞳孔扩大、神志不清症状，没过几分钟，高某心跳就停止了。高某亲属认为县中心医院在诊疗中存在过错，导致高某死亡，要求医院赔偿丧葬费、死亡赔偿金、医疗费等费用。医院认为其对高某的治疗行为并无过错，高某死亡系其自身基础疾病导致的，不同意进行赔偿。后高某亲属将县中心医院起诉至当地法院。法院受理案件后，高某亲属申请对医院的诊疗行为进行鉴定，后法院委托某鉴定机构进行医疗鉴定。2021 年 9 月 17 日，鉴定机构作出鉴定意见书，认为高某死因为心肌梗死，同时，医院在诊疗过程中对高某检查、化验不到位，输液过程中没有对高某进行必要的监测，存在医疗过失，该过失与高某的死亡之间存在一定的因果关系，医院应对高某的死亡承担次要责任。高某亲属对鉴定机构作出的医院对高某的死亡承担次要责任的鉴定意见提出异议，认为医院对高某的死亡应承担主要责任。县中心医院认可鉴定意见，同意按照鉴定意见承担赔偿责任。鉴定机构作出的鉴定意见对法院作出责任认定是否具有必然的约束力？

依法分析

在医疗损害责任纠纷案件中，针对患者主张的因医院诊疗行为不当造成其人身损害后果，通常需要鉴定医院诊疗行为是否存在过错、过错与患者的损害后果之间是否存在因果关系及原因力大小。鉴定机构作出的鉴定意见中关于责任大小的确定对于法院裁判并不必然具有约束力，法院通常会在综合考量医院在诊疗中是否尽到必要的注意义务、正常医疗情形下造成死亡结果的可能性大小及公平正义等因素后，对责任关系及责任大小作出评判。就前述案例而言，高某虽自身患有比较严重的疾病，但县中心医院在未对高某做一些基本的检查和化验的情况下，便对其进行输液，且在输液过程中未进行必要的监测，影响了对高某病情的诊断和及时救治。在此情形下，尽管鉴定机构给出医院应对高某的死亡承担次要责任的意见，法院仍应综合考虑县中心医院的过错程度、医疗过失行为在损害后果中的原因力大小等因素，依法确定县中心医院承担的赔偿责任比例。

相关规定

《最高人民法院关于民事诉讼证据的若干规定》

第四十条 当事人申请重新鉴定，存在下列情形之一的，人民法院应当准许：

（一）鉴定人不具备相应资格的；

（二）鉴定程序严重违法的；

（三）鉴定意见明显依据不足的；

（四）鉴定意见不能作为证据使用的其他情形。

存在前款第一项至第三项情形的，鉴定人已经收取的鉴定费用应当退还。拒不退还的，依照本规定第八十一条第二款的规定处理。

对鉴定意见的瑕疵，可以通过补正、补充鉴定或者补充质证、重新质证等方法解决的，人民法院不予准许重新鉴定的申请。

重新鉴定的，原鉴定意见不得作为认定案件事实的根据。

专家解析

鉴定机构作出的鉴定意见中关于诊疗行为与损害后果之间的因果关系及医务人员的过错、诊疗机构的责任大小的意见，是鉴定机构中具有医学专业背景的人员根据医院病历等材料，结合自身专业知识作出的评判，并无统一的标准。基于此，法院应对鉴定意见进行全面、客观的审核判断，在此基础上，审慎决定是否采信鉴定机构给出的鉴定意见。

123. 饲养动物造成他人动物损伤的，是否需要承担赔偿责任？

案例场景

刘某和杨某是同楼邻居，刘某饲养中华田园犬一条，杨某饲养德国牧羊犬一条。某日傍晚，杨某在小区花园遛完狗后往家走，未牵狗绳，适逢刘某出门遛狗，亦未牵狗绳，双方在电梯口附近相遇，杨某饲养的德国牧羊犬将刘某饲养的中华田园犬咬伤，经检查发现中华田园犬身上有一处伤口。随后，刘某带狗到宠物医院进行门诊治疗，诊断为大面积穿透性咬伤。刘某共支付宠物医疗费5500元，要求杨某进行赔偿。杨某和刘某在遛狗时均未牵狗绳，刘某是否可以请求赔偿？

依法分析

《民法典》侵权责任编明确规定，饲养的动物造成他人损害的，动物饲养人或者管理人应当承担侵权责任，但是，如果能够证明损害是因被侵权人故意或者重大过失造成的，可以不承担或者减轻责任。本案中，杨某饲养的德国牧羊犬将刘某饲养的中华田园犬咬伤，刘某可以要求作为饲养人的杨某承担侵权责任。同时，因刘某遛狗时未牵狗绳，未善尽看管义务，对事故的发生亦存在过失，可以减轻杨某的责任。

相关规定

《中华人民共和国民法典》

第一千二百四十五条　饲养的动物造成他人损害的，动物饲养人或者管理人应当承担侵权责任；但是，能够证明损害是因被侵权人故意或者重大过失造成的，可以不承担或者减轻责任。

第一千二百五十一条　饲养动物应当遵守法律法规，尊重社会公德，不得妨碍他人生活。

专家解析

依据《民法典》有关饲养动物损害责任的规定，饲养动物侵权需要满足三个要件：一是存在饲养动物的加害行为，二是产生损害结果，三是饲养动物的加害行为与损害结果之间有因果关系。通常情况下，被侵权人无须举证证明动物饲养人或管理人的主观过错，只需就侵权行为的存在进行举证即可。如果被侵权人存在故意或重大过失的，饲养人或管理人可以主张免除或减轻责任。

124. 饲养动物致人损害，受害人能否主张精神损害赔偿？

案例场景

某日，曹某与朋友闫某相约到郊区游玩，中午时两人找到一家餐馆就餐。就餐期间，曹某被餐馆经营人华某饲养的狗咬伤腿部，华某随即用酒精对曹某伤口进行了处理，双方就赔偿协商未果。当日，曹某在闫某陪同下到医院就诊，经检查后预约接种狂犬疫苗，曹某支付医疗服务费及药费共810元。次日，曹某再次到华某餐馆与其协商赔偿事宜，曹某要求华某向其支付医药费、误工费及精神损失费，华某表示饲养的狗已经打了狂犬疫苗，同意支付一半的医疗费，不同意支付其他费用。后曹某报警处理，某派出所民警到现场了解相关情况后，经调解未果，告知双方可以通过司法途径解决。曹某在就餐时被华某饲养的狗咬伤，能否向华某主张精神损害赔偿？

依法分析

依据《民法典》侵权责任编的规定，侵害自然人人身权益造成严重精神损害的，被侵权人有权请求精神损害赔偿。因饲养动物引发的致人损害纠纷中，受害人在主张物质损害赔偿的同时，也可以主张精神损害赔偿。在判断是否需要对受害人进行精神损害赔偿时，饲养的动物是否患有狂犬病是重要的考量因素。就前述案例而言，华某虽主张饲养的狗已经接种狂犬疫苗，但接种疫苗并不能确保百分之百有效，同时，结合狂犬病发病致死率及曹某多次与华某协商处理未果的事实，可以认定狗咬伤曹某的行为给其造成一定精神损害，曹某可以向华某主张精神损害赔偿。

相关规定

《最高人民法院关于审理人身损害赔偿案件适用法律若干问题的解释》

第一条 因生命、身体、健康遭受侵害，赔偿权利人起诉请求赔偿义务人赔偿物质损害和精神损害的，人民法院应予受理。

本条所称“赔偿权利人”，是指因侵权行为或者其他致害原因直接遭受人身损害的受害人以及死亡受害人的近亲属。

本条所称“赔偿义务人”，是指因自己或者他人的侵权行为以及其他致害原因依法应当承担民事责任的自然人、法人或者非法人组织。

《中华人民共和国民法典》

第一千一百八十三条 侵害自然人人身权益造成严重精神损害的，被侵权人有权请求精神损害赔偿。

因故意或者重大过失侵害自然人具有人身意义的特定物造成严重精神损害的，被侵权人有权请求精神损害赔偿。

专家解析

实践中，在确定精神损害赔偿的数额时，通常从侵权人的过错程度，实施侵害的手段、场合、行为方式等具体情节，侵权行为造成的后果，侵权人承担责任的经济能力及侵权行为发生地平均生活水平等方面来确定。

125. 高空抛物或坠落物造成他人损害，在难以确定具体侵权人时，如何认定赔偿责任主体?

案例场景

孙某骑车从新城小区3号楼1单元经过时，被高空坠落的花盆砸中头部受伤，后被路人送到医院救治。经检查，孙某被诊断为脑外伤、颅骨缺损、脑积水。孙某在住院治疗四个月后出院，经鉴定机构鉴定，其伤情构成九级伤残。孙某受伤后，某派出所到现场进行了调查，无法确定加害人。孙某认为新城小区 3 号楼 1 单元的居民应作为共同侵权人对其所受损害进行赔偿。3 号楼 1 单元的居民均表示不是自己造成孙某头部受伤，不同意对孙某进行赔偿。由于无法确定实际侵权人，孙某便将新城小区 3 号楼 1 单元的所有居民起诉到法院。孙某因高空坠落的花盆造成头部受伤，在难以确定具体侵权人时，如何认定赔偿责任主体？

依法分析

近年来，高空抛物致人损伤事件常见于新闻报道，这类事件往往难以认定实际的侵权人，给受害人维权造成很大的障碍。对此，《民法典》侵权责任编明确规定在难以确定具体侵权人时，除能够证明自己不是侵权人的外，由可能加害的建筑物使用人给予补偿。就前述案例而言，在无法确定实际侵权人的情况下，孙某可以向可能实施侵权行为的新城小区 3 号楼 1 单元的居民主张损害赔偿。同时，该单元楼被主张损害赔偿的居民只有在提供证据证明自己不可能实施侵权行为的情况下，才可免予承担赔偿责任。

相关规定

《中华人民共和国民法典》

第一千二百五十四条 禁止从建筑物中抛掷物品。从建筑物中抛掷物品或者从建筑物上坠落的物品造成他人损害的，由侵权人依法承担侵权责任；经调查难以确定具体侵权人的，除能够证明自己不是侵权人的外，由可能加害的建筑物使用人给予补偿。可能加害的建筑物使用人补偿后，有权向侵权人追偿。

物业服务企业等建筑物管理人应当采取必要的安全保障措施防止前款规定情形的发生；未采取必要的安全保障措施的，应当依法承担未履行安全保障义务的侵权责任。

发生本条第一款规定的情形的，公安等机关应当依法及时调查，查清责任人。

专家解析

高空抛物致人损害纠纷中，可能实施加害行为的建筑物使用人主要是指使用建筑物的所有权人、承租人及其他使用建筑物的人。实践中，有的受害人除向建筑物所有权人、承租人主张损害赔偿外，还会向物业服务企业主张侵权赔偿，如果物业服务企业实际占有、使用了建筑物，其也属于建筑物使用人，在此情况下，受害人可以向其主张损害赔偿。

126. 因紧急避险受到损害的，由此造成的损失由谁来承担？

案例场景

杜某是某客车公司的驾驶员，每天负责接送工人上下班。某日早上，杜某载着十几名工人在公路上正常行驶，对面余某驾驶的货车突然刹车失灵向其冲过来，如果两车发生碰撞，后果将不堪设想。情急之下，杜某将客车驶向路边避让，成功躲过余某驾驶的货车，但在避让的过程中撞到了骑自行车的郭某，造成郭某腿部受伤。后郭某被送到医院进行救治。郭某出院后，要求杜某赔偿其医药费、误工费等损失，杜某表示自己系因躲避余某车辆才撞伤郭某，损害的发生是余某驾车行为引起的，郭某应向余某主张损失。郭某遂找到余某要求其赔偿损失，余某也不同意支付郭某损失。无奈之下，郭某将杜某、客车公司、余某共同起诉到法院。杜某在驾驶客车时为躲避余某驾驶的货车而导致郭某受伤，郭某应向谁主张损害赔偿？

依法分析

紧急避险是指为使社会公共利益、本人或他人合法权益免受正在发生的危险，在不得已的情况下而采取的损害他人一定利益的救险行为。因紧急避险造成损害的，依据《民法典》第一百八十二条的规定，应由引起险情发生的人承担民事责任。若危险是由自然原因引起的，紧急避险人对受害人可以给予适当补偿。就前述案例而言，余某驾驶的货车因刹车失灵驶向杜某驾驶的客车，杜某为躲避余某驾驶的货车才导致郭某受伤，属于紧急避险情形，郭某所受损失应由引起险情发生的余某来承担。

相关规定

《中华人民共和国民法典》

第一百八十二条 因紧急避险造成损害的，由引起险情发生的人承担民事责任。

危险由自然原因引起的，紧急避险人不承担民事责任，可以给予适当补偿。

紧急避险采取措施不当或者超过必要的限度，造成不应有的损害的，紧急避险人应当承担适当的民事责任。

专家解析

紧急避险的目的是以损害另一法益来保护较大法益免受正在发生的危险，其构成必须符合以下条件：一是危险必须正在发生，并且威胁到社会公共利益、本人或他人的合法权益；二是必须情况紧急，除了采取避险措施没有其他方法可以避免危险；三是避险不得超过必要的限度，因采取救险行为所造成的损害必须小于不采取避险措施必然造成的损害。

第七章　创业者公司治理与风险管理法律知识

127. 公司创办时，部分股东不按约履行出资义务，其他股东如何维权？

案例场景

沉鱼、落雁、闭月、羞花四人成立了昭君贸易公司，公司注册资本为500万元，其中沉鱼出资150万元占股30%，落雁出资150万元占股30%，闭月出资100万元占股20%，羞花出资100万元占股20%。公司设立后，落雁、闭月、羞花都按约全额向昭君贸易公司履行了货币出资义务，但沉鱼迟迟没有支付出资款，经三人反复催促后，沉鱼拿出一套红木家具放到公司办公室，说该套家具价值200万元。落雁等人将信将疑，找来专家进行评估。经专家评估，这套家具仅值10万元。落雁、闭月、羞花十分生气，要求沉鱼用货币补足剩余出资，却遭到沉鱼拒绝，落雁、闭月、羞花该如何维权？

依法分析

根据《公司法》的相关规定，沉鱼对公司的出资可以用货币，也可以用能以货币估价并且可以依法转让的其他财产出资。但是本案中，经过专家评估，沉鱼提供的红木家具价值远远低于其实际的出资额，因此沉鱼应当补足其承诺的出资额的剩余部分。在公司其他股东明确要求沉鱼补足出资不实部分的情况下，沉鱼仍然不予履行，属于违约，落雁等三人有权要求沉鱼承担补缴出资的义务，沉鱼应就逾期缴纳出资的行为向落雁等三人承担违约责任。

相关规定

《中华人民共和国公司法》

第二十七条　股东可以用货币出资，也可以用实物、知识产权、土地使用权等可以用货币估价并可以依法转让的非货币财产作价出资；但是，法律、行政法规规定不得作为出资的财产除外。

对作为出资的非货币财产应当评估作价，核实财产，不得高估或者低估作价。法律、行政法规对评估作价有规定的，从其规定。

第二十八条 股东应当按期足额缴纳公司章程中规定的各自所认缴的出资额。股东以货币出资的，应当将货币出资足额存入有限责任公司在银行开设的账户；以非货币财产出资的，应当依法办理其财产权的转移手续。

股东不按照前款规定缴纳出资的，除应当向公司足额缴纳外，还应当向已按期足额缴纳出资的股东承担违约责任。

专家解析

公司在创办过程中，各合作方经济实力不尽相同，如果和不够熟悉的人共同投资创办公司，很可能遇到对方虚假出资的情况。此时，笔者建议，按约履行出资义务的股东要谨慎考虑是否继续要求该方履行出资义务。一方面，公司资产的增加的确可能带来公司业务方面的进一步扩大；但是另一方面，如果在此时仍然强行要求虚假出资的股东补缴出资，一旦虚假出资的股东补缴出资，其将正式在公司落脚。由于此时各方之间可能已经就此产生嫌隙，进而影响公司长远的运营和发展，因此在公司创办过程中，创业者要谨慎选择合作伙伴，注意考察合作伙伴的经济实力及市场诚信度，与合作伙伴签订公司创办协议时一定要注意约定清楚出资的期限、出资方式、未履行出资的违约责任等，防止合作方在完成公司的工商登记后不履行承诺的出资义务，保护履行出资义务的守约股东的利益。

128. 股东之间是否可以约定不按实际出资比例持有股权？

案例场景

阿备、阿羽、阿飞三兄弟共同设立了倾国倾城美颜有限公司，主要从事化妆品贸易。公司注册资本600万元全部由阿备投入，但三兄弟在公司章程中却约定，阿备持股50%，阿羽、阿飞各持股25%。三兄弟充分发挥各自优势，公司生意越做越大。此后，阿月看上了倾国倾城美颜有限公司，欲对该公司进行投资。经与三兄弟谈判，各方签订《增资协议》，约定阿月出资600万元，将公司注册资本增加至1200万元，但持有倾国倾城美颜有限公司的股份份额修改为阿月持股40%，阿备持股30%，阿羽、阿飞各持股15%。阿月完成增资后，各方共同办理了工商变更手续，修改了公司章程，将各方的出资比例按照上述约定进行了记载。但阿月随后认为，自己出资了600万元，就应该严格按照实际出资额所占的比例持有公司股权，因此要求将自己持有的公司股权变更为50%，三兄弟明确表示反对。倾国倾城美颜有限公司这种不按实际出资比例持有股权的约定是否符合法律规定?

依法分析

《公司法》及相关法律规范并未禁止公司股东不按实际出资比例持有股权，该种处理属于公司内部股东的意思自治。因此，无论是阿月加入公司之前三兄弟内部未按实际出资比例持有股权，还是阿月加入以后四人未按实际出资比例持有股权，均不违反我国相关法律规范的效力强制性规定，这种约定应当受到法律保护。因此，阿月不能在签订了《增资协议》之后要求三兄弟按照自己出资的比例变更持有的股权比例。但根据《公司法》规定，公司应当向阿月签发出资证明书，并载明其实际的出资金额，从而保护其作为投资人的权利。

相关规定

《中华人民共和国公司法》

第三十一条　有限责任公司成立后，应当向股东签发出资证明书。

出资证明书应当载明下列事项：

（一）公司名称；

（二）公司成立日期；

（三）公司注册资本；

（四）股东的姓名或者名称、缴纳的出资额和出资日期；

（五）出资证明书的编号和核发日期。

出资证明书由公司盖章。

第三十二条　有限责任公司应当置备股东名册，记载下列事项：

（一）股东的姓名或者名称及住所；

（二）股东的出资额；

（三）出资证明书编号。

记载于股东名册的股东，可以依股东名册主张行使股东权利。

公司应当将股东的姓名或者名称向公司登记机关登记；登记事项发生变更的，应当办理变更登记。未经登记或者变更登记的，不得对抗第三人。

专家解析

股东认缴的注册资本是构成公司资本的基础，但公司的有效经营除了货币，常常还需要其他的条件，如技术或人脉资源等。因此，在注册资本符合法定要求的情况下，我国的相关法律并不禁止股东内部对各自的实际出资数额和占有股权比例作出约定。我国《公司法》并无有限责任公司股东出资对应公司股权比例的强制性规定，亦未明确规定“同股同权”。“同股同权”原则表现主要有以下几个方面：一是同股同价；二是相同股份对应相同的投票权；三是相同股份应当对应相同的自益权；四是每一股份上的投票权和收益应当是相对应的。《公司法》第三十四条是关于有限责任公司股东分红权和优先认购权的规定，明确了有限责任公司股东的分红权和优先认购权在以“同股同权”为原则的同时，可以以“全体股东约定”为例外，充分尊重了全体股东的意思自治；同理，在《公司法》对于有限责任公司未明确规定“同股同权”的前提下，全体股东共同对出资安排的约定并不违反《公司法》的效力性强制性规定，亦不违背《公司法》充分尊重全体股东意思自治的立法旨意。

129. 股东之间发生矛盾，未掌握公司财务权的股东如何获知公司财务情况？

案例场景

张三、李四、王二麻共同成立了张冠李戴公司，主要从事文化娱乐方面的业务。张三占股 30%，主要负责公司的对外事务；李四占股 30%，主要负责公司的行政事务；王二麻占股 40%，同时为该公司法定代表人，主要负责公司的财务。张冠李戴公司成立后生意越做越大，但王二麻在担任公司法定代表人掌管公司财务以后，从不向张三、李四告知公司的财务情况，到了年底也不进行分红。长此以往，张三、李四开始怀疑王二麻私自克扣了属于他们的分红，于是要求查看公司会计账簿及相关凭证，却遭到王二麻拒绝。三人就此事闹得不可开交，公司业绩也日渐下降。张三、李四如何才能获知张冠李戴公司的财务情况？

依法分析

根据《公司法》的相关规定，作为张冠李戴公司的股东，张三、李四有权查阅和复制该公司的章程、股东会会议记录、董事会会议决议、监事会会议决议和财务会计报告，有权查阅（但不能复制）公司的会计账簿。因此，在王二麻坚持不向二人提供张冠李戴公司财务资料的情况下，张三、李四有权以诉讼的方式要求王二麻提供上述财务资料给其查阅、复制。但需要注意的是，张三、李四应当起诉张冠李戴公司，而不是王二麻，因为这是张三、李四与张冠李戴公司之间的纠纷，财务资料是属于公司的资料而不是王二麻的资料，王二麻是基于张冠李戴公司法定代表人及财务负责人的身份掌管了公司的财务资料。张三、李四应当以张冠李戴公司为被告，提起股东知情权诉讼。

相关规定

《中华人民共和国公司法》

第三十三条　股东有权查阅、复制公司章程、股东会会议记录、董事会会议决议、监事会会议决议和财务会计报告。

股东可以要求查阅公司会计账簿。股东要求查阅公司会计账簿的，应当向公司提出书面请求，说明目的。公司有合理根据认为股东查阅会计账簿有不正当目的，可能损害公司合法利益的，可以拒绝提供查阅，并应当自股东提出书面请求之日起十五日内书面答复股东并说明理由。公司拒绝提供查阅的，股东可以请求人民法院要求公司提供查阅。

第九十七条　股东有权查阅公司章程、股东名册、公司债券存根、股东大会会议记录、董事会会议决议、监事会会议决议、财务会计报告，对公司的经营提出建议或者质询。

专家解析

随着法治建设的不断发展，在商业领域，越来越多的创业者开始重视公司的法律事务，在公司内部出现纠纷时，不再局限于传统的协商谈判，而是更加善于直接通过法律途径维护自身权益。股东知情权纠纷是公司内部矛盾引发的典型诉讼。没有掌握公司财务情况的股东权利常常受到财权股东的侵犯，如不披露公司财务情况、不向其他股东分红等。此时，不掌握财务情况的股东可以依据《公司法》的规定，要求查阅公司的相关财务资料，了解公司的财务情况。值得一提的是，除了公司法规定的公司章程、股东会会议记录、董事会会议决议、监事会会议决议和财务会计报告、会计账簿，部分地方还允许股东查阅公司的记账凭证和原始凭证。因为这些财务资料是会计账簿数据的来源，股东也有权利核实会计账簿数据来源的真实性。最高人民法院公报案例"李某、吴某、孙某、王某诉江苏某置业发展有限公司股东知情权纠纷案"[①]也支持了会计账簿查阅权包括会计凭证查阅权，而且进一步扩大至作为原始凭证附件入账备查的有关资料。此外，需要注意的是，根据《公司法》的规定，有限责任公司和股份有限公司股东行使股东知情权查阅公司财务资料的范围有所不同。

130. 大股东滥用股东权利将公司作为自己债务的担保人，小股东如何维权？

案例场景

阿丕、阿植、阿冲成立了戏说三国公司，阿丕占股 30%，阿植占股 60%，阿冲占股 10%。公司经营得当，生意越做越大。阿植为了给其爱妻买房，向阿操借款 500 万元。阿操要求阿植提供担保，于是阿植利用自己在戏说三国

① 载《中华人民共和国最高人民法院公报》2011 年第 8 期，http://gongbao.court.gov.cn/Details/d84c3cc3a5f5ba924697b5a9ac39d3.html?sw=%e6%9d%8e%e6%b7%91%e5%90%9b，最后访问时间：2022 年 4 月 13 日。

公司的大股东地位，在未通知阿丕、阿冲的情况下，自己拿着公司的公章与阿操签订了一份担保合同，将戏说三国公司作为自己向阿操借款的担保人。阿丕、阿冲知道后非常生气，找阿植理论。阿植说自己是大股东，有权决定公司对外的担保。阿植的说法有道理吗？

依法分析

本案中，尽管阿植是戏说三国公司的大股东，但这并不意味着其就能代表公司。特别是在公司对外担保问题上，根据《公司法》的规定，公司为公司股东或者实际控制人提供担保的，必须经股东会或者股东大会决议。此外，阿植自身作为债务人，在要求戏说三国公司为自己的债务提供担保时，其本人不得参加股东会表决。该项表决由出席会议的其他股东所持表决权的过半数通过。也就是说，至少需要阿丕（持有 30% 股权）在股东会表决同意，戏说三国公司才能够作为阿植借款的担保人。因此，阿植利用自己为戏说三国公司的大股东身份，在不召开股东会的情况下让戏说三国公司为自己的债务提供担保，是不符合法律规定的。

相关规定

《中华人民共和国公司法》

第十六条　公司向其他企业投资或者为他人提供担保，依照公司章程的规定，由董事会或者股东会、股东大会决议；公司章程对投资或者担保的总额及单项投资或者担保的数额有限额规定的，不得超过规定的限额。

公司为公司股东或者实际控制人提供担保的，必须经股东会或者股东大会决议。

前款规定的股东或者受前款规定的实际控制人支配的股东，不得参加前款规定事项的表决。该项表决由出席会议的其他股东所持表决权的过半数通过。

专家解析

公司大股东利用自身地位支配公司的情况在实践中并不少见。中小股东要善于利用法律武器，维护自身权益，防止大股东滥用权利侵害公司利益，从而侵犯中小股东的应得利益。本案中的对外担保即其中的一种典型。大股东往往利用自身地位掌握公司的公章或者担任公司法定代表人，实际掌控公司，从而在其他中小股东不知情的情况下利用公司名义为自己的债务对外提供担保。一旦大股东不能以自身财产偿还债务，那么公司就会因为担保责任对外承担还款责任，这种情形严重违反了《公司法》的规定，侵害了公司利益以及中小股东的利益。因此，中小股东发现大股东未召开股东会或者未按法定程序召开股东会的情况下以公司名义为自身债务提供担保的，有权请求人民法院确认担保无效。

131. 隐名股东希望将自己变为显名股东，在工商登记中体现自己持有的股份，应当符合哪些条件？

案例场景

红黄蓝公司的工商登记信息上有小红、小黄、小蓝三名股东。其中，小红与小黑签订了《股权代持协议》，约定小红在红黄蓝公司持有的30%股权系代持，小黑才是该30%股权的实际投资人。后来，小红和小黑闹别扭，小黑不想再让小红代持自己的股权了，于是告诉小红要把股权登记至自己名下。小红不同意，于是小黑找到小黄和小蓝，要求二人协助自己办理。谁知，小红提前一步找到小黄、小蓝，让二人不要给小黑办理股权变更登记。碍于情面，小黄、小蓝表示不能帮助小黑办理变更登记。面对这种情况，小黑能否实现股权变更登记呢？

依法分析

所谓隐名股东，是指自己是公司的实际投资人，但是并不在公司工商登记的股东名录上体现自己的身份，而是将自己持有的股权数量和比例登记在他人名下。根据《最高人民法院关于适用〈中华人民共和国公司法〉若干问题的规定（三）》的规定，有限责任公司的隐名股东要将自己变更为公司登记的显名股东，需要符合以下条件：第一，证明自己已经向公司实际履行了出资义务，即向公司支付了投资款或者实际投入了相关的资产；第二，经过公司其他股东半数以上同意。以本案为例，这里的其他股东是指除了小红以外的其他股东，小红本身作为代持股权的股东，不参与表决。因此，小黑要实现变更登记，一方面需要证明自己已经向红黄蓝公司履行了出资义务，另一方面至少需要小黄或者小蓝同意。在以上两个条件满足的情况下，小黑可以通过起诉红黄蓝公司要求确认自己的股东身份并要求红黄蓝公司办理变更登记。

相关规定

《最高人民法院关于适用〈中华人民共和国公司法〉若干问题的规定（三）》

第二十四条　有限责任公司的实际出资人与名义出资人订立合同，约定由实际出资人出资并享有投资权益，以名义出资人为名义股东，实际出资人与名义股东对该合同效力发生争议的，如无法律规定的无效情形，人民法院应当认定该合同有效。

前款规定的实际出资人与名义股东因投资权益的归属发生争议，实际出资人以其实际履行了出资义务为由向名义股东主张权利的，人民法院应予支持。名义股东以公司股东名册记载、公司登记机关登记为由否认实际出资人权利的，人民法院不予支持。

实际出资人未经公司其他股东半数以上同意，请求公司变更股东、签发出资证明书、记载于股东名册、记载于公司章程并办理公司登记机关登记的，人民法院不予支持。

专家解析

股东资格的确认是股东行使权利、公司高效运转的基础，妥善处理股东资格确认纠纷，对于公司制度发挥应有作用具有重要的意义。隐名股东与显名股东之间的股东资格认定系公司的内部关系，不涉及公司的债权人等外部关系。一般情况下，隐名股东如要求确认其股东资格应当具备上文所述的两个条件。

但是，实践中隐名股东要征得其他股东过半数同意，存在较大困难。有鉴于此，司法实践中对于隐名股东与显名股东之间存在合法有效的股权代持协议，且隐名股东实际行使了股东权利，公司及公司其他股东对此知悉，亦未提出异议的情况，对隐名股东的股东资格也予以确认；此外，在隐名股东与显名股东不存在股权代持协议的情况下，则应通过考量显名股东的股权取得方式及对价、隐名股东是否实际行使股东权利、公司及公司其他股东对股权代持是否知悉等因素，对隐名股东与显名股东是否存在股权代持合意进行综合判断，继而对股东资格作出认定。

最后，征得其他股东过半数同意的要求针对的是有限责任公司，这是由有限责任公司自身的人合性与相对封闭性所决定的，即股东之间存在特殊的人身信任关系，所以股权对外转让应经其他股东过半数同意。而股份有限公司的主要特征为股份可以依法公开自由转让，具有资合性与相对开放性，但发起人在公司成立之日起一年内不得转让。因此，股份有限公司的隐名股东显名无须由其他公司股东过半数同意。

132. 基于股权激励计划无偿转让公司股权给员工是否属于赠与？

案例场景

小唐是西天旅游公司的大股东，持有该公司70%的股权，小空加入公司后兢兢业业，由于其工作能力强、表现突出，升职为该公司运营总监。小唐为了奖励小空，与其签订《股权转让协议》，约定小唐自愿并无偿将其在西天旅游公司5%的股份转让给小空，小空同意接受转让股份，并无须就转让股份向转让方支付任何费用或交付任何等价物，双方约定了办理工商变更登记的时间及未办理的违约责任。但在小唐还没有将股份变更登记至小空名下时，小李看上了西天旅游公司，欲收购小唐名下的全部股份，于是小唐不想再将股份变更给小空。小空知道后非常生气，要求小唐必须先办理股份变更。小唐认为股份系自己对小空的赠与，现在赠与行为尚未完成，赠与人在赠与财产的权利转移之前可以撤销赠与，所以自己可以撤销赠与。小唐的理解正确吗？

依法分析

所谓赠与是将自己的财产无偿给予受赠人，受赠人表示接受赠与的合同，赠与合同原则上是实践性合同，赠与人在赠与财产转移之前可以撤销赠与。

而本案中，小唐与小空签订的合同为《股权转让协议》，该协议对生效时间、违约责任作出了明确约定，且小空在西天旅游公司任职，为西天旅游公司作出了相应的贡献，尽管其受让股权没有支付价款，但其受让股权有相应的价值基础。因此，《股权转让协议》不属于赠与合同，小唐主张《股份转让协议》为赠与缺乏事实和法律依据。股份转让协议是当事人真实意思表示，内容未违反法律法规的禁止性规定，应属有效，双方均应依法履行。因此，小空可以要求小唐在转让股份之前办理工商变更登记，将小唐持有的西天旅游公司5%的股权变更至自己名下。

相关规定

《中华人民共和国民法典》

第五百零九条　当事人应当按照约定全面履行自己的义务。

当事人应当遵循诚信原则，根据合同的性质、目的和交易习惯履行通知、协助、保密等义务。

当事人在履行合同过程中，应当避免浪费资源、污染环境和破坏生态。

第五百七十七条　当事人一方不履行合同义务或者履行合同义务不符合约定的，应当承担继续履行、采取补救措施或者赔偿损失等违约责任。

专家解析

近年来，股权激励制度的运用越来越广泛。一些公司的大股东为了留住公司人才，会与员工签订《股权转让协议》，约定将自己在公司名下一定数额的股份无偿转让给员工。然而，这类看似“无偿”的股权赠与本身并非“无偿”，其产生的基础是员工本身对公司作出的贡献。我国《公司法》也并未对公司股权转让的对价作出效力性强制性的规范要求，因此“零对价”的股权转让协议并不违反法律法规的效力性强制性规定。股东与员工签订《股权转让协议》后，应当按照协议约定履行义务，公司股东不得以该协议系赠与为由，在办理变更登记前单方撤销协议。而在公司股东未按约定办理变更登记的情况下，员工可以据此要求公司股东办理变更登记。如果公司股东已经将名下股份转让给了他人，客观上已经无法完成变更登记的，员工可以基于公司股权的价值要求公司股东承担相应的违约赔偿责任。

133. 股东认缴出资的义务会加速到期吗？

案例场景

小刘、小关、小张于2020年11月11日共同成立了刘关张公司，公司注册资本为100万元，小刘出资40万元，小关出资30万元，小张出资30万元，三人的出资均系认缴出资，认缴出资时间为2030年11月11日。由于经营不善，刘关张公司拖欠了小蝉货款30万元。小蝉认为，刘关张公司已经无力偿还拖欠的货款，而小刘、小关、小张三人作为公司的股东，认缴的出资义务应当加速到期用于偿还债务，因此向三人提出应当将尚未到期认缴的出资提前出资到位。小蝉的要求是否符合法律规定？

依法分析

《最高人民法院关于适用〈中华人民共和国公司法〉若干问题的规定（三）》规定，“公司债权人请求未履行或者未全面履行出资义务的股东在未出资本息范围内对公司债务不能清偿的部分承担补充赔偿责任的，人民法院应予支持”。这里的未履行出资义务或者未全面履行出资义务所指的是已经到期的认缴出资义务。小刘、小关、小张三人的认缴出资时间为2030年11月11日，尚未到期。因此，在上述案例情况下，小蝉不能以刘关张公司不能清偿债务为由直接要求三人立刻履行尚未到期的出资义务。

但是，根据《全国法院民商事审判工作会议纪要》第六条的规定，如果刘关张公司存在以下情况，则小蝉可以要求三人在未出资范围内对刘关张公司不能清偿的债务承担补充赔偿责任。一是刘关张公司作为被执行人的案件，人民法院穷尽执行措施无财产可供执行，已具备破产原因，但不申请破产；二是刘关张公司在拖欠小蝉的货款之后，通过召开股东会决议或以其他方式延长三人出资期限。

此外，如果刘关张公司申请解散，或者进入破产程序，三人的认缴出资义务也会加速到期。

相关规定

《中华人民共和国企业破产法》

第三十五条　人民法院受理破产申请后，债务人的出资人尚未完全履行出资义务的，管理人应当要求该出资人缴纳所认缴的出资，而不受出资期限的限制。

《最高人民法院关于适用〈中华人民共和国公司法〉若干问题的规定（二）》

第二十二条　公司解散时，股东尚未缴纳的出资均应作为清算财产。股东尚未缴纳的出资，包括到期应缴未缴的出资，以及依照公司法第二十六条和第八十条的规定分期缴纳尚未届满缴纳期限的出资。

公司财产不足以清偿债务时，债权人主张未缴出资股东，以及公司设立时的其他股东或者发起人在未缴出资范围内对公司债务承担连带清偿责任的，人民法院应依法予以支持。

《最高人民法院关于适用〈中华人民共和国公司法〉若干问题的规定（三）》

第十三条第一、二款　股东未履行或者未全面履行出资义务，公司或者其他股东请求其向公司依法全面履行出资义务的，人民法院应予支持。

公司债权人请求未履行或者未全面履行出资义务的股东在未出资本息范围内对公司债务不能清偿的部分承担补充赔偿责任的，人民法院应予支持；未履行或者未全面履行出资义务的股东已经承担上述责任，其他债权人提出相同请求的，人民法院不予支持。

专家解析

除上述法律、司法解释外，《全国法院民商事审判工作会议纪要》第六条还对股东认缴出资加速到期作出了额外情形的规定：在注册资本认缴制下，股东依法享有期限利益。债权人以公司不能清偿到期债务为由，请求未届出资期限的股东在未出资范围内对公司不能清偿的债务承担补充赔偿责任的，人民法院不予支持。但是，下列情形除外：

（1）公司作为被执行人的案件，人民法院穷尽执行措施无财产可供执行，已具备破产原因，但不申请破产的；

（2）在公司债务产生后，公司股东（大）会决议或以其他方式延长股东出资期限的。

公司的注册资本既可以实缴也可以认缴。股东一方面希望公司对外公示的注册资本数额可观，以显示公司实力；另一方面又希望能够分批投入资金，减少自身的资金压力。因此，大多数公司的股东都会选择以认缴的方式来处理注册资本，这就导致了股东约定30年、50年甚至上百年出资期限的情况时有发生。除上述法定情形外，债权人不能以公司不能清偿到期债务为由，请求未届出资期限的股东在未出资范围内对公司不能清偿的债务承担补充赔偿责任。但是，公司的注册资本是否实缴，在公司对外的工商信息中均有显示记载。因此笔者建议，公司债权人在与未合作过的公司进行商事交易前，可通过工商行政管理部门、国家企业信用信息公示系统等渠道，审查公司经营状况与股东出资时间等信用信息，综合考察后再确定是否与该公司交易。发现公司的注册资本全部系认缴的情况下，可以通过要求公司提供其他财产作为担保或者由公司股东或他人作为保证人来降低交易风险。在公司不能清偿债务的时候，可以通过公司提供的担保财产或者要求保证人承担责任的方式来收回债权。

134. 未通知中小股东参加股东会，所作出的股东会决议效力应当如何认定?

案例场景

美若天仙公司成立于2020年12月12日，注册资本为100万元，公司章程上登记股东共四位，分别为：小蝉（持股40%）、小施（持股30%）、小君（持股20%）、小环（持股10%）。公司章程规定，股东会会议分为定期会议和临时会议，并应当于会议召开十五日以前通知全体股东；股东会应对所议事项的决定作出会议记录，出席会议的股东应当在会议记录上签名。2021年6月6日下午，小蝉和小施决定召开股东会议，将一层办公楼出租给小布开办小布体育发展有限公司，但是二人并未将召开股东会事宜通知小君和小环。股东会议记载，2021年6月6日美若天仙公司第一次股东会，应出席股东四人，实际出席股东两人（小蝉、小施），并作出决议：出席会议的全体股东一致同意美若天仙公司以每年6万元的价格将公司一层办公楼出租给小布体育发展有限公司。小君和小环得知后非常生气，认为该出租价格太便宜，不同意出租一层办公楼。美若天仙公司2021年6月6日的股东会决议效力应当如何认定？

依法分析

根据《民法典》《公司法》的规定，公司作出股东会决议，应当符合法律、行政法规或者公司章程规定的召集程序和表决方式。本案中，美若天仙公司的章程明确要求公司召开股东会应当提前十五日通知全体股东，然而小蝉和小施却在并未通知小君和小环的情况下，直接召开了股东会，这侵犯了小君和小环作为美若天仙公司股东享有的表决权。因此，在小君和小环不同意股东会决议的情况下，美若天仙公司2021年6月6日的股东会决议应属不成立，二人可以请求人民法院确认该决议不成立。

相关规定

《中华人民共和国民法典》

第一百三十四条 民事法律行为可以基于双方或者多方的意思表示一致成立，也可以基于单方的意思表示成立。

法人、非法人组织依照法律或者章程规定的议事方式和表决程序作出决议的，该决议行为成立。

《中华人民共和国公司法》

第二十二条第一、二款 公司股东会或者股东大会、董事会的决议内容违反法律、行政法规的无效。

股东会或者股东大会、董事会的会议召集程序、表决方式违反法律、行政法规或者公司章程，或者决议内容违反公司章程的，股东可以自决议作出之日起六十日内，请求人民法院撤销。

《最高人民法院关于适用〈中华人民共和国公司法〉若干问题的规定(四)》

第五条 股东会或者股东大会、董事会决议存在下列情形之一，当事人主张决议不成立的，人民法院应当予以支持：

(一)公司未召开会议的，但依据公司法第三十七条第二款或者公司章程规定可以不召开股东会或者股东大会而直接作出决定，并由全体股东在决定文件上签名、盖章的除外；

（二）会议未对决议事项进行表决的；

（三）出席会议的人数或者股东所持表决权不符合公司法或者公司章程规定的；

（四）会议的表决结果未达到公司法或者公司章程规定的通过比例的；

（五）导致决议不成立的其他情形。

专家解析

实践中，公司的股权往往集中于部分股东，故在召开股东会决议时，中小股东的表决权往往"可有可无"。对于未通知中小股东参加股东会而形成的决议，司法实践中存在四种观点：一是股东会决议可撤销；二是股东会决议不成立；三是股东会决议无效；四是股东会会议召集程序或者表决方式仅有轻微瑕疵，且对决议未产生实质影响的，股东会决议有效。随着《最高人民法院关于适用〈中华人民共和国公司法〉若干问题的规定（四）》的颁布，越来越多的法院倾向于第二种观点，即认为公司未通知中小股东参会，属于严重的程序瑕疵，决议应属不成立。其理由在于，未通知所有股东参加股东会时，实质上剥夺了股东的基本权利，甚至不能称为"股东会"，故所形成的决议不成立。并且，即便中小股东不足以实质性改变股东会决议结果，但中小股东依然可能通过在股东会会议上表达自己的观点，进而影响其他股东，故不能因为其表决权占比低就忽视其行使表决权的权利。

135. 公司解散需要符合哪些条件？

案例场景

小二、小五、小七于2010年共同成立了水浒船运公司，注册资本为100万元，小二出资40万元，小五出资30万元，小七出资30万元。一开始公司运营得当，三人各显身手。但随着业务越做越大，小五和小七开始各自设立公司发展，于是三兄弟的关系急剧恶化。从2017年开始，水浒船运公司就没有再召开过股东会，公司的业务运营也急剧恶化，从2018年开始便不再从事任何经营业务。但公司还承租了近2000平方米的港口仓库，每年还需缴纳大量的租金。为减少损失，小二提出解散公司，但小五和小七却不同意。此种情况下，小二要如何才能减少自己的损失呢?

依法分析

根据《公司法》的规定，在公司经营管理发生严重困难，继续存续会使股东利益受到重大损失，通过其他途径不能解决的情况之下，持有公司全部股东表决权10%以上的股东，可以请求人民法院解散公司。本案中，水浒船运公司已经多年没有召开过股东会，公司也已经停止经营，此种情况下公司还要负担仓库租赁费用，因此已经面临严重的经营困难。由于小五、小七不同意解散公司，水浒船运公司无法通过股东会决议自行解散。小二持有水浒船运公司40%的股权，符合《公司法》请求解散公司的持股比例要求。在这种情况下，小二可以通过起诉水浒船运公司，请求人民法院解散该公司。但是在诉讼过程中，如果小五、小七同意收购小二的股份，或者由公司收购小二的股份办理减资，那么小二不必通过解散公司也能够达到自己退出公司的目的。

相关规定

《中华人民共和国公司法》

第一百八十二条　公司经营管理发生严重困难，继续存续会使股东利益受到重大损失，通过其他途径不能解决的，持有公司全部股东表决权百分之十以上的股东，可以请求人民法院解散公司。

《最高人民法院关于适用〈中华人民共和国公司法〉若干问题的规定（二）》

第一条第一款　单独或者合计持有公司全部股东表决权百分之十以上的股东，以下列事由之一提起解散公司诉讼，并符合公司法第一百八十二条规定的，人民法院应予受理：

（一）公司持续两年以上无法召开股东会或者股东大会，公司经营管理发生严重困难的；

（二）股东表决时无法达到法定或者公司章程规定的比例，持续两年以上不能做出有效的股东会或者股东大会决议，公司经营管理发生严重困难的；

（三）公司董事长期冲突，且无法通过股东会或者股东大会解决，公司经营管理发生严重困难的；

（四）经营管理发生其他严重困难，公司继续存续会使股东利益受到重大损失的情形。

第五条 人民法院审理解散公司诉讼案件，应当注重调解。当事人协商同意由公司或者股东收购股份，或者以减资等方式使公司存续，且不违反法律、行政法规强制性规定的，人民法院应予支持。当事人不能协商一致使公司存续的，人民法院应当及时判决。

经人民法院调解公司收购原告股份的，公司应当自调解书生效之日起六个月内将股份转让或者注销。股份转让或者注销之前，原告不得以公司收购其股份为由对抗公司债权人。

专家解析

有限责任公司系具有自主决策和行为能力的组织，虽然可能会由于内部成员间的矛盾冲突、相互对抗而出现公司运转机制失灵、公司决策和管理无法形成有效决议而陷入僵局的情况，但是本着公司意思自治的基本原则，人民法院对于股东请求解散公司的主张应秉持谨慎态度。在股东提起公司解散纠纷诉讼时，人民法院首先会注重调解，在能够通过当事人协商由公司或股东收购股份，或者以减资等方式使公司存续的情况下，尽量不解散公司。只有当股东之间的冲突不能通过协商达成和解，任何一方都不愿或无法退出公司时，为保护股东的合法权益，通过法院判决强制解散公司才会成为解决公司僵局的最后手段。

136. 有限责任公司的股东向公司以外的人转让股权，应当注意哪些问题？

案例场景

小唐、小空、小戒、小沙是某有限责任公司的股东，由于公司经营得当，小龙欲收购公司的股份。但是小唐、小空、小沙都坚定地持有公司股份，不愿转让，只有小戒贪心于小龙开出的高价。于是小戒偷偷与小龙签订了《股权转让合同》，将自己名下的股权全部出让给了小龙。其余三人发现后找小戒理论，认为小戒不应该背弃四人创业的情谊，不能把自己的股份卖给外人。小戒则认为其出售自己的股权没有任何问题。那么，究竟谁的观点正确呢？

依法分析

根据《公司法》及相关司法解释的规定，有限责任公司的股东向公司股东以外的主体转让股权的，应将转让的事项通知其他股东，并征求其他股东的意见。公司的其他股东在同等的出让条件下相较于其他主体享有优先购买的权利。因此，小戒与小龙达成股权转让意向之后，还应当征求小唐、小空、小沙的意见，询问三人是否愿意以小龙开出的同等条件收购自己的股权。

而小唐、小空、小沙应当在收到小戒的通知后三十日作出回复，如果不同意小戒把股权卖给小龙，则三人应当以同等条件购买小戒的股权。如果三人既不同意小戒把股权卖给小龙，自己又不收购小戒的股权，则视为同意小戒把股权卖给小龙。此外，如果小戒在未通知小唐、小空、小沙的情况下，直接把股权卖给小龙并办理了股权变更登记，三人应当在变更登记完成之日起一年内提出异议。

因此，无论是小唐等三人的观点还是小戒的观点，实际上都不正确。小戒可以把自己的股权卖给小龙，但是应当符合《公司法》的规定，先征求小唐等三人的意见，保证小唐等人能够在小龙开出的条件下优先购买小戒股份的权利。

相关规定

《中华人民共和国公司法》

第七十一条 有限责任公司的股东之间可以相互转让其全部或者部分股权。

股东向股东以外的人转让股权，应当经其他股东过半数同意。股东应就其股权转让事项书面通知其他股东征求同意，其他股东自接到书面通知之日起满三十日未答复的，视为同意转让。其他股东半数以上不同意转让的，不同意的股东应当购买该转让的股权；不购买的，视为同意转让。

经股东同意转让的股权，在同等条件下，其他股东有优先购买权。两个以上股东主张行使优先购买权的，协商确定各自的购买比例；协商不成的，按照转让时各自的出资比例行使优先购买权。

公司章程对股权转让另有规定的，从其规定。

第七十二条 人民法院依照法律规定的强制执行程序转让股东的股权时，应当通知公司及全体股东，其他股东在同等条件下有优先购买权。其他股东自人民法院通知之日起满二十日不行使优先购买权的，视为放弃优先购买权。

《最高人民法院关于适用〈中华人民共和国公司法〉若干问题的规定（四）》

第二十一条 有限责任公司的股东向股东以外的人转让股权，未就其股权转让事项征求其他股东意见，或者以欺诈、恶意串通等手段，损害其他股东优先购买权，其他股东主张按照同等条件购买该转让股权的，人民法院应当予以支持，但其他股东自知道或者应当知道行使优先购买权的同等条件之日起三十日内没有主张，或者自股权变更登记之日起超过一年的除外。

前款规定的其他股东仅提出确认股权转让合同及股权变动效力等请求，未同时主张按照同等条件购买转让股权的，人民法院不予支持，但其他股东非因自身原因导致无法行使优先购买权，请求损害赔偿的除外。

股东以外的股权受让人，因股东行使优先购买权而不能实现合同目的的，可以依法请求转让股东承担相应民事责任。

专家解析

需要说明的是，股东优先购买权是公司法对有限责任公司的特别规定，并不适用于股份有限公司。根据《公司法》第一百三十八条规定，股份有限公司股东转让其股份，应当在依法设立的证券交易场所进行或者按照国务院规定的其他方式进行。

此外，有限责任公司股东优先购买权的规定并非效力性规定，如果其他股东仅提出确认股权转让合同无效这类请求，但是不同时主张按照同等条件购买转让股权的，人民法院将不予支持。有限责任公司股东以外的股权受让人，也就是本来打算购买股权的局外人，如果因为公司股东行使优先购买权而没有成功购买到股权的，可以要求转让股权的股东承担相应的责任。

137. 公司的高级管理人员违反竞业禁止义务，在别处从事公司同类业务的，公司应当如何维护自身权利？

案例场景

神通广大公司成立于2015年，主要经营范围为计算机软件研发、软件销售，小王在该公司担任总经理职务，负责与公司的大客户联络以及软件的销售业务。巧取豪夺公司成立于2017年，小王的妻子小孙系持有该公司90%股权的股东，法定代表人为小王的母亲。巧取豪夺公司成立后，小王利用其担任神通广大公司总经理的职务便利，通过向神通广大公司的客户承诺给回扣的方式，不断拉拢神通广大公司已有的客户，通过私自与客户建立合同关系，将神通广大公司的部分业务转到了巧取豪夺公司。神通广大公司发现以后，应该如何维护自己的权利？

依法分析

根据《公司法》的规定，小王作为神通广大公司的高级管理人员，未经神通广大公司的股东会同意，不得利用职务便利为自己或者他人谋取属于公司的商业机会，自营或者为他人经营与所任职公司同类的业务。如果违反，所得的收入应当归公司所有。因此，神通广大公司有权要求小王将神通广大公司转移到巧取豪夺公司的业务所得的收入全部返还神通广大公司。

相关规定

《中华人民共和国公司法》

第一百四十八条　董事、高级管理人员不得有下列行为：

（一）挪用公司资金；

（二）将公司资金以其个人名义或者以其他个人名义开立账户存储；

（三）违反公司章程的规定，未经股东会、股东大会或者董事会同意，将公司资金借贷给他人或者以公司财产为他人提供担保；

（四）违反公司章程的规定或者未经股东会、股东大会同意，与本公司订立合同或者进行交易；

（五）未经股东会或者股东大会同意，利用职务便利为自己或者他人谋取属于公司的商业机会，自营或者为他人经营与所任职公司同类的业务；

（六）接受他人与公司交易的佣金归为己有；

（七）擅自披露公司秘密；

（八）违反对公司忠实义务的其他行为。

董事、高级管理人员违反前款规定所得的收入应当归公司所有。

专家解析

竞业禁止义务的行为主体为董事、高级管理人员，其承担竞业禁止义务的期间，一般从任职之时开始，至离职之时结束。违反竞业禁止义务行为的表现方式为利用职务便利、篡夺本应属于公司的商业机会。无论是将公司已有的客户转移至其他公司还是将公司本将与他人确立合同关系的机会转移到其他公司，都属于篡夺公司的商业机会。违反竞业禁止义务的行为后果是将违反所得的收入归公司所有。需要特别指出的是，公民有劳动的权利和选择职业的权利。因此，在没有法律依据或者协议约定的前提下，公司不得限制董事、高级管理人员从公司离职后经营同类业务。

138. 一人有限公司在经营时将公司账户与个人账户均作为公司业务账户对外收付款，存在什么风险？

案例场景

马大哈多年来一直经营一家五金店，店铺生意越做越好，于是马大哈想到开办一个公司。通过四处询问，马大哈得知可以开办一人有限公司，于是便注册成立了马大哈五金贸易有限公司，自己作为公司的唯一股东和法定代表人，并刻制了公司公章、开立了公司银行账户。然而在之后的经营过程中，马大哈并未严格用公司的银行账户与客户交易，而是时而用自己的账户，时而用公司的账户。2020年5月，马大哈向上游五金供货商采购了500万元货物，以600万元价格卖给下游客户。签订合同时，马大哈均使用的是公司的名义，但是在付款时，马大哈使用的是自己的个人账户。由于订单金额大，马大哈无法一次性向供货商支付全部货款，于是约定分期支付，先用自己的账户向供货商支付了100万元，剩余的400万元在两个月内付清。此后，供货商按时提供了货物，马大哈也及时将货物交付给了客户，但是客户却迟迟未付款。于是供货商将马大哈五金贸易有限公司以及马大哈一并告上法庭，要求马大哈对公司债务承担连带责任。马大哈则认为，自己成立公司就是因为公司是有限责任，欠供货商的钱应该由公司来还，自己不应该作为被告。马大哈的想法正确吗？

依法分析

根据《公司法》的规定，一人有限公司的股东应当对自己的财产独立于公司承担举证责任，如果其不能证明自己的财产独立于公司，则应当对公司债务承担连带责任。因此，马大哈应当向法庭提出证据证明自己与公司之间财产独立。然而，马大哈在经营过程中将个人银行账户与公司银行账户混同使用，这显然属于将个人财产与公司财产混同的情形。因此，马大哈的认识是不符合法律规定的，马大哈对于公司拖欠供货商的货款要承担连带偿还责任。此外，即使供货商在起诉时没有将马大哈作为被告，到了案件的执行阶段，如果马大哈五金贸易有限公司不能偿还供货商货款，马大哈也有可能被供货商追加为被执行人对公司的欠款承担连带责任。

相关规定

《中华人民共和国公司法》

第六十三条　一人有限责任公司的股东不能证明公司财产独立于股东自己的财产的，应当对公司债务承担连带责任。

《最高人民法院关于民事执行中变更、追加当事人若干问题的规定》

第二十条　作为被执行人的一人有限责任公司，财产不足以清偿生效法律文书确定的债务，股东不能证明公司财产独立于自己的财产，申请执行人申请变更、追加该股东为被执行人，对公司债务承担连带责任的，人民法院应予支持。

专家解析

一人有限公司与股东财产独立的证明责任比其他形式的有限公司有更高的要求。首先，证明公司财产独立于股东个人财产的举证责任在于一人有限公司和股东，而不在于债权人。其次，一人有限公司及股东在不能举证的情况下，应对公司债务承担连带责任。最后，认定一人公司股东是否就公司债务承担连带责任时，不要只单纯考虑股东是否存在滥用公司法人独立地位和股东有限责任的情形，还要结合公司的财务账目、与股东之间的关系往来等多方因素综合加以判断。因此，一人有限公司在经营时要更加注意公司财产与股东个人财产之间的独立性，切勿将两者的财产混在一起。无论是对外签订合同、收款，还是对内处理公司与股东之间的财务，均应严格贯彻公司与个人财产相独立的原则进行，如此才能保证一人有限公司对外的有限责任。

139. 公司解散，进入清算程序以后，未通知已知债权人，有什么风险？

案例场景

经法院2015年生效判决认定，水浒船运公司对梁山好汉公司负有50万元货款尚未偿还。2016年，经过执行程序，梁山好汉公司仍有30万元未获得清偿。2017年，水浒船运公司经股东阮小二、阮小五、阮小七一致同意进行解散。公司于2017年5月31日成立了清算组，阮小二、阮小五、阮小七作为清算组成员，于2017年6月5日在水浒船运公司所在省的主要报纸进行了登报公告，告知了公司成立清算组事宜。由于梁山好汉公司未看到该公告，没有向水浒船运公司申报债权，于是水浒船运公司于2017年年底向当地工商登记部门申请注销。2018年5月，梁山好汉公司得知水浒船运公司注销，遂以清算责任纠纷为由提起诉讼，要求水浒船运公司股东阮小二、阮小五、阮小七向梁山好汉公司承担连带赔偿责任。三人十分震惊，公司明明已经进行了清算并进行了登报，为何自己还会被告？

依法分析

根据《公司法》的规定，公司在进入清算程序之后，应当成立清算组，并将成立清算组事宜通知债权人并登报。梁山好汉公司对水浒船运公司的债权已经由法院生效判决确认，因此，水浒船运公司应当就成立清算组事宜单独通知梁山好汉公司。如果梁山好汉公司在收到通知后向水浒船运公司申报了债权，则水浒船运公司应当在清算程序中就公司的剩余资产按照相应程序向梁山好汉公司进行清偿。如果梁山好汉公司在收到通知后没有申报债权，才视为其放弃主张债权。而上述案例中，水浒船运公司未通知梁山好汉公司，导致梁山好汉公司失去了申报债权的权利，水浒船运公司在此种情况下直接注销。因此，阮小二、阮小五、阮小七作为水浒船运公司股东，应当对此承担相应的责任。

相关规定

《中华人民共和国公司法》

第一百八十三条　公司因本法第一百八十条第（一）项、第（二）项、第（四）项、第（五）项规定而解散的，应当在解散事由出现之日起十五日内成立清算组，开始清算。有限责任公司的清算组由股东组成，股份有限公司的清算组由董事或者股东大会确定的人员组成。逾期不成立清算组进行清算的，债权人可以申请人民法院指定有关人员组成清算组进行清算。人民法院应当受理该申请，并及时组织清算组进行清算。

第一百八十五条　清算组应当自成立之日起十日内通知债权人，并于六十日内在报纸上公告。债权人应当自接到通知书之日起三十日内，未接到通知书的自公告之日起四十五日内，向清算组申报其债权。

债权人申报债权，应当说明债权的有关事项，并提供证明材料。清算组应当对债权进行登记。

在申报债权期间，清算组不得对债权人进行清偿。

第一百八十九条　清算组成员应当忠于职守，依法履行清算义务。

清算组成员不得利用职权收受贿赂或者其他非法收入，不得侵占公司财产。

清算组成员因故意或者重大过失给公司或者债权人造成损失的，应当承担赔偿责任。

专家解析

有限公司能够作为独立承担民事责任的主体，因而在一般情况下，公司出现资不抵债时，股东能够以公司的资产承担有限责任，而不会波及股东的个人资产。但是公司的有限责任也是有相应前提的，即公司股东应当严格依照我国《公司法》的相关规定设立、经营、终结公司。在公司出现解散事由后，对公司进行清算，使公司有序退出，是有限责任公司股东的法定义务。有限责任公司的股东作为公司法规定的清算义务人，如未按照《公司法》的规定履行清算义务，需对公司债权人承担相应的责任。

140. 公司股东与投资人签订“对赌协议”，约定投资人向公司增资，在公司未达到投资人设定目标时，股东应向投资人退还投资款，这样的约定是否有效？

案例场景

美若天仙公司的注册资本为100万元，股东分别为小蝉（持股40%）、小施（持股30%）、小君（持股20%）、小环（持股10%）。公司生意越做越大，被小甄看中，于是小甄与小蝉协商，欲通过收购小蝉股份的方式向美若天仙公司增资。双方于2017年签订《增资协议》，约定：小甄向美若天仙公司增资500万元，小蝉将自己持有的美若天仙公司20%的股份转让于小甄，如果美若天仙公司当年的净利润低于1000万元，则小甄有权要求小蝉以500万元回购小甄的全部股权。此后小甄完成了增资，小蝉也将自己20%的股份转让给了小甄并办理了工商登记。但美若天仙公司当年的净利润仅为300万元，因此小甄要求小蝉回购向自己出让的全部股权。小蝉提出这样的协议对自己明显不公，应属无效。小蝉的观点是否正确？

依法分析

上述案例中，小蝉与小甄签订的《增资协议》是公司股东与外部投资人之间签订的典型的“对赌协议”。我国法律并不否认这类“对赌协议”的效力，未针对这类协议作出专门的否定性评价规定。在不存在如签订一方无民事行为能力、协议双方恶意串通损害他人合法权益等法定的无效情形下，这类协议与其他的普通商事合同并无二致。而根据上述案例，小蝉与小甄签署的《增资协议》是双方的真实意思，因此小蝉和小甄的协议合法有效，双方均应严格履行。因美若天仙公司的业绩未达到双方《增资协议》中约定的情况，故小蝉应按约定履行向小甄回购股权的义务。

相关规定

《中华人民共和国民法典》

第五百零九条第一款　当事人应当按照约定全面履行自己的义务。

专家解析

《全国法院民商事审判工作会议纪要》指出，实践中俗称的“对赌协议”，又称估值调整协议，是指投资方与融资方在达成股权性融资协议时，为解决交易双方对目标公司未来发展的不确定性、信息不对称以及代理成本而设计的包含股权回购、金钱补偿等根据未来目标公司的估值进行调整的内容的协议。从订立“对赌协议”的主体来看，有投资方与目标公司的股东或者实际控制人“对赌”，投资方与目标公司“对赌”，投资方与目标公司的股东、目标公司“对赌”等形式。

根据前述会议纪要的意见，对于投资方与目标公司的股东或者实际控制人订立的“对赌协议”，如无其他无效事由，人民法院应当认定该协议有效并支持实际履行。“对赌协议”对于公司而言，是基于自身发展需要资金从而找到投资人对公司投资；对于投资人而言，是基于对公司前景的看好从而愿意对公司注入资金。关于“对赌协议”中的股权回购，实际上是投资人为了减轻自身的投资风险，与公司股东协商作出的约定，万一公司没有达到目标业绩，投资人能够退出公司或者由公司股东给予补偿，从而减少一部分损失。这种约定一般不存在任何强迫性，基于双方自愿形成，除非协议出现了法律规定的无效情形，如《民法典》第一百四十四条、第一百四十六条、第一百五十三条、第一百五十四条等情形，否则公司股东应当依照协议约定，在公司未达到“对赌协议”约定的业绩条件时，履行自己的股权回购义务。

141. 公司大股东私自将公司的公章、证照取走，且拒不返还，公司应当如何维权？

案例场景

小蝉是美若天仙公司的大股东，占股40%。但美若天仙公司的法定代表人是小施，且公司的章程规定，公司的公章、证照均由法定代表人保管。某日，小蝉以要与小布签订合同为由，向小施借走了公司的公章和证照，怎知此后小蝉一直占用公章和证照。小施要求小蝉返还，小蝉却以自己是公司大股东，有权管理公章、证照为由拒绝返还。小蝉的理由能成立吗？

依法分析

关于公司的公章、证照的保管持有人员，《公司法》并未作出明确的要求。实践中，如果公司章程或者股东会决议对公章、证照的保管有规定的，以公司章程的规定或者股东会决议为准。如果公司内部未作规定的，一般以公司的法定代表人作为公司公章、证照的持有人。上述案例中，美若天仙公司的章程明确规定由法定代表人保管公司的公章、证照。因此，小蝉不能以自己是公司大股东为由占有公司的公章、证照拒不返还。根据《民法典》的相关规定，小蝉的行为属于无权占有，小施可以代表公司以小蝉为被告提起原物返还诉讼，要求小蝉返还公司公章和证照。

相关规定

《中华人民共和国民法典》

第二百三十五条 无权占有不动产或者动产的，权利人可以请求返还原物。

第四百六十条　不动产或者动产被占有人占有的，权利人可以请求返还原物及其孳息；但是，应当支付善意占有人因维护该不动产或者动产支出的必要费用。

专家解析

关于公司公章、证照、财务章等对外代表公司意志的物件应当由谁保管的问题，目前我国《公司法》及相关司法解释没有作出强制性的要求，尊重公司意思自治。基于此，公司可以在章程或者股东会决议等内部文件中对证照保管人进行规定。如果公司内部没有作出规定的，一般认定公司法定代表人有权保管公司的公章、证照等。此外，在公司内部发生变化，需要变更保管人的情况下，公司可以通过召开股东会会议，以形成有效决议的方式来变更保管人。需要注意的是，如果公司章程中已经确定了证照保管人，此时变更证照保管人就属于修改公司章程，决议需要三分之二以上股东通过。当公司形成有效决议后，应当及时办理工商变更登记。

关于在他人无权占有公司公章、证照时，谁可以要求占有人返还的问题，需要注意的是，公司是证照的所有权人，因此当证照被他人无权占有时，只有公司才有权起诉要求占有人返还公章、证照，公司的其他股东、董监高均不能以自己的名义起诉要求占有人返还。但是，由于公司实际不持有公章，在起诉时无法提交加盖公章的起诉状和授权委托书，一般可以由法定代表人来代表公司起诉，由法定代表人在起诉状上签字即可。

此外，如果公司的公章不慎遗失，要第一时间由法定代表人带着身份证原件和复印件、营业执照副本原件和复印件到丢失地点所辖的派出所报案，领取报案证明。此后法定代表人应持报案证明原件等材料在市级以上公开发行的报纸上做登报声明，声明公章作废。之后再到当地公安机关办理新刻印章备案，核发《刻章许可证》，持《刻章许可证》到印章店刻一个新的印章即可。如未第一时间报案并登报发布声明，一旦公章被他人使用，公司将有承担责任的风险。

142. 股东的认缴出资期限是否可以通过公司的股东会决议进行修改，加速到期?

案例场景

西天旅游公司成立于2015年，有股东小僧、小空、小戒、小沙四人，公司注册资本为100万元，其中小僧持股40%，小空持股30%，小戒持股20%，小沙持股10%。四人的出资均为认缴，认缴期限至2025年。但是除了小戒以外，其余三人在2016年均已经向公司缴纳了全部的出资。由于小戒既不出资，又经常不在公司工作，另外三人感到非常生气，于是三人向小戒发出通知，要求召开股东会，决定修改公司的章程，将四人的认缴出资期限提前至2017年年末。谁知，小戒收到通知后拒不参加股东会。于是小僧等三人通过股东会作出了决议。至2018年，小戒仍未缴纳其认缴的出资，小僧等三人再次通知小戒缴纳出资，小戒仍不缴纳。于是小僧等三人召开股东会，作出决议将小戒从公司股东中除名。小戒知道后将西天旅游公司诉至法院，要求确认将其从股东中除名的决议无效。小戒的诉讼请求能得到法院支持吗?

依法分析

我国法律对注册资本的认缴期限并无规定，由全体股东在公司成立时的章程中作出约定。对于出资期限，公司可以通过召开股东会修改公司章程的方式作出修改。但公司股东应当遵守法律、行政法规和公司章程，依法行使股东权利，不得滥用股东权利损害公司或者其他股东的利益。本案中，小僧等三人在认缴期限届满前履行了出资义务，而小戒不仅未履行出资，也经常不在公司工作。基于有限责任公司的人合性，小僧等三人可以通知召开股东会就出资期限进行商议修改。因为小戒放弃参加股东会，小僧等三人有权作出股东会决议修改公司章程关于出资期限的规定。由于小戒不按照修改后的公司章程规定的出资期限履行出资义务，经小僧三人催促后，仍拒绝缴纳，因此小僧等三人有权依据《最高人民法院关于适用〈中华人民共和国公司法〉

若干问题的规定（三）》的相关规定，将小戒从股东中除名。

相关规定

《最高人民法院关于适用〈中华人民共和国公司法〉若干问题的规定（三）》

第十七条　有限责任公司的股东未履行出资义务或者抽逃全部出资，经公司催告缴纳或者返还，其在合理期间内仍未缴纳或者返还出资，公司以股东会决议解除该股东的股东资格，该股东请求确认该解除行为无效的，人民法院不予支持。

在前款规定的情形下，人民法院在判决时应当释明，公司应当及时办理法定减资程序或者由其他股东或者第三人缴纳相应的出资。在办理法定减资程序或者其他股东或者第三人缴纳相应的出资之前，公司债权人依照本规定第十三条或者第十四条请求相关当事人承担相应责任的，人民法院应予支持。

专家解析

当前我国《公司法》对股东出资期限未作出强制性规定，公司可以通过章程来规定股东的出资期限，也可以通过召开股东会修改公司章程的方式来变更出资期限。但需要注意的是，如果公司不存在经营困难、缺乏资金或其他紧急特殊情况，公司仍通过股东会决议方式使股东出资义务加速到期，就需要考虑是否存在大股东滥用控制权损害小股东利益的情形。例如，某公司的大股东持有 90% 的表决权，其自身通过召开股东会形成了股东出资加速到期的决议，迫使其他小股东在一个月内缴纳全部出资。在这种情况下，法院有可能认定该决议系大股东滥用控制地位所作出的，损害了小股东的合法利益，从而确认决议无效。

而案例中，西天旅游公司不存在上述情形。公司决议系经过合法程序通知了小戒，且决议系在除小戒外其余股东均同意修改出资期限的情况下作出的，不存在对小戒不公平的情形。但需要注意的是，根据《最高人民法院关于适用〈中华人民共和国公司法〉若干问题的规定（三）》，如果西天旅游公司将小戒从股东中除名，需要根据《公司法》的规定办理减资程序或者由其他股东或者第三人缴纳相应的出资。

143. 采用股权让与方式进行担保的，担保权人是否能够成为股东，享受股东权利？

案例场景

美玉无瑕公司为依法设立的有限责任公司，小玉为该公司的股东，持有该公司50%的股权（500万元货币出资）。小玉为扩大公司业务，向小凤借款500万元。双方签署借款协议的同时，还签订股权转让协议，约定小玉同意将其持有的美玉无瑕公司40%的股权转让给小凤，该协议未约定小凤应支付任何价款。此后，美玉无瑕公司办理了工商变更登记手续，将小玉持有的40%股权变更至小凤名下。办理股权变更登记后，美玉无瑕公司仍由小玉进行管理，小凤并未参与公司经营。现小玉难以偿还小凤的借款，小凤向法院起诉美玉无瑕公司，请求确认自己具有美玉无瑕公司的股东资格。小凤的诉讼请求能得到法院支持吗？

依法分析

本案中，从小玉与小凤之间本身系借款关系，二人签订的股权转让协议没有约定对价，办理股权变更登记后，小凤并未参与公司经营而仍由小玉经营的事实可以知晓，小玉与小凤系以股权转让为名，实际为通过转让股权的形式提供担保。这种形式本身并不存在违反法律、行政法规的强制性规定的情形，依法应当认定有效。因此，在这种名为股权转让，实为股权担保的情形下，小凤不能成为美玉无瑕公司的实际股东，小玉仍应为该公司的股东并行使相应的股东权利。小凤请求确认自己具有美玉无瑕公司的股东资格不能得到法院支持。

相关规定

《全国法院民商事审判工作会议纪要》

第七十一条 债务人或者第三人与债权人订立合同，约定将财产形式上转让至债权人名下，债务人到期清偿债务，债权人将该财产返还给债务人或第三人，债务人到期没有清偿债务，债权人可以对财产拍卖、变卖、折价偿还债权的，人民法院应当认定合同有效。合同如果约定债务人到期没有清偿债务，财产归债权人所有的，人民法院应当认定该部分约定无效，但不影响合同其他部分的效力。

当事人根据上述合同约定，已经完成财产权利变动的公示方式转让至债权人名下，债务人到期没有清偿债务，债权人请求确认财产归其所有的，人民法院不予支持，但债权人请求参照法律关于担保物权的规定对财产拍卖、变卖、折价优先偿还其债权的，人民法院依法予以支持。债务人因到期没有清偿债务，请求对该财产拍卖、变卖、折价偿还所欠债权人合同项下债务的，人民法院亦应依法予以支持。

专家解析

需要说明的是，根据《全国法院民商事审判工作会议纪要》的规定，如果小玉不能履行偿还借款的义务，小凤可以对小玉转让至自己名下的股权进行拍卖、变卖、折价优先偿还其债权。此外，以上案例也进一步反映出，在不违反法律、行政法规的效力性强制性规定的情况下，当事人的真实意思表示是非常重要的。在名为股权转让实为通过股权进行担保的情况下，应当以双方的真实意思来确认相应的法律关系，一方在履行过程中改变主意，突破双方签订合同时的真实意思，以合同的表象形式来主张实际合同权利的，不能得到法院支持。

144. 股东为公司购买设备，能否认定为向公司履行出资？

案例场景

张三、李四、王二麻2017年共同成立一家公司，公司注册资本为400万元。张三出资100万元、占股25%，李四出资100万元、占股25%，王二麻出资200万元、占股50%。公司成立时，三人的出资均为认缴，认缴期限为2021

年12月1日。公司成立后，张三、李四通过向公司银行账户转账并注明出资款的形式足额投入了自己的认缴出资。王二麻则采购了部分办公用品和设备，但既未作价评估，也没有告知张三、李四这是自己向公司的出资，且在进行财务登记时，王二麻将采购的办公用品和设备记载为应付款250万元。此后，王二麻向张三、李四要求报销采购的设备款。张三、李四对王二麻采购的办公用品和设备价格不予认可，认为其属于虚报采购金额，不同意报销，双方争执不下。至认缴期限届满，张三、李四认为王二麻没有足额缴纳自己的出资，王二麻则认为自己采购的办公用品和设备就是自己的出资，且设备价值超过200万元，故不应当再向公司出资。谁的认识正确呢？

依法分析

根据《公司法》的规定，股东向公司缴纳出资的形式可以是货币，也可以是实物等其他非货币财产，但是以非货币财产出资应当评估作价，不得高估或者低估作价，此外还应当办理财产权转移手续。首先，王二麻购买的办公用品和设备并未进行评估作价，不排除其提高办公用品和设备的价格入账；其次，王二麻在公司入账的时候并未声明采购的办公用品和设备是出资，而是将其记载为应付款，这与向公司履行出资义务明显不符。而且王二麻还曾以采购设备向张三、李四主张报销，这说明王二麻自己也不认为自己采购设备是向公司履行出资。而至认缴期限届满，王二麻为了免除自己的出资义务，单方主张自己采购设备就是履行出资，这显然不能成立。因此，张三、李四有权要求王二麻履行出资义务，而对于王二麻采购的办公用品和设备，属王二麻与公司之间的债权债务纠纷，应当另行解决。

相关规定

《中华人民共和国公司法》

第二十七条 股东可以用货币出资，也可以用实物、知识产权、土地使用权等可以用货币估价并可以依法转让的非货币财产作价出资；但是，法律、行政法规规定不得作为出资的财产除外。

对作为出资的非货币财产应当评估作价，核实财产，不得高估或者低估作价。法律、行政法规对评估作价有规定的，从其规定。

第二十八条　股东应当按期足额缴纳公司章程中规定的各自所认缴的出资额。股东以货币出资的，应当将货币出资足额存入有限责任公司在银行开设的账户；以非货币财产出资的，应当依法办理其财产权的转移手续。

股东不按照前款规定缴纳出资的，除应当向公司足额缴纳外，还应当向已按期足额缴纳出资的股东承担违约责任。

专家解析

首先，股东向公司支付的出资款，应与普通资金进行区分，并非股东向公司进行的所有投入都当然被认定为履行出资。其次，要看公司财务账册是否有相关记载。无论股东通过什么方式履行出资义务，公司都应在相关凭证上注明与履行出资相关的内容，必要时还应经法定验资程序，以实物或者其他非货币财产出资的，应当进行价值评估。最后，股东履行的出资应列入公司的实收资本。

需要注意的是，股东履行认缴出资并不影响公司工商登记的注册资本，所以要与公司的增资相区分。股东履行认缴的出资和向公司进行增资是两个完全不同的概念。只有股东在足额缴纳了自己的认缴出资之后再向公司投入资金且计入公司注册资本的，才属于增资，此时公司需要办理相应的工商变更登记，将注册资本和股东所占的股份比例进行变更。

145. 拟转让的股权被冻结，是否当然导致股权转让合同目的不能实现？

案例场景

小明系美好明天公司的唯一股东兼法定代表人，该公司主要从事食品加工，有一座小型加工厂。2021 年 6 月 30 日，小明与小强签订股权转让协议，约定小明将自己持有的美好明天公司 100% 的股权以 100 万元转让给小强，小强在合同签字当天支付 40 万元，2021 年 7 月 31 日前支付 20 万元，余款 40 万元在双方办理工商变更登记之后付清。协议还约定，协议生效之日起，小明完全退出公司经营，不再参与公司财产、利润的分配，小强作为公司股东实际行使股东权利，双方应在2021年8月31日之前完成工商变更登记……合同签订后，小明即把加工厂交给小强经营，并将公司的营业执照、公章等材料交给小强。双方原本约定2021年7月20日办理工商变更登记。怎料，小明的公司在7月15日被他人提出财产保全，冻结了股权，无法办理工商变更登记。小强认为由于小明持有的股权被冻结，无法实现合同目的，要求解除合同，返还自己已经支付的40万元。小明则认为加工厂已经交付小强，股权冻结只是暂时的，等自己处理完相关的纠纷就能够办理，故不应解除合同。谁的观点正确？

依法分析

判断上述案例中两人谁的观点正确，主要在于认定小明的股权被冻结是否符合法律规定或者双方约定的解除条件。本案中，小明和小强并未在合同中约定解除的条件，因此小明主张解除合同应依据相关的法律规定。根据《民法典》关于合同解除的相关条件，主要的争议在于股权冻结是否导致合同目的不能实现。而综合案例中的事实，小明已经将美好明天公司的公章、营业执照交付小强，且将公司的加工厂交给小强经营，自己已经退出经营。因此，小强已经实际成为美好明天公司的股东。而股权的工商变更登记本身也并非不能完成，只是由于他人申请而暂时被工商登记部门冻结。因此，在这种情况下，双方的合同目的并非不能实现，小强不能据此主张解除合同，但是可以根据合同约定，在完成工商变更登记之后再支付小明相应的股权转让款。

相关规定

《中华人民共和国民法典》

第五百六十三条　有下列情形之一的，当事人可以解除合同：

（一）因不可抗力致使不能实现合同目的；

（二）在履行期限届满前，当事人一方明确表示或者以自己的行为表明不履行主要债务；

（三）当事人一方迟延履行主要债务，经催告后在合理期限内仍未履行；

（四）当事人一方迟延履行债务或者有其他违约行为致使不能实现合同目的；

（五）法律规定的其他情形。

以持续履行的债务为内容的不定期合同，当事人可以随时解除合同，但是应当在合理期限之前通知对方。

《中华人民共和国公司法》

第七十三条 依照本法第七十一条、第七十二条转让股权后，公司应当注销原股东的出资证明书，向新股东签发出资证明书，并相应修改公司章程和股东名册中有关股东及其出资额的记载。对公司章程的该项修改不需再由股东会表决。

专家解析

股权受让的根本目的是参与公司经营，获取利益。从表面上看，股权被冻结会导致无法办理工商变更登记，但是股权冻结并不会影响受让人实际参与公司经营、正常获取分红利益。

此外，合同的解除有三种方式：一是行使法定解除权，二是行使约定解除权，三是双方协商解除。如果股权转让协议中约定了特殊违约情况下解除权的行使，则守约方可根据协议约定行使解除权。如果合同无特殊约定，则当事人可依据《民法典》的规定行使法定解除权。关于法定解除权的规定当中最值得注意的是因不可抗力致使合同目的不能实现。实践中，有的当事人认为，如果目标公司未能成功上市，就属于合同目的不能实现，从而要求解除合同。但是从商事交易的角度来讲，公司未能成功上市并不构成合同目的不能实现的不可抗力，而属于典型的商业风险。因此，笔者建议受让人在股权转让协议中以约定股权回购条款的方式减少相应的风险，即约定当公司不能如期上市时，由股权的出让人回购受让人所持有的股权。

146. 公司决定合并，不愿意公司合并的股东如何保护自己的利益？

案例场景

美若天仙公司成立于2020年12月12日，注册资本为100万元，公司股东分别为：小蝉（持股40%）、小施（持股30%）、小君（持股20%）、小环（持股10%）。公司经营期间，小布与小蝉达成意向，欲将美若天仙公司与小布控股的布布体育公司合并。对此小施和小环表示支持，只有小君表示反对。由于小君持股份额小，最终美若天仙公司通过了股东会决议，决定与布布体育公司合并。小君对此感到非常难过，无心继续与其余三人合作，小君应该如何维护自己的权利？

依法分析

根据《公司法》的规定，有限责任公司决定合并的，对作出公司合并决议持反对票的股东可以请求公司按照合理价格收购其股权。由于小君反对美若天仙公司与布布体育公司合并，但是其本人仅为公司小股东，无法改变公司决定合并的股东会决议，在这种情况下，小君可以请求美若天仙公司收购自己的股权。另外，如果小蝉、小施、小环愿意以个人名义收购小君的股权，也可以与小君协商，将小君持有的股权收购之后再将美若天仙公司与布布体育公司合并。如果小蝉、小施、小环个人均不愿意收购小君的股份，也不愿意以公司名义收购小君的股份，则小君可以在股东会决议通过之日起九十日内向法院起诉，要求美若天仙公司收购自己的股份。

相关规定

《中华人民共和国公司法》

第七十四条 有下列情形之一的，对股东会该项决议投反对票的股东可以请求公司按照合理的价格收购其股权：

（一）公司连续五年不向股东分配利润，而公司该五年连续盈利，并且符合本法规定的分配利润条件的；

（二）公司合并、分立、转让主要财产的；

（三）公司章程规定的营业期限届满或者章程规定的其他解散事由出现，股东会会议通过决议修改章程使公司存续的。

自股东会会议决议通过之日起六十日内，股东与公司不能达成股权收购协议的，股东可以自股东会会议决议通过之日起九十日内向人民法院提起诉讼。

专家解析

关于股东请求公司收购自己股份的问题，笔者认为需要特别提示以下两个方面：一是关于起诉的期限。股东如果欲通过诉讼的方式请求公司回购自己的股份，必须在股东会决议通过之日起九十日内行使，否则超过该期限，人民法院将不予支持。二是关于收购股份的合理价格的认定。首先，可以由异议股东和公司协商一致确定收购的价格。我国《公司法》未规定合理价格的确定方法，也未规定数额范围。基于此，异议股东与公司之间可以基于双方协商达成一致的收购价格。其次，可以通过评估确定股权价格。异议股东与公司通过协商无法直接达成一致意见的，可以双方委托第三方对股权价格进行评估，但是能够作出评估的前提是公司的财务账簿等资料完整，且与实际情况一致。如果公司的会计账簿记载与事实严重不符，则无法通过评估确定相应的股权价值。再次，如果通过前两种方法都无法确定股权价格，则在公司无相反证据证明异议股东主张不合理的情况下，应按异议股东主张的价格作为合理价格。最后，如果通过各种方式均难以对股权实际价值进行认定，则考虑以股东实际出资的价格认定收购价格。

147. 通过线上方式召开的股东会，作出的决议是否有效?

案例场景

小僧、小空、小戒、小沙是西天旅游公司的股东。西天旅游公司章程规定，公司董事任期三年，到期后通过股东会选举产生新的董事，董事可以连选连任。小僧是公司首次选举产生的董事，现任期已满，西天旅游公司准备通过召开股东会重新选举董事。公司决定通过线上视频会议的方式召开股东会，并依据公司章程规定，提前十五日通知了全体股东。股东会上，小戒坚持推荐自己成为西天旅游公司的新任董事，但是小空和小沙均推荐小僧继续担任公司董事，最终小僧以公司章程规定的过半数多票继续当选为公司董事。小戒为此不满，认为公司不能通过线上视频会议的方式召开股东会，必须以线下的方式进行，诉至法院请求撤销股东会决议。小戒的主张能得到法院支持吗?

依法分析

根据《公司法》的规定，在股东会的会议召集程序、表决方式违反法律、行政法规或者公司章程，或者决议内容违反公司章程的情况下，股东才可以自决议作出之日起六十日内，请求人民法院撤销。《公司法》并未限制公司股东会的召开形式，而根据上述案例中的情况，西天旅游公司根据公司章程提前十五天通知了全体股东，股东会的表决也是依据公司章程的规定进行，不存在违反法律、行政法规或者公司章程的情况。因此，小戒的主张不能成立。

相关规定

《中华人民共和国公司法》

第二十二条 公司股东会或者股东大会、董事会的决议内容违反法律、行政法规的无效。

股东会或者股东大会、董事会的会议召集程序、表决方式违反法律、行政法规或者公司章程，或者决议内容违反公司章程的，股东可以自决议作出之日起六十日内，请求人民法院撤销。

股东依照前款规定提起诉讼的，人民法院可以应公司的请求，要求股东提供相应担保。

公司根据股东会或者股东大会、董事会决议已办理变更登记的，人民法院宣告该决议无效或者撤销该决议后，公司应当向公司登记机关申请撤销变更登记。

专家解析

关于否认股东会决议效力的问题，《公司法》及其司法解释作出了以下规定：一是决议无效，决议无效的情形由《公司法》第二十二条第一款规定，即股东会决议内容违反法律、行政法规。二是决议可撤销，决议可撤销的情形由《公司法》第二十二条第二款规定，即股东会的会议召集程序、表决方式违反法律、行政法规或者公司章程，或者决议内容违反公司章程。三是决议不成立，决议不成立的情形由《最高人民法院关于适用〈中华人民共和国公司法〉若干问题的规定（四）》第五条规定：1. 除了该条规定的特别情形之外，公司未召开会议的；2. 会议未对决议事项进行表决；3. 出席会议的人数或者股东所持表决权不符合公司法或者公司章程规定；4. 会议的表决结果未达到公司法或者公司章程规定的通过比例；5. 导致决议不成立的其他情形。只有属于以上情形，公司股东会决议的效力才有可能受到否认，而视频线上召开股东会显然并不属于上述的任何一种情形。并且随着时代发展，应用越发广泛的人脸识别功能、区块链存证技术足以保证参会人员身份的真实性以及会议过程、结论的真实性，通过互联网视频技术进行远程会议应当是未来发展的趋势。

第八章　民事诉讼法律知识

148. 起诉需要符合什么条件？

案例场景

老李和老王原本是同一个楼层的邻居。老王每次在楼道、电梯里碰到老李都会热情地打招呼。有一天，老王上老李家跟老李说：“老李，我家里人生病住院急需一笔钱，您能借给我 5 万元吗？我过两周周转过来就还给您，另外给您 1 分息。”老李觉得大家都是街坊邻居，钱数也不多，又磨不开面子，于是就答应了。老李当场给老王微信转账 5 万元，老王向老李出具借条，载明：“借款人老王（身份证号）今从出借人老李（身份证号）处借到借款本金 5 万元，借期内年利率 10%，于 15 日内归还全部本息。”老李让老王手持借条和身份证，拍了一张照片。15 天很快过去了，老王没有按时向老李还款，老李上老王家催款，发现老王已经不在那里住，几天前就搬走了。老李很生气，他想起诉老王还款，但是又从没进过法院，有点犯怵。

依法分析

老李起诉老王需符合《民事诉讼法》第一百二十二条的有关规定。

首先，老李需要准备起诉材料。老李可以写一份起诉状，起诉状应包括以下内容：1. 老李和老王的身份信息，包括姓名、性别、民族、住址、电话、身份证号等；2. 案由，本案为民间借贷纠纷；3. 诉讼请求，本案诉讼请求可以列为要求老王偿还借款本金 5 万元并支付利息（以 5 万元为基数，自本金出借之日起按照年利率 10% 计算至实际还清之日止），诉讼费由老王负担；4. 事实与理由，简单陈述借款事实以及被告逾期还款的情况；5. 落款，签字、捺印并注明日期。起诉材料包括：起诉状、老李身份证复印件、借条和老王持有借条的照片。

其次，老李需要了解去哪里起诉。对于民间借贷纠纷来说，老李可以去老王住所地的基层法院，也可以在接收货币一方所在地即老李所在地的基层法院起诉。对本案来说，最方便的是去老李所在地基层法院立案庭立案。

老李不必过于担心，按照规定，法院实行立案登记制，符合起诉条件的必须受理，并且应当在七日内立案。

相关规定

《中华人民共和国民事诉讼法》

第一百二十二条 起诉必须符合下列条件：

（一）原告是与本案有直接利害关系的公民、法人和其他组织；

（二）有明确的被告；

（三）有具体的诉讼请求和事实、理由；

（四）属于人民法院受理民事诉讼的范围和受诉人民法院管辖。

第一百二十三条 起诉应当向人民法院递交起诉状，并按照被告人数提出副本。

书写起诉状确有困难的，可以口头起诉，由人民法院记入笔录，并告知对方当事人。

第一百二十六条 人民法院应当保障当事人依照法律规定享有的起诉权利。对符合本法第一百二十二条的起诉，必须受理。符合起诉条件的，应当在七日内立案，并通知当事人；不符合起诉条件的，应当在七日内作出裁定书，不予受理；原告对裁定不服的，可以提起上诉。

《最高人民法院关于人民法院登记立案若干问题的规定》

第一条 人民法院对依法应该受理的一审民事起诉、行政起诉和刑事自诉，实行立案登记制。

第十四条 为方便当事人行使诉权，人民法院提供网上立案、预约立案、巡回立案等诉讼服务。

专家解析

目前，许多法院施行了网上立案制度。网上立案是人民法院坚持司法为民、创新立案方式的重要举措。对于当事人选择网上立案的，除确有必要现场提交材料外，都可以网上办理。因此，人们可以选择网上立案。一般来说，可以通过登录法院诉讼服务网站、法院微信公众号、微信小程序等进行立案。实在无法得知网上立案渠道的，还可以拨打 12368 诉讼服务热线问询。

149. 网络购物发生纠纷的，应由何地法院管辖？

案例场景

“双十一”临近，小晏准备“血拼”一番。小晏喜欢弹钢琴，早就想购买某钢琴学习 App 的年会员，但无奈之前价格高昂，而“双十一”当天，年会员价格大降，趁着这个购物狂欢节，小晏出手了。小晏购买会员后，App 自营商家很快在线发来了验证取货码。小晏登录 App，输入验证取货码，获得了一年的会员资格。可让她意想不到的是，虽然购买了会员，但是 App 内很多功能与内容仍需付费购买。小晏非常生气，认为这样的设置损害了消费者的合法权益，要求商家退款。商家告知小晏，此类商品一经售出不退不换。

小晏决定起诉商家，她查看了商家的注册地，发现商家在遥远的南方，而自己却身处北方。小晏依稀记得打官司要去被告所在地法院，可她觉得成本太高，但又咽不下这口气。

依法分析

小晏的诉讼主张能否得到支持需要根据具体案情进行分析，在此不做展开。

小晏与商家的交易属于以信息网络方式订立买卖合同。商家通过信息网络交付了买卖标的即 App 年会员的收货验证码，根据《民事诉讼法》的规定，因合同纠纷提起的诉讼，由被告住所地或者合同履行地人民法院管辖。按照规定，此类案件发生纠纷，以买受人住所地即小晏的经常居住地作为合同履行地。因此，小晏可以在合同履行地即小晏的经常居住地人民法院起诉商家。

相关规定

《中华人民共和国民事诉讼法》

第二十四条　因合同纠纷提起的诉讼，由被告住所地或者合同履行地人民法院管辖。

《最高人民法院关于适用〈中华人民共和国民事诉讼法〉的解释》

第二十条 以信息网络方式订立的买卖合同，通过信息网络交付标的的，以买受人住所地为合同履行地；通过其他方式交付标的的，收货地为合同履行地。合同对履行地有约定的，从其约定。

专家解析

若消费者在网上购买的标的为实物，商家需要通过快递、物流等方式向消费者邮寄标的物的，按照规定，以收货地作为合同履行地。因此，消费者可以在收货地人民法院起诉商家。

还有一种情况，即商家可能在与消费者的交易过程中，向消费者提供了统一制式的买卖合同文本，消费者在点击购买时就默认签署了合同。合同中往往会约定管辖条款，由商家所在地人民法院管辖。该条款属于格式条款，商家通过该条款排除了合同履行地管辖的可能性，使得消费者主张权利时需增加额外的差旅费和时间成本，导致消费者的诉讼权利无法得到合理保障，且未通过显著方式提请消费者注意，应属无效。

150. 知识产权法院、互联网法院、金融法院都管辖什么案件？

案例场景

老邓是一位退休老职工，最大的爱好就是每天上午去喝早茶，并读一读当天的报纸。这天，老邓像往常一样翻开了报纸，读到一则新闻：全国人民代表大会常务委员会决定设立北京金融法院。他有点纳闷儿，他知道法院分为县区级基层人民法院、地市级中级人民法院、省级高级人民法院和最高人民法院。但他不知道金融法院是干啥的，他也听说近两年广州新设立了互联网法院。老邓虽已退休，但仍具备很强的学习劲头和好奇心，他想搞清楚金融法院、互联网法院、知识产权法院都管辖什么案件，与其他法院有何区别。

依法分析

人民法院分为最高人民法院、地方各级人民法院和专门人民法院。

专门人民法院包括知识产权法院和金融法院，它们的层级对应地市级中级人民法院。互联网法院只有中央全面深化改革小组审议通过的设立方案和最高人民法院的相应规定，并没有全国人大常委会作出的设立决定等法律层面的直接依据。因此，互联网法院目前尚不具备法律上专门法院的属性，它的层级对应县区级基层人民法院。

2014 年 8 月，为推动实施国家创新驱动发展战略，进一步加强知识产权司法保护，切实依法保护权利人合法权益，维护社会公共利益，全国人大常委会决定在北京、上海、广州设立知识产权法院。知识产权法院管辖有关专利、植物新品种、集成电路布图设计、技术秘密等专业技术性较强的第一审知识产权民事和行政案件。知识产权法院对上述规定的案件实行跨区域管辖。

2018 年 4 月，为推进国家金融战略实施，健全完善金融审判体系，营造良好金融法治环境，促进经济和金融健康发展，全国人大常委会决定设立上海金融法院。上海金融法院专门管辖上海金融法院设立之前由上海市的中级人民法院管辖的金融民商事案件和涉金融行政案件。

2021 年 1 月，为实施国家金融战略，维护金融安全，健全金融审判体系，加大金融司法保护力度，营造良好金融法治环境，全国人大常委会决定设立北京金融法院。北京金融法院专门管辖以下案件：应由北京市的中级人民法院管辖的第一审金融民商事案件；应由北京市的中级人民法院管辖的以金融监管机构为被告的第一审涉金融行政案件；以住所地在北京市的金融基础设施机构为被告或者第三人，与其履行职责相关的第一审金融民商事案件和涉金融行政案件；北京市基层人民法院第一审金融民商事案件和涉金融行政案件判决、裁定的上诉、抗诉案件以及再审案件；依照法律规定应由其执行的案件；最高人民法院确定由其管辖的其他金融案件。

2017 年，中央全面深化改革领导小组通过《关于设立杭州互联网法院的方案》；2018 年，中央全面深化改革委员会通过《关于增设北京互联网法院的方案》《关于增设广州互联网法院的方案》。北京、广州、杭州互联网法院集中管辖所在市的辖区内应当由基层人民法院受理的下列第一审案件：通过电子商务平台签订或者履行网络购物合同而产生的纠纷；签订、履行行为均在互联网上完成的网络服务合同纠纷；签订、履行行为均在互联网上完成的金融借款合同纠纷、小额借款合同纠纷；在互联网上首次发表作品的著作权或者邻接权权属纠纷；在互联网上侵害在线发表或者传播作品的著作权或者邻接权而产生的纠纷；互联网域名权属、侵权及合同纠纷；在互联网上侵害他人人身权、财产权等民事权益而产生的纠纷；通过电子商务平台购买的产品，因存在产品缺陷，侵害他人人身、财产权益而产生的产品责任纠纷；检察机关提起的互联网公益诉讼案件；因行政机关作出互联网信息服务管理、互联网商品交易及有关服务管理等行政行为而产生的行政纠纷；上级人民法院指定管辖的其他互联网民事、行政案件。

相关规定

《中华人民共和国人民法院组织法》

第十二条 人民法院分为：

（一）最高人民法院；

（二）地方各级人民法院；

（三）专门人民法院。

第十五条 专门人民法院包括军事法院和海事法院、知识产权法院、金融法院等。

专门人民法院的设置、组织、职权和法官任免，由全国人民代表大会常务委员会规定。

专家解析

专门人民法院除金融法院、知识产权法院外，还包括军事法院、海事法院。下列民事案件，由军事法院管辖：双方当事人均为军人或者军队单位的案件，但法律另有规定的除外；涉及机密级以上军事秘密的案件；军队设立选举委员会的选民资格案件；认定营区内无主财产案件。海事法院管辖海事侵权纠纷案件、海商合同纠纷案件、海洋及通海可航水域开发利用与环境保护相关纠纷案件、其他海事海商纠纷案件、海事行政案件。

151. 何种情况下可以免交诉讼费用?

案例场景

高某在某城市打零工。有一天，高某在骑电动车去找工作的路上被一辆汽车撞倒，导致其腰椎二椎体压缩性骨折。经过伤残等级鉴定，构成八级伤残。高某受伤后，失去了生活来源。

因高某与汽车车主、保险公司未就赔偿金额达成一致，高某将他们诉至法院，诉讼请求为赔偿60万元左右。按照规定，诉讼费需要原告预交，而诉讼费计算下来要将近1万元，这对高某来说是无法负担的，可高某必须通过诉讼才能拿回赔偿款。高某的一位朋友得知高某面临的困境后，告诉高某可以在提起诉讼时申请免交诉讼费。依据现行法律法规的规定，何种情况可以免交诉讼费用?

依法分析

按照规定，当事人交纳诉讼费用确有困难的，可以向人民法院申请缓交、减交或者免交诉讼费用的司法救助。诉讼费用的免交只适用于自然人。

高某的情形符合人民法院应当准予免交诉讼费用的情形之一：残疾人无固定生活来源的。高某可以向残联申请残疾人证，并向民政部门或村民委员会申请开具无固定生活来源的困难证明。高某可以向法院提交免交诉讼费用申请，并附上残疾人证、困难证明，法院经审核批准后，高某就不用交纳诉讼费用了。

相关规定

《诉讼费用交纳办法》

第四十五条　当事人申请司法救助，符合下列情形之一的，人民法院应当准予免交诉讼费用：

（一）残疾人无固定生活来源的；

（二）追索赡养费、扶养费、抚育费、抚恤金的；

（三）最低生活保障对象、农村特困定期救济对象、农村五保供养对象或者领取失业保险金人员，无其他收入的；

（四）因见义勇为或者为保护社会公共利益致使自身合法权益受到损害，本人或者其近亲属请求赔偿或者补偿的；

（五）确实需要免交的其他情形。

第四十八条 当事人申请司法救助，应当在起诉或者上诉时提交书面申请、足以证明其确有经济困难的证明材料以及其他相关证明材料。

因生活困难或者追索基本生活费用申请免交、减交诉讼费用的，还应当提供本人及其家庭经济状况符合当地民政、劳动保障等部门规定的公民经济困难标准的证明。

人民法院对当事人的司法救助申请不予批准的，应当向当事人书面说明理由。

专家解析

《诉讼费用交纳办法》还规定了减交诉讼费用、缓交诉讼费用的情形。当事人的申请符合下列情形之一的，人民法院应当准予减交诉讼费用：因自然灾害等不可抗力造成生活困难，正在接受社会救济，或者家庭生产经营难以为继的；属于国家规定的优抚、安置对象的；社会福利机构和救助管理站；确实需要减交的其他情形。人民法院准予减交诉讼费用的，减交比例不得低于30%。当事人的申请符合下列情形之一的，人民法院应当准予缓交诉讼费用：追索社会保险金、经济补偿金的；海上事故、交通事故、医疗事故、工伤事故、产品质量事故或者其他人身伤害事故的受害人请求赔偿的；正在接受有关部门法律援助的；确实需要缓交的其他情形。

152. 有什么办法可以防止打官司时被告将财产转移？

案例场景

阿乔和阿朱是老乡，在同一大城市工作，而且都在做服装批发生意。去年，阿乔发货后很多客户都没有及时将货款付给他，使得阿乔资金十分紧张，以致没有钱进货、支付商铺租金。阿乔向阿朱借钱，阿朱借给了阿乔50万元，约定三个月内归还。

借期届满，阿朱向阿乔催款。阿乔说：“我现在没有钱还款，再容我半年吧。”阿朱不同意：“你虽然没有现钱，但是你在老家和这里都各有一套房，你可以卖一套房还我钱啊！做生意诚信最重要！如果你还是不还钱，我就去法院起诉你。”阿乔毫不相让：“如果你敢去法院起诉我，我马上把房子转移到别人名下，即使你胜诉也拿不到一分钱，不信你试试！”阿乔的话实在让人气愤，有没有办法既能去法院打官司，又能确保阿乔不将房屋转移，将来有财产可供执行呢？

依法分析

法律规定了财产保全制度，该制度的目的正是防止被告恶意转移财产，保证生效法律文书将来能够顺利得到执行，从而维护生效判决的严肃性和权威性，真正保护胜诉一方当事人的合法权益。财产保全分为诉前保全和诉中保全。阿朱可以视情况在起诉前就向人民法院申请保全阿乔名下的财产，也可以在起诉后申请保全。

阿朱应当向人民法院提交申请书，并提供相关证据材料。申请书应当载明：申请保全人与被保全人的身份、送达地址、联系方式；请求事项和所根据的事实与理由；请求保全数额或者争议标的；明确的被保全财产信息或者具体的被保全财产线索；为财产保全提供担保的财产信息或资信证明，或者不需要提供担保的理由等。阿朱需要向法院提交阿乔名下的财产线索，如阿乔名下的房屋坐落或者房屋产权证书复印件等，同时缴纳保全费，一般来说，还需要提供相应担保。

诉前保全一般由立案机构作出裁定，诉中保全一般由审判机构作出裁定；作出裁定后移送执行机构实施。

相关规定

《中华人民共和国民事诉讼法》

第一百零三条 人民法院对于可能因当事人一方的行为或者其他原因，

使判决难以执行或者造成当事人其他损害的案件，根据对方当事人的申请，可以裁定对其财产进行保全、责令其作出一定行为或者禁止其作出一定行为；当事人没有提出申请的，人民法院在必要时也可以裁定采取保全措施。

人民法院采取保全措施，可以责令申请人提供担保，申请人不提供担保的，裁定驳回申请。

人民法院接受申请后，对情况紧急的，必须在四十八小时内作出裁定；裁定采取保全措施的，应当立即开始执行。

第一百零四条 利害关系人因情况紧急，不立即申请保全将会使其合法权益受到难以弥补的损害的，可以在提起诉讼或者申请仲裁前向被保全财产所在地、被申请人住所地或者对案件有管辖权的人民法院申请采取保全措施。申请人应当提供担保，不提供担保的，裁定驳回申请。

人民法院接受申请后，必须在四十八小时内作出裁定；裁定采取保全措施的，应当立即开始执行。

申请人在人民法院采取保全措施后三十日内不依法提起诉讼或者申请仲裁的，人民法院应当解除保全。

专家解析

原则上，申请诉前保全需要提供等值担保，申请诉中保全担保数额不超过请求保全数额的百分之三十。担保财产既可以是当事人名下的银行存款，也可以是房产、土地、车辆等财产。本案中，若阿朱名下没有可供担保的财产，其可以向保险公司申请购买财产保全责任险，即阿朱向保险公司缴纳保费，保险公司向人民法院就阿朱的保全申请出具《担保书》，提供保证担保。

153. 可以委托何人作为自己的诉讼代理人？

案例场景

有一天小裴骑电动车上班，途中被一辆逆行的摩托车撞倒受伤，之后摩托车车主将小裴送入医院治疗。摩托车车主在垫付了小裴住院的首日费用后就失联了，小裴给他打电话无人接听，连微信也被拉黑了。

小裴在单位人缘很好，有好多同事接连来医院看望他。同事得知摩托车车主恶意逃避责任后，都纷纷谴责这个人。其中，法务同事小王很热心，他跟小裴说："我看你该起诉就起诉，现在请个律师也挺贵的，要不这事儿我帮你去打官司吧，同事一场就不收钱啦。"小裴非常感谢小王，但也有个疑惑："单位的同事能作为我的委托代理人吗？"

依法分析

按照法律规定，当事人所在单位推荐的公民可以作为其诉讼代理人。小裴和小王可以向公司申请开具加盖公司公章的推荐信，由公司推荐小王作为小裴的诉讼代理人。小王携带齐全以下材料——小裴对小王的授权委托书、公司推荐信、小裴和小王与公司签署的劳动合同、小裴和小王的身份证件，就可以去法院立案了。

相关规定

《中华人民共和国民事诉讼法》

第六十一条 当事人、法定代理人可以委托一至二人作为诉讼代理人。

下列人员可以被委托为诉讼代理人：

（一）律师、基层法律服务工作者；

（二）当事人的近亲属或者工作人员；

（三）当事人所在社区、单位以及有关社会团体推荐的公民。

专家解析

除上述情况外，当事人还可以委托下列人员作为诉讼代理人：

一是律师、基层法律服务工作者。基层法律服务工作者是符合《基层法律服务工作者管理办法》规定的执业条件，经核准执业登记，领取《法律服务工作者执业证》，在基层法律服务所中执业，为社会提供法律服务的人员。

二是当事人的近亲属或者工作人员。近亲属是指与当事人有夫妻、直系血亲、三代以内旁系血亲、近姻亲关系以及其他有抚养、赡养关系的亲属。工作人员是指与当事人有合法劳动人事关系的职工。

三是当事人所在社区以及有关社会团体推荐的公民。有关社会团队推荐的公民应当符合下列条件：社会团体属于依法登记设立或者依法免予登记设立的非营利性法人组织；被代理人属于该社会团体的成员，或者当事人一方住所地位于该社会团体的活动地域；代理事务属于该社会团体章程载明的业务范围；被推荐的公民是该社会团体的负责人或者与该社会团体有合法劳动人事关系的工作人员。如中国音像著作权集体管理协会可以推荐协会工作人员作为音集协会员单位涉诉案件的委托代理人。

154. 欠条、借条、收条有什么区别？

案例场景

小彭和小周是在一块儿合租的两个年轻人。眼看“双十一”购物节就要到来，小彭对一款价格高昂的电子产品心仪已久，想要购买却囊中羞涩，于是找到小周，向小周表明了自己的想法，并向小周借款5000元。同样是年轻人的小周明白小彭的心思，很爽快地就答应了。小周要求小彭签署一张借条，没想到小彭当场从兜里掏出一张欠条。小彭跟小周说，“我知道你为人仗义，肯定能把钱借给我，所以我就事先写好了欠条”。小周有点纳闷儿：借条和欠条是一个意思吗？

依法分析

借条，是由借款人书写并签字盖章的债权凭证，表明借款人向出借人借款，一般记载有出借人、借款人、借款数额、借期、利息、借款时间等内容。欠条，一般是借款人单方向出借人出具，用以表明所借款项、借期、利息等内容的凭证。有的欠条不写明债权人，而以实际持有欠条的人为债权人。收条，是表明收到他人交来的钱款的凭证。作为债权凭证的收条，必须是由借款人出具给出借人。收条通常适用于自然人之间的借贷关系，其上一般记载付款人、收款人、收到款项的数额、时间等内容。

借条往往能够直接表明借款人向出借人借款的意思，或者当事人之间具有借贷的合意，而收条则更强调款项的实际给付，欠条更强调债务人认可债务的真实存在。

相关规定

《最高人民法院关于审理民间借贷案件适用法律若干问题的规定》

第十四条　原告以借据、收据、欠条等债权凭证为依据提起民间借贷诉讼，被告依据基础法律关系提出抗辩或者反诉，并提供证据证明债权纠纷非民间借贷行为引起的，人民法院应当依据查明的案件事实，按照基础法律关系审理。

当事人通过调解、和解或者清算达成的债权债务协议，不适用前款规定。

第十五条　原告仅依据借据、收据、欠条等债权凭证提起民间借贷诉讼，被告抗辩已经偿还借款的，被告应当对其主张提供证据证明。被告提供相应证据证明其主张后，原告仍应就借贷关系的存续承担举证责任。

被告抗辩借贷行为尚未实际发生并能作出合理说明的，人民法院应当结合借贷金额、款项交付、当事人的经济能力、当地或者当事人之间的交易方式、交易习惯、当事人财产变动情况以及证人证言等事实和因素，综合判断查证借贷事实是否发生。

专家解析

在民间借贷关系，尤其是自然人之间的借款关系中，借贷双方往往并没有签订正式的书面借款合同，而是通过由借款人或者出借人签写的借条、欠条或者收条等方式记录借款事实。

原告以借条、收条、欠条等债权凭证为依据提起民间借贷诉讼的，被告抗辩已经偿还借款或者主张双方不是民间借贷法律关系，并提供证据证明的，法院应当继续要求原告举证或按照实际的法律关系审理。因此，不能说有借条、收条、欠条，就一定代表双方存在借贷关系或者被告尚未还款，被告提出异议的，还应结合其他证据对该“条”的基础法律关系进行审查，或对被告是否已偿还款项进行认定。

此外，借款人向出借人还清借款的，应及时从出借人处取回借条、收条、欠条等债权凭证的原件，以免出借人收到款项后仍持债权凭证起诉借款人。

155. 电子送达可以适用判决书、调解书、裁定书吗?

案例场景

孙某因一起机动车交通事故受伤，受伤后的孙某回老家养病，通过在线立案的方式将肇事车主和保险公司起诉至法院，法院进行了在线开庭审理。开庭审理一个月后，孙某接到了法院的电话，原来是一审判决已出，法院准备向孙某邮寄一审判决书。孙某告知法院，老家这边的快递公司已经停止收件、派件，但他很想尽快拿到判决书。法院答复孙某，他已经在送达地址确认书中勾选了"同意电子送达"，并在庭审中明确同意法院电子送达判决书且已记入笔录，因此法院可以通过电子送达的方式向孙某送达判决书，孙某可在电子邮箱里查收。孙某有些疑惑，判决书也可以电子送达吗?

依法分析

2019 年年底，全国人大常委会颁布《关于授权最高人民法院在部分地区开展民事诉讼程序繁简分流改革试点工作的决定》指出，为进一步优化司法资源配置，推进案件繁简分流、轻重分离、快慢分道，深化民事诉讼制度改革，提升司法效能，促进司法公正，第十三届全国人民代表大会常务委员会第十五次会议决定授权在全国 15 个省（区、市）的 20 个城市就优化司法确认程序、完善小额诉讼程序、完善简易程序规则、扩大独任制适用范围、健全电子诉讼规则等，开展民事诉讼程序繁简分流改革试点工作。2020 年 1 月，最高人民法院制定了《民事诉讼程序繁简分流改革试点实施办法》，规定对于试点法院，经受送达人明确表示同意，人民法院可以电子送达判决书、裁定书、调解书等裁判文书。当事人提出需要纸质裁判文书的，人民法院应当提供。经过两年的改革试点后，实践证明行之有效的做法上升为了制度成果。故 2021 年修正后的《民事诉讼法》第九十条对电子送达判决文书进行了修改，经受送达人同意的，法院可以采用能够确认其收悉的电子方式送达判决书。案例中，法院可向孙某电子送达判决书，但孙某提出需要纸质文书的，人民法院也应当提供。

相关规定

《中华人民共和国民事诉讼法》

第九十条　经受送达人同意，人民法院可以采用能够确认其收悉的电子方式送达诉讼文书。通过电子方式送达的判决书、裁定书、调解书，受送达人提出需要纸质文书的，人民法院应当提供。

采用前款方式送达的，以送达信息到达受送达人特定系统的日期为送达日期。

《民事诉讼程序繁简分流改革试点实施办法》

第二十五条　经受送达人明确表示同意，人民法院可以电子送达判决书、裁定书、调解书等裁判文书。当事人提出需要纸质裁判文书的，人民法院应当提供。

专家解析

人民法院可以通过中国移动微法院、中国审判流程信息公开网、全国统一送达平台、传真、电子邮件、即时通信账号等电子方式送达诉讼文书和当事人提交的证据材料。具备下列情形之一的，人民法院可以确定受送达人同意电子送达：受送达人明确表示同意的；受送达人在诉讼前对适用电子送达已作出约定或者承诺的；受送达人在提交的起诉状、上诉状、申请书、答辩状中主动提供用于接收送达的电子地址的；受送达人通过回复收悉、参加诉讼等方式接受已经完成的电子送达，并且未明确表示不同意电子送达的。但人民法院送达判决书、裁定书、调解书的应当经受送达人明确表示同意。

156. 什么是非同步在线庭审？什么情况下可以采用？

案例场景

关某自2017年出国工作，一直在国外居住。关某在国内持有一套房产，由于长期旅居国外，自2017年起未再向物业公司交纳物业费。2020年，物业公司将关某诉至法院，要求关某支付物业费及滞纳金共计 4 万元。法院受理该案后，通过关某的亲属联系上关某，关某对物业公司提交的证据真实性无异议，但认为自己不支付物业费有客观理由，因此不同意调解或直接履行。关某和物业公司都同意本案采用小额诉讼程序。因关某与国内时差正好是 12 小时，且自己身体不好，不能熬夜，故申请法院对于物业公司和自己分别非同步在线开庭审理本案。物业公司对此亦表示同意。法院能否采取非同步在线庭审方式审理本案？

依法分析

非同步在线庭审是指当事人在一定期限内，分别登录诉讼平台，以非同步的方式开展庭审等诉讼活动。《人民法院在线诉讼规则》对非同步在线庭审的适用条件进行了规定，按照有关规定，本案中，只要关某和物业公司均表示同意此种庭审方式，人民法院可以在不同时间分别与关某、物业公司开庭进行审理。

此外，人民法院、当事人甚至可以在指定期限内按照庭审程序环节录制视频，将录制好的视频上传至诉讼平台，即视为非同步完成了庭审活动。但这种录制视频后上传诉讼平台的方式需同时满足以下条件：一是仅限于小额诉讼程序或者民事、行政简易程序审理的案件；二是各方当事人同时在线参与庭审确有困难，一方当事人提出书面申请，各方当事人均表示同意；三是案件经过在线证据交换或者调查询问，各方当事人对案件主要事实和证据不存在争议。

相关规定

《人民法院在线诉讼规则》

第二十条 经各方当事人同意，人民法院可以指定当事人在一定期限内，分别登录诉讼平台，以非同步的方式开展调解、证据交换、调查询问、庭审等诉讼活动。

适用小额诉讼程序或者民事、行政简易程序审理的案件，同时符合下列情形的，人民法院和当事人可以在指定期限内，按照庭审程序环节分别录制参与庭审视频并上传至诉讼平台，非同步完成庭审活动：

（一）各方当事人同时在线参与庭审确有困难；

（二）一方当事人提出书面申请，各方当事人均表示同意；

（三）案件经过在线证据交换或者调查询问，各方当事人对案件主要事实和证据不存在争议。

专家解析

2021年5月18日，《人民法院在线诉讼规则》经最高人民法院审判委员会审议通过，于2021年8月1日起施行。该规则共三十九条，明确了在线诉讼的法律效力、基本原则、适用条件，内容涵盖在线立案、调解、证据交换、庭审、宣判、送达等诉讼环节，首次从司法解释层面构建形成系统完备、指向清晰、务实管用的在线诉讼规则体系。

该规则对于进一步规范在线诉讼，保障当事人诉讼权利，便利人民群众诉讼，提升审判质量效率，推动形成“中国特色、世界领先”互联网新司法模式，具有重大而深远的意义。

157. 什么是区块链存证？它的效力和审查规则是什么？

案例场景

2019年，某微信公众号发布了标题为《我的全身都是宝》的文章，该文章使用某当红女明星的肖像图片共计35张，文章末尾展示公众号的二维码及某整形美容医院的广告宣传标语。该女明星将该公众号的运营主体诉至法院，其认为被告未经原告授权，在微信公众号上利用原告的肖像图片进行广告宣传，侵犯了原告的肖像权。原告在起诉前通过区块链技术存证对侵权的文章页面进行了录屏，并取得了第三方机构出具的证据保全证书。被告在庭审中认为原告提供的侵权页面无法与原件核对一致，侵权页面的证据保全形式不符合民事诉讼法的相关规定，因此，其提交的证据无法证明被告存在侵权行为。

依法分析

区块链存证是在传统公证存证之后的一种新型电子存证方式，通过把证据保存到区块链上，利用分布式存储理论，确保区块链的每一个节点都完整保存，达到了不易被篡改的目的。目前，我国诉讼法上尚无"区块链证据"这一证据类型，《人民法院在线诉讼规则》从技术特征角度将之描述为"通过区块链技术存储的电子数据"，其在性质上属于电子数据。需要指出的是，区块链基于自身技术特点，一般情况下并不存储电子数据内容本身，所存储的是经过加密运算所得的哈希值，并经由对哈希值的核验，判断电子数据本身是否被篡改。区块链技术基于自身链式数据结构、分布式存储和加密机制等技术特点，能够在很大程度上保障数据上链后难以篡改，为人民法院认定证据真实性提供技术支撑。前述规则第十六条确立了区块链存储数据的真实性推定效力。因此，本案中，若被告没有相反证据足以推翻，人民法院可以认定侵权页面的证据上链后未经篡改。

相关规定

《人民法院在线诉讼规则》

第十六条 当事人作为证据提交的电子数据系通过区块链技术存储，并经技术核验一致的，人民法院可以认定该电子数据上链后未经篡改，但有相反证据足以推翻的除外。

专家解析

虽然区块链技术本身具有防篡改的优势，但这种技术保障并非绝对。当事人对区块链技术存储的电子数据上链后的真实性提出异议，并有合理理由的，人民法院应当从以下因素审慎审查：存证平台是否符合国家有关部门关于提供区块链存证服务的相关规定；当事人与存证平台是否存在利害关系，并利用技术手段不当干预取证、存证过程；存证平台的信息系统是否符合清洁性、安全性、可靠性、可用性的国家标准或者行业标准；存证技术和过程是否符合相关国家标准或者行业标准中关于系统环境、技术安全、加密方式、数据传输、信息验证等方面的要求。

当事人对电子数据上链存储前的真实性提出异议，并提供证据证明或者说明理由的，人民法院应当予以审查。人民法院根据案件情况，可以要求提交区块链技术存储电子数据的一方当事人，提供证据证明上链存储前数据的真实性，并结合上链存储前数据的具体来源、生成机制、存储过程、公证机构公证、第三方见证、关联印证数据等情况作出综合判断。当事人不能提供证据证明或者作出合理说明，该电子数据也无法与其他证据相互印证的，人民法院不予确认其真实性。

158. 在线诉讼如何核验证据原件？

案例场景

小林是做服装生意的个体户，经常向做皮鞋批发的小马采购皮鞋用于出售，双方一般以送货单作为交易往来的凭据。交易流程为小林向小马提出采购申请，小马根据申请向小林发货并同时邮寄送货单，小林签收送货单后将单据原件寄回给小马，后在约定时间内付款。今年，小林因资金紧张，逾期向小马支付皮鞋货款达 1 万余元。小马通过网上立案将小林诉至法院，管辖法院为小林所在地人民法院，小马将送货单上传至电子诉讼平台，小马后从法院获知本案将通过在线庭审方式审理。小马困惑的是，自己身在外地，若法院开庭时要审核送货单原件，该如何处理？

依法分析

线下诉讼中，证据材料一般需要提供原件，在某些特定情形下可以提交复印件。在线诉讼模式下，如果一律要求提交证据原件，则会影响在线审理的效率，也会加重当事人负担。

《人民法院在线诉讼规则》第十二条明确了电子化材料“视同原件”的效力。本案中，若小马上传至电子诉讼平台的送货单，经人民法院审核通过后，可以直接在诉讼中使用。但是，需要注意以下几个问题：一是电子化材料的效力仅限于小马不必再另行提供纸质送货单原件，但对于该送货单的真实性、合法性、关联性、证明目的等，还需要做进一步的判断。二是电子化材料的效力具有限制性条件，若存在形式真实性存疑、内容格式不够规范清晰、不符合档案规定等情形的，仍应当提供原件。

相关规定

《人民法院在线诉讼规则》

第十二条 当事人提交的电子化材料，经人民法院审核通过后，可以直接在诉讼中使用。诉讼中存在下列情形之一的，人民法院应当要求当事人提供原件、原物：

（一）对方当事人认为电子化材料与原件、原物不一致，并提出合理理由和依据的；

（二）电子化材料呈现不完整、内容不清晰、格式不规范的；

（三）人民法院卷宗、档案管理相关规定要求提供原件、原物的；

（四）人民法院认为有必要提交原件、原物的。

专家解析

电子化材料具有易篡改的特点，因此人民法院需审核电子化材料和原件原物的一致性。电子化材料的审核技术性较强，人民法院需要借助更多的外部力量和其他程序来完成。《人民法院在线诉讼规则》第十三条对于电子化材料的审核规则进行了规范，该规定明确当事人提交的电子化材料，符合下列情形之一的，人民法院可以认定符合原件、原物形式要求：对方当事人对电子化材料与原件、原物的一致性未提出异议的；电子化材料形成过程已经过公证机构公证的；电子化材料已在之前诉讼中提交并经人民法院确认的；电子化材料已通过在线或者线下方式与原件、原物比对一致的；有其他证据证明电子化材料与原件、原物一致的。

159. 如何申请强制执行？

案例场景

唐某因逾期支付房租，被房东元某诉至法院。一审程序中，经法院组织调解，双方达成调解协议，约定“一、唐某向元某支付房租共计 10000 元，分三期支付……二、若唐某未按时足额支付上述任意一笔款项，则在后的款项视为提前到期，元某有权就全部款项申请执行；三、本案诉讼费 25 元，由唐某负担（于第一期支付房租时一并支付给元某）”，法院出具民事调解书。调解书生效后，唐某未按期向元某支付款项，元某决定向法院申请执行。元某从未申请过强制执行，有点犯怵，申请执行需要哪些材料、在哪个法院申请执行他都不是很清楚。

依法分析

按照《民事诉讼法》第二百三十一条的规定，元某可向本案第一审人民法院或者与第一审人民法院同级的被执行的财产所在地人民法院的立案部门申请执行。

元某应向人民法院提交下列文件和证件：1. 申请执行书，申请执行书中应当写明申请执行的理由、事项、执行标的，以及申请执行人所了解的被执行人的财产状况。本案中，申请执行标的为：要求唐某支付房租 10000 元及诉讼费 25 元，并支付迟延履行利息。2. 生效法律文书副本。3. 申请执行人的身份证明。4. 其他应当提交的文件或证件。

人民法院应对元某提交的材料进行审核，材料应满足以下几个条件：1. 申请的法律文书已经生效；2. 申请执行人是生效法律文书确定的权利人或其继承人、权利承受人；3. 申请执行的法律文书有给付内容，且执行标的和被执行人明确；4. 义务人在生效法律文书确定的期限内未履行义务；5. 属于受申请执行的人民法院管辖。

相关规定

《中华人民共和国民事诉讼法》

第二百三十一条 发生法律效力的民事判决、裁定，以及刑事判决、裁定中的财产部分，由第一审人民法院或者与第一审人民法院同级的被执行的财产所在地人民法院执行。

法律规定由人民法院执行的其他法律文书，由被执行人住所地或者被执行的财产所在地人民法院执行。

《最高人民法院关于适用〈中华人民共和国民事诉讼法〉的解释》

第四百六十一条 当事人申请人民法院执行的生效法律文书应当具备下列条件：

（一）权利义务主体明确；

（二）给付内容明确。

法律文书确定继续履行合同的，应当明确继续履行的具体内容。

专家解析

立案部门受理执行案件后，由执行局负责具体办理执行案件。执行局负责执行下列生效法律文书：人民法院民事、行政判决、裁定、调解书，民事制裁决定、支付令，以及刑事附带民事判决、裁定、调解书，刑事裁判涉财产部分；依法应由人民法院执行的行政处罚决定、行政处理决定；我国仲裁机构作出的仲裁裁决和调解书，人民法院依据《仲裁法》有关规定作出的财产保全和证据保全裁定；公证机关依法赋予强制执行效力的债权文书；经人民法院裁定承认其效力的外国法院作出的判决、裁定，以及国外仲裁机构作出的仲裁裁决；法律规定由人民法院执行的其他法律文书。

可见，执行局负责执行的案件种类繁多，不仅执行法院作出的民事、行政、刑事等各类生效法律文书，也执行商事仲裁机构、劳动争议仲裁委员会、公证处、外国法院、外国仲裁机构作出的生效法律文书。

160. 执行阶段还能和解吗?

案例场景

秦某是一名个体户，因欠付信用卡款项，被某银行起诉至法院。法院作出判决，判决秦某在本判决生效之日起7日内向银行支付欠款本金、费用、利息以及律师费共计11万元。

因秦某未按时履行判决义务，银行申请强制执行。执行阶段，法院依法对秦某采取限制消费措施，因此秦某的出行、征信都受到了影响。为促进本案执行，法院组织秦某和银行到庭进行协商。秦某表示因自己被限制消费，已无法从其他银行贷款，也无法去外地拉单子做生意，希望申请解除限制消费，同时希望能够分期履行并申请免除部分费用，通过这种“放水养鱼”的模式，秦某就有能力继续经营，并用经营所得陆续偿还欠款。银行表示愿意协商，在秦某偿付欠款本金的基础上可以作出让步，帮助秦某走出困境。

依法分析

执行阶段，秦某和银行可以自愿协商达成和解协议，对原判决书确定的内容依法进行变更。

本案中，秦某和银行可以达成如下执行和解协议：1. 秦某向银行支付欠款本金、利息和律师费，分期履行；2. 银行自愿免除秦某支付信用卡费用的判决义务；3. 银行向人民法院申请解除对秦某采取的限制消费措施；4. 若秦某未按约履行上述条款，银行有权恢复原判决书的执行，并申请法院对秦某采取限制消费措施并纳入失信被执行人名单。当事人达成执行和解协议后，人民法院可以裁定中止执行，需要长期履行的，可以裁定终结执行。

相关规定

《最高人民法院关于执行和解若干问题的规定》

第一条　当事人可以自愿协商达成和解协议，依法变更生效法律文书确定的权利义务主体、履行标的、期限、地点和方式等内容。

和解协议一般采用书面形式。

专家解析

执行和解制度灵活性高、变通性强，有利于化解矛盾，降低执行成本，实现各方当事人的利益诉求。

执行和解协议履行完毕的，人民法院作执行结案处理。被执行人一方不履行执行和解协议的，申请执行人可以申请恢复执行原生效法律文书，也可以就履行执行和解协议向执行法院提起诉讼。

申请执行人以被执行人一方不履行执行和解协议为由申请恢复执行，人民法院经审查，理由成立的，裁定恢复执行；有下列情形之一的，裁定不予恢复执行：执行和解协议履行完毕后申请恢复执行的；执行和解协议约定的履行期限尚未届至或者履行条件尚未成就的，但符合《民法典》第五百七十八条规定情形的除外；被执行人一方正在按照执行和解协议约定履行义务的；其他不符合恢复执行条件的情形。恢复执行后，对申请执行人就履行执行和解协议提起的诉讼，人民法院不予受理。恢复执行后，执行和解协议已经履行部分应当依法扣除。

申请执行人就履行执行和解协议提起诉讼，执行法院受理后，可以裁定终结原生效法律文书的执行。

161. 什么是执行担保？

案例场景

嫦娥公司是一家制作、销售月饼及糖果点心的公司，嫦娥公司在月饼包装上使用了某知名糕点商标，被该知名商标公司以侵犯商标权为由诉至法院，法院认定嫦娥公司侵权，判决嫦娥公司支付赔偿款5万元。嫦娥公司未主动履行判决，知名商标公司申请执行。执行阶段，法院经查询发现嫦娥公司并无可供执行的财产。知名商标公司向法院提交线索，提供了嫦娥公司现实际经营所在地。法院依法搜查了嫦娥公司经营地并将其法定代表人吴某拘传至法院，在法律的震慑下，吴某代表嫦娥公司与知名商标公司签署了分期履行的执行和解协议，并约定若不按照和解协议履行应另行支付违约金。同时，知名商标公司要求吴某提供其名下的一套无抵押的房产作为财产担保，用于担保本案嫦娥公司的债务。

依法分析

执行担保，是指担保人为担保被执行人履行生效法律文书确定的全部或者部分义务，向人民法院提供的担保。执行担保可以由被执行人提供财产担保，也可以由他人提供财产担保或者保证。

本案中，若吴某同意以其名下的房产提供财产担保，知名商标公司亦同意，可以采取执行担保的措施。吴某应当向人民法院提交担保书，并将担保书副本送交申请执行人。担保书中应当载明担保人吴某的基本信息、暂缓执行期限、担保期间、被担保的债权种类及数额、担保范围、担保方式、被执行人于暂缓执行期限届满后仍不履行时担保人自愿接受直接强制执行的承诺等内容。提供财产担保的，担保书中还应当载明担保财产的名称、数量、质量、状况、所在地、所有权或者使用权归属等内容。

吴某与知名商标公司可以依照《民法典》规定办理房屋抵押登记。知名商标公司申请人民法院查封该担保房产的，人民法院应当准许，但担保书另有约定的除外。

相关规定

《中华人民共和国民事诉讼法》

第二百三十八条　在执行中，被执行人向人民法院提供担保，并经申请执行人同意的，人民法院可以决定暂缓执行及暂缓执行的期限。被执行人逾期仍不履行的，人民法院有权执行被执行人的担保财产或者担保人的财产。

《最高人民法院关于执行担保若干问题的规定》

第一条　本规定所称执行担保，是指担保人依照民事诉讼法第二百三十一条规定，为担保被执行人履行生效法律文书确定的全部或者部分义务，向人民法院提供的担保。

第二条 执行担保可以由被执行人提供财产担保，也可以由他人提供财产担保或者保证。

专家解析

执行担保的法律后果为：暂缓执行期限届满后被执行人仍不履行义务，或者暂缓执行期间担保人有转移、隐藏、变卖、毁损担保财产等行为的，人民法院可以依申请执行人的申请恢复执行，并直接裁定执行担保财产或者保证人的财产，不得将担保人变更、追加为被执行人。执行担保财产或者保证人的财产，以担保人应当履行义务部分的财产为限。

另外，公司为被执行人提供执行担保的，应当提交符合《公司法》第十六条规定的公司章程、董事会或者股东会、股东大会决议。

162. 终结本次执行程序后就要不回钱了吗？

案例场景

常某在某餐饮公司的一个门店任厨师一职，后公司因经营不善，导致大量门店关闭，常某所在门店也在其中。关店后，公司与常某解除了劳动合同关系，但还欠付部分工资，也未支付赔偿金。常某申请劳动仲裁，劳动争议仲裁委员会裁决公司支付欠付工资及赔偿金。常某依据裁决书向法院申请执行。执行阶段，执行法官告知常某因公司暂无可供执行的财产，法院已采取限制消费等措施，本案应依法终结本次执行程序。常某听到"终结本次执行程序"后很沮丧：难道这就意味着即使拿到胜诉裁决也要不回钱了吗？

依法分析

终结本次执行程序属于执行实施类案件的一种结案方式，其他的结案方式还有执行完毕、终结执行、销案、不予执行、驳回申请等。

常某要区分"执行难"与"执行不能"。执行难是指被执行人虽有财产可供执行，但存在不能及时全部执行到位的情况。执行不能是指法院已经最大限度利用已有资源进行查控，并依法采取了限制消费、纳入失信名单等措施，但仍然执行无果的情况。本案属于执行不能的情况，法院终结本次执行程序是合法的。虽然常某目前没有拿回钱，但是并不代表以后不能拿到钱。

终结本次执行程序后，被执行人应当继续履行生效法律文书确定的义务。申请执行人发现被执行人有可供执行财产的，可以向执行法院申请恢复执行。申请恢复执行不受申请执行时效期间的限制。执行法院核查属实的，应当恢复执行。终结本次执行程序后的五年内，执行法院应当每六个月通过网络执行查控系统查询一次被执行人的财产，并将查询结果告知申请执行人。符合恢复执行条件的，执行法院应当及时恢复执行。

相关规定

《最高人民法院关于适用〈中华人民共和国民事诉讼法〉的解释》

第五百一十七条　经过财产调查未发现可供执行的财产，在申请执行人签字确认或者执行法院组成合议庭审查核实并经院长批准后，可以裁定终结本次执行程序。

依照前款规定终结执行后，申请执行人发现被执行人有可供执行财产的，可以再次申请执行。再次申请不受申请执行时效期间的限制。

专家解析

依据《最高人民法院关于严格规范终结本次执行程序的规定（试行）》，终结本次执行程序需严格满足以下条件：已向被执行人发出执行通知、责令被执行人报告财产；已向被执行人发出限制消费令，并将符合条件的被执行人纳入失信被执行人名单；已穷尽财产调查措施，未发现被执行人有可供执行的财产或者发现的财产不能处置；自执行案件立案之日起已超过三个月；被执行人下落不明的，已依法予以查找；被执行人或者其他人妨害执行的，已依法采取罚款、拘留等强制措施，构成犯罪的，已依法启动刑事责任追究程序。

终结本次执行程序前，人民法院应当将案件执行情况、采取的财产调查措施、被执行人的财产情况、终结本次执行程序的依据及法律后果等信息告知申请执行人，并听取其对终结本次执行程序的意见。执行案件已符合终结本次执行程序条件但申请执行人不同意的，不影响以终结本次执行程序结案。

当事人、利害关系人认为终结本次执行程序违反法律规定的，可以提出执行异议。

163. 怎么参与网络司法拍卖？法拍有什么风险？

案例场景

谢某最近打算买房，他的朋友杨某跟他说：“老谢，我推荐你看看司法拍卖的房子，据说可选择的房子多，好像还很便宜！”谢某听从了杨某的建议，他上网络司法拍卖平台浏览法拍房页面，发现法拍房确实种类多、可选择范围大，但是仍然有很多疑惑：“我如果想买法拍房要走什么样的程序？买法拍房有什么风险吗？法拍房价格会比市场价格低一些吗？”

依法分析

2016 年 11 月 25 日，最高人民法院发布了《关于司法拍卖网络服务提供者名单库的公告》，确定将淘宝网、京东网、人民法院诉讼资产网、公拍网及中国拍卖行业协会网 5 家平台纳入名单库。2019 年 6 月，又新增两个入围平台，分别是工商银行融 e 购和北京产权交易所。谢某可以在上述网络司法买卖平台选择心仪的法拍房，进行报名并交纳保证金，经确认后取得竞买资格并获得竞买代码、参拍密码，以该代码参与竞拍。拍卖从起拍价开始以递增出价方式竞价，增价幅度由人民法院确定。竞价时间应当不少于二十四小时，最后价高者得。

司法拍卖有一定风险，但主要风险一般会通过拍卖公告在拍卖财产的页面进行公示。常见风险有：财产权属瑕疵，如拍卖财产系被执行人与案外人按份共有；法拍房拍卖时尚未腾退；拍卖财产上附带租赁；竞买人需符合限购政策；等等。故谢某应当认真阅读拍卖公告。

根据规定，一拍起拍价不得低于评估价的百分之七十，再次拍卖的起拍降价幅度不得超过前次起拍价的百分之二十。人民法院在确定起拍价时，可能会在评估价的基础上打折。因此，起拍价低于市场价格的可能性比较大。

但司法拍卖属于公开竞价，不排除激烈竞价后的成交价高于市场价的可能。另外，司法拍卖没有中介费，如果成交，能为谢某节省一些支出。

相关规定

《最高人民法院关于人民法院网络司法拍卖若干问题的规定》

第二条　人民法院以拍卖方式处置财产的，应当采取网络司法拍卖方式，但法律、行政法规和司法解释规定必须通过其他途径处置，或者不宜采用网络拍卖方式处置的除外。

第十八条第一款　竞买人在拍卖竞价程序结束前交纳保证金经人民法院或者网络服务提供者确认后，取得竞买资格。网络服务提供者应当向取得资格的竞买人赋予竞买代码、参拍密码；竞买人以该代码参与竞买。

第二十条第一款　网络司法拍卖从起拍价开始以递增出价方式竞价，增价幅度由人民法院确定。竞买人以低于起拍价出价的无效。

专家解析

司法拍卖的程序一般包括一拍、二拍和变卖。根据《最高人民法院关于人民法院确定财产处置参考价若干问题的规定》，人民法院可以采取当事人议价、定向询价、网络询价、委托评估等方式确定财产处置参考价，并参照参考价确定起拍价。

一拍竞价期间无人出价的，本次拍卖流拍。流拍后应当在三十日内在同一网络司法拍卖平台再次拍卖，再次拍卖的起拍价降价幅度不得超过前次起拍价的百分之二十。网拍二拍若再次流拍后，人民法院应当于十日内询问申请执行人或其他执行债权人是否接受以物抵债。不接受以物抵债的，人民法院应当于网拍二拍流拍之日起十五日内发布网络司法变卖公告。网络司法变卖期为六十天，网络司法变卖的变卖价为网络司法拍卖二拍流拍价。

164. 悔拍有什么法律后果?

案例场景

今年是康某工作的第五个年头，他打算买一辆车。康某虚荣心较强，他手头并不富裕，但想买高档汽车。想来想去，康某打算看看法拍车。康某看到了一辆心仪的SUV，只需要20多万元即可买到，真是太划算了！康某也没去现场看车，就匆匆报名交了保证金，并在竞拍中以最高价竞得该车。成交后，康某打算先去实地看看这台梦寐以求的汽车再交尾款，结果到了现场，康某傻了眼：这台车已经停放在申请执行人的仓库里达三年之久，从未启动过，目前也无法打着火。康某悔得肠子都青了，不想交尾款了，他想知道这么做有什么法律后果。

依法分析

康某的行为俗称“悔拍”，是指未在人民法院指定的期限内交纳除保证金外的剩余拍卖款项的行为。

悔拍会产生如下法律后果：一是交纳的保证金人民法院将不予退还，没收的保证金将用于支付拍卖产生的费用损失、弥补重新拍卖价款低于原拍卖价款的差价、冲抵本案被执行人的债务以及与拍卖财产相关的被执行人的债务；二是悔拍人丧失了参加重新拍卖的资格；三是若查实属于恶意竞拍，扰乱司法拍卖秩序的，还有可能被人民法院处以罚款，并采取司法拘留措施。常见的恶意竞拍情形如竞买人恶意多次出价，抬高拍卖物的价格，使最后成交价远高于市场价格，成交后竞买人悔拍的情形。

相关规定

《最高人民法院关于人民法院网络司法拍卖若干问题的规定》

第二十四条 拍卖成交后买受人悔拍的，交纳的保证金不予退还，依次用于支付拍卖产生的费用损失、弥补重新拍卖价款低于原拍卖价款的差价、冲抵本案被执行人的债务以及与拍卖财产相关的被执行人的债务。

悔拍后重新拍卖的，原买受人不得参加竞买。

专家解析

悔拍会导致重新拍卖。还有一些情形会导致拍卖被撤销，这些情形包括：由于拍卖财产的文字说明、视频或者照片展示以及瑕疵说明严重失实，致使买受人产生重大误解，购买目的无法实现的，但拍卖时的技术水平不能发现或者已经就相关瑕疵以及责任承担予以公示说明的除外；由于系统故障、病毒入侵、黑客攻击、数据错误等原因致使拍卖结果错误，严重损害当事人或者其他竞买人利益的；竞买人之间，竞买人与网络司法拍卖服务提供者之间恶意串通，损害当事人或者其他竞买人利益的；买受人不具备法律、行政法规和司法解释规定的竞买资格的；违法限制竞买人参加竞买或者对享有同等权利的竞买人规定不同竞买条件等情形。

165. 借名买车的车辆被法院扣押怎么办？

案例场景

佟某有购车需求，但一直摇不上号。经朋友介绍，他与意欲出租指标的陈某签订了《借名买车协议》，协议约定陈某将指标出售给佟某，佟某一次性支付费用 10 万元，车款、保险费均由佟某支付，佟某实际占有使用，车辆实际所有权人为佟某。

协议签订后，佟某一直开着车，双方相安无事。直到有一天，佟某像往常一样准备开车上班时，有几名身着法院制服的工作人员拦住了他，告诉他因陈某与他人有借款纠纷，案件已经进入执行程序，该车辆登记在被执行人陈某名下，车辆已被法院依法查封，现在要将车辆予以扣押。这消息对佟某来说简直是晴天霹雳，他告诉对方，这车实际上是他的，不是陈某的。法院的工作人员告诉他，现在法院依法执行公务，请他配合，若妨害执行公务，人民法院可以依法对其拘留、罚款，现法院将查封、扣押裁定送达佟某，若佟某对车辆主张所有权的，应在裁定送达之日起十五日内向法院提出案外人异议。佟某拿着法院的裁定书，目送法官、司法警察开着车走了……

依法分析

本案中，佟某斥巨资购买的车辆却被法院依法扣押，属于“借名买车”的风险之一。

佟某为了维护自身权益，可在人民法院规定的期限内向法院提出案外人异议，主张对车辆的所有权排除执行。佟某应当向执行法院立案部门提交案外人异议申请书，申请书应当载明具体的异议或者复议请求、事实、理由等内容，并附异议人或者复议申请人的身份证明、相关证据材料、送达地址和联系方式。

对佟某提出的案外人异议，执行异议审查部门会按照下列标准判断：已登记的机动车、船舶、航空器等特定动产，按照相关管理部门的登记判断；未登记的特定动产和其他动产，按照实际占有情况判断。若涉案车辆登记在陈某名下，执行异议审查部门很可能会驳回佟某的异议请求。佟某应当在驳回异议请求的裁定送达之日起十五日内向法院提出执行异议之诉。法院审判部门在审理执行异议之诉时，会按照《民法典》有关物权部分的规定，对车辆所有权归属进行实体审查。

相关规定

《中华人民共和国民事诉讼法》

第二百三十四条 执行过程中，案外人对执行标的提出书面异议的，人民法院应当自收到书面异议之日起十五日内审查，理由成立的，裁定中止对该标的的执行；理由不成立的，裁定驳回。案外人、当事人对裁定不服，认为原判决、裁定错误的，依照审判监督程序办理；与原判决、裁定无关的，可以自裁定送达之日起十五日内向人民法院提起诉讼。

专家解析

“借名买车”系规避国家关于小客车数量调控政策的行为，亦对社会经济秩序产生了不良影响。“借名买车”导致“车户分离”，会带来诸多风险。对于实际出资人而言，可能会出现车辆被名义车主抵押、二次出售，被司法机关查封扣押的情形，产生“车钱两空”的风险；对于名义车主而言，如果车辆有贷款，可能出现实际使用人不按约偿还贷款，名义车主需对外承担偿还贷款的民事责任的风险，此外，还可能承担因车辆违章、交通事故而引发的责任。

166. 唯一住房能否被执行？

案例场景

司某向景某借款，双方在公证处进行了借款公证，司某以其名下房屋作为抵押担保并办理了抵押登记。因司某未向景某按时还款，公证处出具执行证书，景某持公证书、执行证书向人民法院申请执行。执行过程中，法院查封了司某名下的房屋并拟对涉案房屋进行处置变价，张贴了拍卖公告。司某对法院执行行为提出执行异议，认为其名下的房屋属于自己及母亲、配偶、女儿的唯一住房，若该房屋被拍卖，将导致司某一家四口无家可归，损害了司某一家人的基本生存权益，法院不应对涉案房屋进行拍卖。

依法分析

唯一住房，是指被执行人及其所扶养家属生活的唯一居住房屋。根据有关司法解释规定，满足以下情形之一的，司某名下的唯一住房亦可以进行司法处置：一是对被执行人有扶养义务的人名下有其他能够维持生活必需的居住房屋的，如司某母亲名下有其他住房则符合本条件；二是执行依据生效后，被执行人为逃避债务转让其名下其他房屋的，如公证处出具执行证书后，司某将其名下的另外一套房屋低价转让给其朋友则符合本条件；三是景某按照当地廉租住房保障面积标准为司某及所扶养家属提供居住房屋，或者同意参照当地房屋租赁市场平均租金标准从该房屋的变价款中扣除五年至八年租金。

相关规定

《最高人民法院关于人民法院办理执行异议和复议案件若干问题的规定》

第二十条　金钱债权执行中，符合下列情形之一，被执行人以执行标的系本人及所扶养家属维持生活必需的居住房屋为由提出异议的，人民法院不予支持：

（一）对被执行人有扶养义务的人名下有其他能够维持生活必需的居住房屋的；

（二）执行依据生效后，被执行人为逃避债务转让其名下其他房屋的；

（三）申请执行人按照当地廉租住房保障面积标准为被执行人及所扶养家属提供居住房屋，或者同意参照当地房屋租赁市场平均租金标准从该房屋的变价款中扣除五至八年租金的。

执行依据确定被执行人交付居住的房屋，自执行通知送达之日起，已经给予三个月的宽限期，被执行人以该房屋系本人及所扶养家属维持生活的必需品为由提出异议的，人民法院不予支持。

专家解析

实践中，执行法院应当组成合议庭，并经评议确定"五年至八年"的具体年限，法院常常根据被执行人配合腾退房屋的态度来确定年限标准。同时，应参照当地房屋租赁管理部门提供的信息及市场行情并结合案件具体情况，进行充分评议，确定"当地房屋租赁市场平均租金标准"。计算租金时应当分别确定被执行人及所扶养家属的人数、当地廉租住房保障面积标准以及当地房屋租赁市场的平均租金标准，可用以下计算公式来计算具体数额：租金（元）= 被执行人及所扶养家属的人数（人）× 当地廉租住房保障人均面积（平方米 / 人）× 当地房屋租赁市场的平均租金（元 / 平方米）。

167. 纳入失信被执行人名单和限制消费有何异同？

案例场景

老方喜欢看法治频道的新闻节目。最近，电视里经常报道"某某老赖欠钱不还被法院司法拘留""上了黑名单，老赖寸步难行"等新闻。老方虽已退休，但仍然保持学习的习惯，他对于"老赖""黑名单"很好奇，查询了相关资料，发现执行程序中有两种类似的强制措施，一种是纳入失信被执行人名单，另一种是限制消费措施，他希望有人能帮他解答这两种措施有何异同。

依法分析

“老赖”一般是指失信被执行人，“黑名单”一般是指失信被执行人名单。

失信被执行人名单的制度设计主要侧重于信用惩戒方面，人民法院会将失信被执行人名单信息，向政府相关部门、金融监管机构、金融机构、承担行政职能的事业单位及行业协会等通报，相关单位依照法律、法规和有关规定，在政府采购、招标投标、行政审批、政府扶持、融资信贷、市场准入、资质认定等方面，对失信被执行人予以信用惩戒。

限制消费措施的制度设计主要侧重于限制被执行人高消费行为，被执行人为自然人的，被采取限制消费措施后，不得有以下高消费及非生活和工作必需的消费行为：乘坐交通工具时，选择飞机、列车软卧、轮船二等以上舱位；在星级以上宾馆、酒店、夜总会、高尔夫球场等场所进行高消费；购买不动产或者新建、扩建、高档装修房屋；租赁高档写字楼、宾馆、公寓等场所办公；购买非经营必需车辆；旅游、度假；子女就读高收费私立学校；支付高额保费购买保险理财产品；乘坐G字头动车组列车全部座位、其他动车组列车一等以上座位等其他非生活和工作必需的消费行为。被执行人为单位的，被采取限制消费措施后，被执行人及其法定代表人、主要负责人、影响债务履行的直接责任人员、实际控制人不得实施前款规定的行为。

相关规定

《最高人民法院关于限制被执行人高消费及有关消费的若干规定》

第一条　被执行人未按执行通知书指定的期间履行生效法律文书确定的给付义务的，人民法院可以采取限制消费措施，限制其高消费及非生活或者经营必需的有关消费。

纳入失信被执行人名单的被执行人，人民法院应当对其采取限制消费措施。

《最高人民法院关于公布失信被执行人名单信息的若干规定》

第一条　被执行人未履行生效法律文书确定的义务，并具有下列情形之一的，人民法院应当将其纳入失信被执行人名单，依法对其进行信用惩戒：

（一）有履行能力而拒不履行生效法律文书确定义务的；

（二）以伪造证据、暴力、威胁等方法妨碍、抗拒执行的；

（三）以虚假诉讼、虚假仲裁或者以隐匿、转移财产等方法规避执行的；

（四）违反财产报告制度的；

（五）违反限制消费令的；

（六）无正当理由拒不履行执行和解协议的。

专家解析

限制消费措施和纳入失信被执行人名单有以下几个主要的区别和联系：

第一，限制消费措施适用门槛低，纳入失信名单适用门槛高。人民法院发出执行通知后就可采取限制消费措施，但需要满足特定条件才能纳入失信名单。

第二，纳入失信名单的被执行人，人民法院应当对其采取限制消费措施。意即“上失信必上限高，上限高不一定上失信”。

第三，被执行人为单位的，法院对单位及其法定代表人均可采取限制消费措施，但只能将单位纳入失信名单，不能将法定代表人纳入失信名单。

第四，二者救济程序相同。当事人可以就限制消费和纳入失信名单的执行行为向执行法院申请纠正，执行法院驳回申请的，可以向上一级人民法院申请复议。

第五，失信名单可以分为有固定期限的失信名单和无固定期限的失信名单，限制消费措施没有固定的期限。

168. 生活陷入困难的申请执行人能否申请司法救助？

案例场景

谢某驾驶大货车与洪某驾驶的小汽车相撞，造成洪某死亡，经交通管理部门认定，谢某负主要责任。洪某的妻子冯某及其未成年的儿子小洪是洪某的法定继承人，冯某将谢某、保险公司诉至法院。因谢某只投保了交强险，法院判决谢某在交强险赔付范围外另行向冯某支付赔偿款 80 余万元。冯某向法院申请执行。法院执行谢某名下财产 13 万余元并发还给冯某后，查实谢某暂无其他财产可供执行，裁定终结本次执行程序。冯某带着小洪独自生活，又未获得全额赔偿，生活陷入了困难。执行法官向冯某提议让其申请司法救助。

依法分析

根据相关规定，因道路交通事故等民事侵权行为造成人身伤害，无法通过诉讼获得赔偿，受害人陷入生活困难，提出国家司法救助申请的，应当予以救助。本案中，冯某可依法向人民法院提出司法救助申请。

司法救助有以下基本原则：

第一，一次性原则及诉讼赔偿优先原则。对同一案件的同一救助申请人只进行一次性国家司法救助。对于能够通过诉讼获得赔偿、补偿的，一般应当通过诉讼途径解决。

第二，案件管辖法院救助原则。人民法院对符合救助条件的救助申请人，无论其户籍所在地是否属于受案人民法院辖区范围，均由案件管辖法院负责救助。

第三，以支付救助金为主要原则。国家司法救助以支付救助金为主要方式，并与思想疏导相结合，与法律援助、诉讼救济相配套，与其他社会救助相衔接。

第四，救助限额原则。救助金以案件管辖法院所在省、自治区、直辖市上一年度职工月平均工资为基准确定，一般不超过 36 个月的月平均工资总额。损失特别重大、生活特别困难，需适当突破救助限额的，应当严格审核控制，救助金额不得超过应当判决给付或者虽已判决但未执行到位的标的数额。

第五，生活困难原则。救助申请人一般应提交救助申请人及其家庭成员生活困难的证明。

第六，执行回款扣除原则。救助申请人获得救助后，人民法院从被执行人处执行到赔偿款或者其他应当给付的执行款的，应当将已发放的救助金从执行款中扣除。

相关规定

《最高人民法院关于加强和规范人民法院国家司法救助工作的意见》

第一条 人民法院在审判、执行工作中，对权利受到侵害无法获得有效赔偿的当事人，符合本意见规定情形的，可以采取一次性辅助救济措施，以解决其生活面临的急迫困难。

专家解析

救助申请人申请司法救助应当符合《最高人民法院关于加强和规范人民法院国家司法救助工作的意见》第三条规定之情形并一般应当提交以下材料：救助申请书，救助申请书应当载明申请救助的数额及理由；救助申请人的身份证明；实际损失的证明；救助申请人及其家庭成员生活困难的证明；是否获得其他赔偿、救助等相关证明；其他能够证明救助申请人需要救助的材料。

第九章　调解和仲裁法律知识

169. 离婚案件是否都必须经过调解程序?

案例场景

刘某和何某因长期分居，导致感情不和，计划办理离婚手续。双方感觉已经无和好的可能，选择了诉讼离婚。在法庭上，正当法官主持调解的时候，刘某向法官表示，自己和何某之间就是想尽快结束婚姻关系，不需要法官调解。何某也说，自己和刘某已经无和好的可能，希望法官不要给两人做调解工作。问：刘某和何某的说法是否正确？

依法分析

《民法典》对于离婚案件是否都必须经过调解程序的问题，已经直接给予了回应。其中，《民法典》第一千零七十九条第二款规定了“人民法院审理离婚案件，应当进行调解；如果感情确已破裂，调解无效的，应当准予离婚”。该款中的“应当”一词可以理解为“必须”，所以，在离婚案件中，由法官主持调解工作是必经程序，是不以当事人的意思为转移的。本案中，刘某和何某作为离婚案件当事人，即使两人提出不愿意经过调解程序的理由，也是不成立的。

相关规定

《中华人民共和国民法典》

第一千零七十九条　夫妻一方要求离婚的，可以由有关组织进行调解或者直接向人民法院提起离婚诉讼。

人民法院审理离婚案件，应当进行调解；如果感情确已破裂，调解无效的，应当准予离婚。

有下列情形之一，调解无效的，应当准予离婚：

（一）重婚或者与他人同居；

（二）实施家庭暴力或者虐待、遗弃家庭成员；

（三）有赌博、吸毒等恶习屡教不改；

（四）因感情不和分居满二年；

（五）其他导致夫妻感情破裂的情形。

一方被宣告失踪，另一方提起离婚诉讼的，应当准予离婚。

经人民法院判决不准离婚后，双方又分居满一年，一方再次提起离婚诉讼的，应当准予离婚。

《最高人民法院关于适用〈中华人民共和国民事诉讼法〉的解释》

第一百四十五条第二款 人民法院审理离婚案件，应当进行调解，但不应久调不决。

专家解析

正所谓“家和万事兴”，家庭关系是社会的重要基础。可以说，一个和谐、友爱的家庭关系，不仅有利于个人工作生活和子女的健康成长，也有利于促进社会经济的稳定发展。因此，离婚、抚养、继承等家事案件的处理不同于其他类型案件，背后更应考虑家庭伦理、子女成长和道德风尚等因素。体现在离婚案件中，法律设置了必经的调解程序。其目的在于：对于法官而言，主审法官可以通过调解工作，了解当事人之间矛盾发生的原因，从而鉴别出“可挽救婚姻”“死亡婚姻”等不同情形，从而做到正确适用法律；对于当事人而言，调解程序不同于庭审程序，它能给予当事人一个充分表达自己意愿的机会，让当事人充分表达对于婚姻关系的认识，尽可能减少双方的言语对抗，从而帮助当事人找到解决问题的途径。

170. 在家事类案件中，有哪些案件可以不出具调解书？

案例场景

邓某某与林某系夫妻，未生育子女，婚后感情尚可。后，林某因邓某某与第三人存在不正当关系而起诉至法院，要求离婚。在庭审过程中，法官在查明案情的基础上，对邓某某和林某两人做调解工作。最后，在法官的努力之下，邓某某承认错误，保证之后不再发生类似情况，林某也表示谅解。邓某某和林某在案件结束之时向法院索要法律文书遭到法官的回绝。问：法官的回绝是否有道理？

依法分析

在一般情形之下，法官在处理案件时，会依据案件的裁判结果出具相应的法律文书，但不是对所有的案件都会出具法律文书。依据《民事诉讼法》的相关规定，对于“（一）调解和好的离婚案件；（二）调解维持收养关系的案件；（三）能够即时履行的案件；（四）其他不需要制作调解书的案件”，如果当事人达成调解协议的，人民法院可以不制作调解书。本案中的邓某某和林某是在法官调解之下重归于好的。因此，邓某某和林某的情形属于“调解和好的离婚案件”，依据法律规定，对该情形可以不出具调解书。所以，法官在上述情形下不出具调解书是有法律依据的。

相关规定

《中华人民共和国民法典》

第一千零八十条　完成离婚登记，或者离婚判决书、调解书生效，即解除婚姻关系。

《中华人民共和国民事诉讼法》

第一百零一条　下列案件调解达成协议，人民法院可以不制作调解书：

（一）调解和好的离婚案件；

（二）调解维持收养关系的案件；

（三）能够即时履行的案件；

（四）其他不需要制作调解书的案件。

对不需要制作调解书的协议，应当记入笔录，由双方当事人、审判人员、书记员签名或者盖章后，即具有法律效力。

专家解析

在包括家事类案件在内的民事案件中，法官会依据案件情况出具判决书、裁定书、调解书等不同法律文书。例如，法官对诉争的法律关系出具判决书；又如，在当事人申请撤诉、法院准许的情形下，法官会出具撤诉裁定书；再如，当事人达成调解协议，法官则依据合法性原则，出具调解书；等等。家事案件不同于其他类型案件，存在需要维护家庭关系的和谐、稳定的背后考虑。基于家事案件的特殊性，尤其为了维系长期的婚姻、抚养关系，减少诉讼活动对家庭和谐稳定产生的不必要影响，对于调解和好的离婚案件、维持收养关系的案件等两类家事案件，人民法院可以不出具调解文书，但是在相关案件庭审笔录、谈话笔录中，则需要明确记载相关情况，且相关情况需要当事人签字予以确认，以证明调解过程及结果的客观存在。

171. 夫妻之间达成婚后书面财产约定协议，能否在其中设置仲裁解决条款?

案例场景

秦某与郑某某在大学期间相识并建立情侣关系。后来，随着感情的升温和年龄的增长，两人步入婚姻的殿堂。秦某与郑某某为减少日常生活矛盾，以书面的形式约定了婚后的财产归属、日常生活及子女照料的相关事项。同时，两人还想到好友金某在某市仲裁委担任仲裁员，由其解决两人日后可能出现的财产纠纷会比较客观中立。于是，两人在上述协议里增加约定了"两人如就上述事项发生争议，应当先行沟通解决，如果解决不了，可以向某市仲裁委提出请求予以解决"。问：秦某与郑某某达成的仲裁协议是否有效?

依法分析

《仲裁法》规定了申请仲裁、仲裁协议效力、仲裁程序及最终执行的系列事项，但将"婚姻、收养、监护、扶养、继承纠纷"明确为不能仲裁的事项。案例中，秦某与郑某某虽然达成了"仲裁解决纠纷"的相关条款内容，但相关纠纷是在两人婚姻关系的基础之上，本质上属于涉及婚姻纠纷事项，不属于可仲裁内容。因此，两人达成的该仲裁条款是无效的。

相关规定

《中华人民共和国民法典》

第一千零六十五条　男女双方可以约定婚姻关系存续期间所得的财产以及婚前财产归各自所有、共同所有或者部分各自所有、部分共同所有。约定应当采用书面形式。没有约定或者约定不明确的，适用本法第一千零六十二条、第一千零六十三条的规定。

夫妻对婚姻关系存续期间所得的财产以及婚前财产的约定，对双方具有法律约束力。

夫妻对婚姻关系存续期间所得的财产约定归各自所有，夫或者妻一方对外所负的债务，相对人知道该约定的，以夫或者妻一方的个人财产清偿。

《中华人民共和国仲裁法》

第三条　下列纠纷不能仲裁：

（一）婚姻、收养、监护、扶养、继承纠纷；

（二）依法应当由行政机关处理的行政争议。

专家解析

仲裁机构及仲裁程序伴随着社会经济发展而来，具有高效、公正及便捷的优势。在功能定位上，仲裁程序倾向于面向商事纠纷，特别是财产纠纷和合同纠纷，对于婚姻、收养、监护、扶养、继承等家事纠纷及依法应当由行政机关处理的行政争议，因不属于商事纠纷，故不纳入其范围。当然，一些纠纷虽然表面上属于财产纠纷，但是还要考虑其产生的基础原因，诸如本案例中可能产生的离婚财产纠纷就是建立在婚姻关系的基础之上，因此，对于该类纠纷应当透过表象而深入其内在，确定纠纷的本质，以寻求正确的解决问题的途径。

172. 双方就争议事项达成仲裁协议，但约定的仲裁机构不明确，是否属于仲裁协议的无效情形？

案例场景

位于B市的甲公司与位于T市的乙公司达成一份钢材供销协议，约定乙公司于本合同签订的三个月后为甲公司提供一定数量的钢材，收货地定在B市F区。其中，争议解决条款为：“如甲公司与乙公司在履行合同项下服务出现纠纷的，首先由双方友好协商解决，如果不能解决纠纷，交由位于B市的仲裁机构进行解决。该仲裁裁决是终局的，对双方都有约束力。仲裁费用由败诉一方承担。”后，甲公司与乙公司因钢材质量问题发生争议，且就该问题未能达成解决协议，便计划交与仲裁机构予以解决，但发现B市有两家仲裁机构。问：甲公司与乙公司达成的该仲裁协议是否有效？

依法分析

《仲裁法》明确规定仲裁协议约定的仲裁机构应当明确、具体，如果约定的仲裁机构不明确，将导致仲裁协议无效。案例中的甲公司和乙公司就一批钢材购销达成协议，并就可能出现的争议事项约定了仲裁条款，但条款指向的仲裁机构却有两家，属于“仲裁机构不明确”的情形。不过在此情形下达成的仲裁条款并不绝对无效，双方还可以就仲裁机构的选定问题再次进行协议，如果能够重新达成协议，对于选定的仲裁机构进行明确，该仲裁协议依然是有效的。

相关规定

《中华人民共和国仲裁法》

第十六条 仲裁协议包括合同中订立的仲裁条款和以其他书面方式在纠纷发生前或者纠纷发生后达成的请求仲裁的协议。

仲裁协议应当具有下列内容：

（一）请求仲裁的意思表示；

（二）仲裁事项；

（三）选定的仲裁委员会。

第十七条　有下列情形之一的，仲裁协议无效：

（一）约定的仲裁事项超出法律规定的仲裁范围的；

（二）无民事行为能力人或者限制民事行为能力人订立的仲裁协议；

（三）一方采取胁迫手段，迫使对方订立仲裁协议的。

第二十条　当事人对仲裁协议的效力有异议的，可以请求仲裁委员会作出决定或者请求人民法院作出裁定。一方请求仲裁委员会作出决定，另一方请求人民法院作出裁定的，由人民法院裁定。

当事人对仲裁协议的效力有异议，应当在仲裁庭首次开庭前提出。

专家解析

除了《仲裁法》第十七条规定的“仲裁协议无效”的情形之外，还有就仲裁机构选定问题不明确而导致的无效情形。在实践中，主要存在以下几个方面：一是选定的仲裁机构名称错误；二是虽约定仲裁地点，但没有约定仲裁机构，如“由争议所在地的仲裁机构解决”的表述，就是表述约定不明确的情形；三是仲裁协议同时约定了两个仲裁机构，或者约定的地区同时存在两个以上的仲裁机构。当然，发生问题的时候，也不意味着不能再走仲裁这条路，双方还可以就问题达成新的仲裁协议。

173. 经过法院调解而离婚的，之后是否还可以提起再审？

案例场景

王甲和王乙原系夫妻，婚后生育一子。双方因感情不和，于2021年8月经法院调解离婚。后，因顾及子女的成长且双方家长反复沟通协调，王甲和王乙计划复婚。同时，两人考虑到是经过人民法院调解离婚的，所以向原审法官表示想复婚，理由是两人当时的行为欠缺考虑，原先的调解离婚也只是个人行为，希望法院能够通过再审程序恢复两人的婚姻关系，并撤销原离婚调解协议。问：王甲和王乙的说法能否成立？

依法分析

依据我国《民事诉讼法》的规定，对于婚姻关系的再审案件，尤其是当事人对已经发生法律效力的解除婚姻关系的判决、调解书，不得申请再审。显然，案例中的王甲和王乙想通过再审程序撤销原有离婚调解协议是不可以的，关于问题的解决，两人可以通过婚姻登记程序，重新缔结婚姻关系。

相关规定

《中华人民共和国民法典》

第一千零七十九条 夫妻一方要求离婚的，可以由有关组织进行调解或者直接向人民法院提起离婚诉讼。

人民法院审理离婚案件，应当进行调解；如果感情确已破裂，调解无效的，应当准予离婚。

有下列情形之一，调解无效的，应当准予离婚：

（一）重婚或者与他人同居；

（二）实施家庭暴力或者虐待、遗弃家庭成员；

（三）有赌博、吸毒等恶习屡教不改；

（四）因感情不和分居满二年；

（五）其他导致夫妻感情破裂的情形。

一方被宣告失踪，另一方提起离婚诉讼的，应当准予离婚。

经人民法院判决不准离婚后，双方又分居满一年，一方再次提起离婚诉讼的，应当准予离婚。

第一千零八十条 完成离婚登记，或者离婚判决书、调解书生效，即解除婚姻关系。

第一千零八十三条 离婚后，男女双方自愿恢复婚姻关系的，应当到婚姻登记机关重新进行结婚登记。

《中华人民共和国民事诉讼法》

第二百零九条 当事人对已经发生法律效力的解除婚姻关系的判决、调解书，不得申请再审。

专家解析

原则上，依据我国《民事诉讼法》的规定，当事人对已经发生法律效力的判决、裁定，认为有错误的，可以向上一级人民法院申请再审。现实生活中，原先离婚、后又复婚的部分群体出于子女升学、房屋按揭和照顾老人情绪等考虑，不愿意存有相关离婚记录。所以，经过法院离婚调解或者判决离婚的一部分群体希望通过再审程序，否认原有的调解或判决结论，从而恢复至“未离婚”的状况。但是，婚姻案件不同于其他类型的案件，不管是结婚行为，还是离婚行为，都会导致身份关系和财产关系的变化。这变化除对于婚姻双方产生效力外，亦对外产生公示效力。因此，为了维护婚姻关系的对外信赖利益，调解离婚是不能通过再审程序来推翻的。

174. 如何通过法院调解程序处理因忘记银行密码而提起的继承诉讼？

案例场景

刘甲之父刘某去世了。刘甲与其母秦乙在清点刘某遗产的时候，发现有若干张银行存折，开户人均是刘某本人。但是，刘甲和秦乙均不知道这些银行存折的密码，更不知道这些银行存折里面有多少钱。于是，刘甲和秦某依次去找相关银行询问，其中一些银行顺利帮助刘甲和秦乙取出了存款，但一些银行却拒绝了两人的请求。刘甲带着这些问题去找律师朋友黄某，寻求解决的途径。黄某了解刘甲的情况后，建议刘甲去法院就相关银行存款提起继承诉讼。

依法分析

自然人的继承权受到法律保护。被继承人的合法遗产可以依据法律的规定进行继承。案例中的银行存折开户人均为被继承人刘某本人，因此，该银行存折下的存款应为刘某本人的遗产。刘甲和秦乙作为刘某的第一顺序继承人，有权继承上述款项，并可以依据法院出具的调解书和判决书，去银行办理相关手续。

相关规定

《中华人民共和国民法典》

第一千一百二十二条 遗产是自然人死亡时遗留的个人合法财产。

依照法律规定或者根据其性质不得继承的遗产，不得继承。

第一千一百二十三条 继承开始后，按照法定继承办理；有遗嘱的，按照遗嘱继承或者遗赠办理；有遗赠扶养协议的，按照协议办理。

《中华人民共和国民事诉讼法》

第九条 人民法院审理民事案件，应当根据自愿和合法的原则进行调解；调解不成的，应当及时判决。

第九十六条 人民法院审理民事案件，根据当事人自愿的原则，在事实清楚的基础上，分清是非，进行调解。

第一百条 调解达成协议，人民法院应当制作调解书。调解书应当写明诉讼请求、案件的事实和调解结果。

调解书由审判人员、书记员署名，加盖人民法院印章，送达双方当事人。

调解书经双方当事人签收后，即具有法律效力。

专家解析

在日常生活中，因被继承人未告知的原因，继承人不知道其留存的银行密码的情况不少见。当继承人拿着银行卡去相关银行想要取出存款之时，可能会有部分银行以该存款未明确由谁继承为由而拒绝，并建议取款人到法院提起诉讼，先行解决由谁继承的问题，才可以到银行取出存款。所以，在司法实践中，产生了如本案所显示的无争议的继承问题。当该类型案件进入法院后，如果仅不知道银行卡密码且所有继承人无争议，可以通过调解来解决该问题。通过调解来解决问题，体现出以下几个方面优势：一是高效率，如果继承人之间无争议，即可在签收法院出具的调解书之时，立即发生法律效力，当事人可以拿着调解书去银行办理后续手续；二是节约、经济，采取调解结案相比判决解决来说，可以减半给付诉讼费用。因此，因忘记银行密码而提起继承诉讼且在继承人之间无争议的时候，多采取法院调解方式予以解决。

175. 达成调解协议后，当事人一方能反悔吗？

案例场景

小曹和小刘于2021年5月21日签订了一份《买卖合同》，约定小刘向小曹提供一批红木家具，小曹向小刘付款50万元，小刘应当于合同签订后10日内向小曹供货，小曹应当在小刘供货后3日内付清全部的货款。合同签订后，小刘在第7天向小曹提供了全部的红木家具，然而小曹却迟迟未付款，小刘于是起诉了小曹。在诉讼过程中，小曹向小刘和法庭哭诉，自己把红木家具转卖给了小孙，约定将货送到小孙处3天内，小孙便向自己付款，待小孙付款后就将货款支付给小刘。可谁料，在交货前两天仓库突然起火，红木家具全部被烧毁，现在自己穷困潦倒，一时无法支付相应货款。小刘一听，小曹如此可怜，于心不忍，于是主动降低了要求小曹支付的货款金额，只要求支付30万元，且将付款期限延至半年以后。诉讼费用由小刘先行垫付，待半年后小曹连同未付货款向小刘一并支付。至此，双方达成调解一致，小曹和小刘均在调解协议上签字。然而小曹刚签完字后就反悔了，称觉得30万元还是太多了，自己给不出来，只同意向小刘支付10万元，小刘一听也急了，坚决不同意，双方为此争执不下。此后，法庭向小曹送达调解书，小曹拒收。小曹在签订调解协议后能反悔吗？其拒收调解书的行为是否导致调解协议不能达成？

依法分析

根据《最高人民法院关于适用〈中华人民共和国民事诉讼法〉的解释》，双方当事人在达成调解协议后是不能反悔的，认定是否达成调解协议，以各方当事人是否在调解协议上签名为准。只要各方当事人在调解协议上签字了，调解协议就发生法律效力，各方均不能反悔。因此，小曹在调解协议上签字后即不得反悔，其拒收调解书的行为，不影响调解协议的效力。如果小曹拒不按照调解协议履行义务，小刘可以凭借调解书向人民法院申请强制执行。

相关规定

《最高人民法院关于适用〈中华人民共和国民事诉讼法〉的解释》

第一百五十一条 根据民事诉讼法第一百零一条第一款第四项规定，当事人各方同意在调解协议上签名或者盖章后即发生法律效力的，经人民法院审查确认后，应当记入笔录或者将调解协议附卷，并由当事人、审判人员、书记员签名或者盖章后即具有法律效力。

前款规定情形，当事人请求制作调解书的，人民法院审查确认后可以制作调解书送交当事人。当事人拒收调解书的，不影响调解协议的效力。

专家解析

调解是双方平等自愿协商的结果，调解协议除非存在以下情形，人民法院不得确认：一是侵害国家利益、社会公共利益；二是侵害案外人利益；三是违背当事人真实意思；四是违反法律、行政法规禁止性规定。除此之外，调解协议一经各方当事人签字即具有法律效力，任何一方均不得反悔。即使此后反悔的一方当事人拒收调解书，也不影响调解协议的效力，这也是民法诚实信用原则的体现。作为普通公民，应当本着诚实守信的原则从事民事活动，为了一己之利违反诚信原则损害他人利益，显然是不被法律所允许的。

176. 诉讼过程中，当事人自行达成的和解协议具有强制执行效力吗？

案例场景

大江与大河签订买卖合同，约定大江向大河购买一批水产品，双方协商货物价格为 5 万元。大河在签订合同后 3 日内向大江发货，大江在收货后 3 日内一次性支付全部货款。合同签订后，大河按约发货，大江却迟迟未付款。大河多次向大江催要无果后，将大江作为被告起诉至法院。诉讼过程中，大江向大河诉苦，说自己生意难做，买的水产品由于没有及时卖出去，有的已经变质，所以不能及时付款，恳求大河降低价款，宽限付款时间。大河见大江可怜，于是同意与大江协商，双方自行签订了一份和解协议，约定大河同意将货款降低至3万元，大江应当在签订协议后2个月内付清。此后，大河向法院申请了撤诉，但大江在和解协议签订后2个月仍未履行付款义务，大河能向法院申请强制执行吗？

依法分析

根据《民事诉讼法》及司法解释的相关规定，当事人自行达成的和解协议不具有强制执行效力。经过人民法院制作的判决书、裁定书、调解书才具有强制执行效力。因此，大河不能以双方的和解协议申请法院执行。且由于大河在诉讼程序中已经撤诉，因此也不能在该诉讼案件中继续要求法院审理了。但是大河在撤诉以后可以再次以同样的诉讼请求起诉大江，要求大江履行未付货款的义务。

相关规定

《中华人民共和国民事诉讼法》

第五十三条　双方当事人可以自行和解。

第一百四十八条第一款　宣判前，原告申请撤诉的，是否准许，由人民法院裁定。

第二百三十一条　发生法律效力的民事判决、裁定，以及刑事判决、裁定中的财产部分，由第一审人民法院或者与第一审人民法院同级的被执行的财产所在地人民法院执行。

法律规定由人民法院执行的其他法律文书，由被执行人住所地或者被执行的财产所在地人民法院执行。

第二百四十一条　人民法院制作的调解书的执行，适用本编的规定。

《最高人民法院关于适用〈中华人民共和国民事诉讼法〉的解释》

第二百一十四条　原告撤诉或者人民法院按撤诉处理后，原告以同一诉讼请求再次起诉的，人民法院应予受理。

原告撤诉或者按撤诉处理的离婚案件，没有新情况、新理由，六个月内又起诉的，比照民事诉讼法第一百二十七条第七项的规定不予受理。

《最高人民法院关于人民法院民事调解工作若干问题的规定》

第二条第一款 当事人在诉讼过程中自行达成和解协议的，人民法院可以根据当事人的申请依法确认和解协议制作调解书。双方当事人申请庭外和解的期间，不计入审限。

专家解析

当事人在诉讼过程中自行达成的和解协议是没有强制执行效力的，这是因为该和解协议并未经过人民法院确认，不能排除双方私下协商达成协议，侵害国家利益、社会公共利益、案外人利益等情况。双方当事人达成和解协议希望赋予协议强制执行效力的，可以向人民法院申请司法确认或者制作调解书。通过法院司法确认制作的裁定书或者在法院的主持下签订调解协议，并签收由法院依据调解协议制作的调解书，则可以申请强制执行。

177. 合同中约定了仲裁条款，当事人还能否向法院起诉？

案例场景

小孙和顾大嫂签订了一份化妆品买卖合同，约定小孙向顾大嫂购买"水浒"牌口红、眼影、精华液等，小孙在合同签订后5日内付款50万元，顾大嫂在收款后3日内发货。双方还约定，如果因履行合同发生争议，双方应到某仲裁委进行仲裁。顾大嫂在收款后迟迟未发货，于是小孙向自己住所所在地的法院起诉了顾大嫂。小孙的起诉符合法律规定吗？

依法分析

根据《民事诉讼法》《仲裁法》及《最高人民法院关于适用〈中华人民共和国民事诉讼法〉的解释》的相关规定，当事人如果在书面合同中订有仲裁条款，或者在发生纠纷后达成书面仲裁协议，除非仲裁条款或者协议无效，否则一方当事人向人民法院起诉的，人民法院将不予受理。上述案例中，顾大嫂和小孙的化妆品买卖合同中明确约定了由某仲裁委进行仲裁，这种约定合法有效。因此，小孙不能通过诉讼的方式主张权利。如果小孙在自己住所所在地法院起诉，经人民法院审查后将不予受理。

相关规定

《中华人民共和国民事诉讼法》

第一百二十七条　人民法院对下列起诉，分别情形，予以处理：

（一）依照行政诉讼法的规定，属于行政诉讼受案范围的，告知原告提起行政诉讼；

（二）依照法律规定，双方当事人达成书面仲裁协议申请仲裁、不得向人民法院起诉的，告知原告向仲裁机构申请仲裁；

……

《中华人民共和国仲裁法》

第五条　当事人达成仲裁协议，一方向人民法院起诉的，人民法院不予受理，但仲裁协议无效的除外。

《最高人民法院关于适用〈中华人民共和国民事诉讼法〉的解释》

第二百一十五条　依照民事诉讼法第一百二十七条第二项的规定，当事人在书面合同中订有仲裁条款，或者在发生纠纷后达成书面仲裁协议，一方向人民法院起诉的，人民法院应当告知原告向仲裁机构申请仲裁，其坚持起诉的，裁定不予受理，但仲裁条款或者仲裁协议不成立、无效、失效、内容不明确无法执行的除外。

专家解析

需要注意的是，如果约定仲裁，双方的仲裁条款或者仲裁协议约定一定要明确。根据《仲裁法》第十八条规定，仲裁协议对仲裁事项或者仲裁委员会没有约定或者约定不明确的，当事人可以补充协议；达不成补充协议的，仲裁协议无效。如果双方对仲裁机构的约定不明确，如约定向“中国的仲裁机构”申请仲裁，这种约定就不明确，因为中国的仲裁机构有很多家，这样的约定无法明确由哪一家仲裁机构处理纠纷。

此外，根据《最高人民法院关于适用〈中华人民共和国民事诉讼法〉的解释》第二百一十六条规定，如果双方在签订合同时并未约定仲裁，而是在合同外另行签订仲裁协议，发生纠纷后，一方当事人为了规避仲裁协议，直接向人民法院起诉，则另一方当事人应当在首次开庭前向人民法院提出异议并提交该仲裁协议。人民法院确定协议有效的，方可驳回原告的起诉。否则，人民法院将依法审理，而不再适用仲裁协议。

当事人在达成仲裁协议后，如果双方均改变主意，希望通过诉讼途径来解决纠纷，可以通过签订补充协议的方式，重新约定争议解决方式。在这样的情况下，仲裁协议由于双方补充协议的约定将被合法地替代，双方的争议就可以通过诉讼途径来解决了。

178. 达成调解后，案件诉讼费用应当由谁先行交纳、由谁承担？

案例场景

李四和王二麻签订了装修合同，约定王二麻为李四装修新房，李四向王二麻支付装修款 20 万元。怎知，房屋装修完毕后，地板出现多处开裂，天花板吊顶也明显不平整。李四要求王二麻返工，王二麻却予以拒绝，于是李四起诉要求王二麻承担违约责任，并赔偿装修损失共计 10 万元。李四前往法院立案，经人民法院调解，双方达成了调解协议，王二麻同意向李四支付 6 万元。但是关于诉讼费用的交纳和承担，两人争执不下，李四认为应当由王二麻承担并直接交纳，王二麻则认为李四也应当承担一部分费用，且应该由李四预交。谁的认识正确？

依法分析

关于诉讼费用的先行交纳，根据《民事诉讼法》《诉讼费用交纳办法》的规定，除了劳动争议案件，案件的受理费应当由原告方向人民法院预交。此外，当事人交纳诉讼费用确有困难的，可以按照规定向人民法院申请缓交、减交或者免交。上述案例不属于劳动争议，如果原告李四确有困难，可以提交相应证明向人民法院申请缓期交纳、减少交纳或者免除交纳诉讼费用。因此，李四应当先向人民法院预交诉讼费用。

关于诉讼费用的承担，民事案件双方当事人同意调解的，一般同时会对诉讼费用进行协商，多数情况下双方都能够达成一致意见，由被告承担诉讼费用或者原被告各承担一半诉讼费用的情况较为常见。个别情况下，如果双方确实无法就诉讼费用部分协商一致的，根据《最高人民法院关于人民法院民事调解工作若干问题的规定》，双方如果不能对诉讼费用达成协议的，人民法院可以直接决定当事人承担费用的比例，并记入调解书。

相关规定

《中华人民共和国民事诉讼法》

第一百二十一条　当事人进行民事诉讼，应当按照规定交纳案件受理费。财产案件除交纳案件受理费外，并按照规定交纳其他诉讼费用。

当事人交纳诉讼费用确有困难的，可以按照规定向人民法院申请缓交、减交或者免交。

收取诉讼费用的办法另行制定。

《诉讼费用交纳办法》

第二十条　案件受理费由原告、有独立请求权的第三人、上诉人预交。被告提起反诉，依照本办法规定需要交纳案件受理费的，由被告预交。追索劳动报酬的案件可以不预交案件受理费。

申请费由申请人预交。但是，本办法第十条第（一）项、第（六）项规定的申请费不由申请人预交，执行申请费执行后交纳，破产申请费清算后交纳。

本办法第十一条规定的费用，待实际发生后交纳。

《最高人民法院关于人民法院民事调解工作若干问题的规定》

第十一条　当事人不能对诉讼费用如何承担达成协议的，不影响调解协议的效力。人民法院可以直接决定当事人承担诉讼费用的比例，并将决定记入调解书。

专家解析

交纳诉讼费用是当事人应当履行的基本义务。除了劳动争议案件，一般的民事纠纷，无论是否达成调解，均应由原告方先行预交诉讼费用。这是因为原告本身是案件的发起一方，此时原告的诉讼请求是否合法、合理尚未经法院审理，不能先行推断被告存在过错，从而让被告来承担费用。否则，一方面对被告而言并不公平，另一方面免除了原告的诉讼成本，可能会造成原告滥用诉讼权利的情况。因此，由原告方预交案件费用既是《民事诉讼法》的明确规定，也公平合理，符合一般人的预期。有的原告认为自己冤枉，经济已经极其困难为何还要交纳诉讼费用？一方面，这是由于其没有站在中立的角度考虑问题；另一方面，其可以通过规定向人民法院申请缓交、减交或者免交诉讼费用来处理。由于诉讼费用是双方当事人必须负担的成本，因此在调解过程中，双方当事人应当本着案结事了的目的，将调解费用也纳入协商范围，如果确实无法协商一致的，不妨将承担诉讼费用的问题交由法院来处理。

179. 诉讼过程中，一方当事人为达成调解协议或者和解协议作出妥协而认可的事实，在后续的诉讼中另一方当事人可以此作为认定事实的依据吗？

案例场景

大山和大海签订买卖合同一份，约定大海向大山采购一批齿轮、钢管，合同后附齿轮、钢管的规格、数量，总价款为 15 万元，大山在合同签订后 10 日内发货，大海在收货后 10 日内付款。大山按时发货，大海收货后发现部分齿轮、钢管有严重磨损，不能正常使用，且货物总数量少于合同的约定，故不同意支付全部货款。双方为此发生纠纷，大山将大海诉至法院。诉讼过程中，双方在法庭主持下进行了调解，大海表示，可以不再就齿轮、钢管磨损的事情进行追究，并认可大山总共向自己提供了 15 万元的齿轮、钢管。但是，双方最终没有就金额达成一致意见，没有签订调解协议。案件不得不继续进行审理，审理过程中大山提出，大海已经在调解过程中认可了自己供货的总数量，且不再就齿轮、钢管的磨损进行追究，因此法院应当支持自己的全部诉讼请求。大山的意见正确吗？

依法分析

根据《最高人民法院关于适用〈中华人民共和国民事诉讼法〉的解释》规定，在诉讼当中，一方当事人如果为了调解协议或者和解协议而作出妥协认可的事实，不能在后续的诉讼当中作为认定案件事实的依据。上述案例中，大海是为了与大山达成调解，才承认大山的供货数量以及放弃对磨损的齿轮、钢管主张抗辩，这种妥协是基于大山能够与自己调解，就货款金额也作出让步的情况下而形成的。双方如果没有达成调解，而大海妥协认可的货款数量和放弃货物质量抗辩的意见直接被法院认定为案件事实，对大海而言是极不公平的，除非大海自身同意将该事实纳入后续审理。在大海不同意将该调解过程中的事实在后续诉讼中使用的情况下，法庭应当对货物的数量进行核实，并就大海提出的齿轮、钢管磨损的事实进行调查，在确认案件的真实情况后作出裁判。

相关规定

《最高人民法院关于适用〈中华人民共和国民事诉讼法〉的解释》

第一百零七条　在诉讼中，当事人为达成调解协议或者和解协议作出妥协而认可的事实，不得在后续的诉讼中作为对其不利的根据，但法律另有规定或者当事人均同意的除外。

专家解析

需要指出的是，当事人如果在某一案件中为了达成调解协议或者和解协议作出妥协而认可的事实，在其他案件中是否可以作为认定事实的依据呢？对此，司法实践中存在不同的认识，笔者认为，从司法解释的规定来看，其主要目的在于排除当事人在调解过程中的自认用于该案后续诉讼案件事实的认定上。对于其他案件而言，不应一概否认该种事实确认的效力。例如，在本案中，一方当事人为了调解，自认了双方之间存在买卖合同关系且提供了双方之间的买卖合同，而在另案中该方却否认这种法律关系。此时本案中该方当事人自认的案件事实和提供的买卖合同就不应一概否认其法律效力，因为这是案件客观事实的体现，该事实有助于在另案中法院查明双方之间真实的法律关系。

180. 诉讼过程中，当事人同意调解的，调解程序、调解协议会公开吗？

案例场景

阮小二、阮小五、阮小七共同成立了水浒船运公司，但阮小二和阮小五、阮小七之间因为经营理念不合，发生矛盾纠纷，阮小二以水浒船运公司为被告提起了公司解散纠纷诉讼。诉讼过程中，三人达成了调解意见，阮小五、阮小七拟收购阮小二持有的水浒船运公司的全部股权，但阮小二应当保守水浒船运公司的商业秘密，不得将公司的航线、客户等信息泄露给任何第三方。调解过程中，各方在法庭上陈述了关于水浒船运公司的经营方针、航线等多项公司内部信息，三人担心调解过程中的信息被他人知道。三人在该案中陈述的事实、达成的协议会被人民法院公开吗？

依法分析

根据《最高人民法院关于适用〈中华人民共和国民事诉讼法〉的解释》，对于民事案件的审理，除非当事人同意公开，否则调解过程不公开进行。关于调解协议的内容，除非有为了保护国家利益、社会公共利益、他人合法权益，人民法院认为确有必要公开的除外情形，否则人民法院不得公开调解协议内容。调解过程中主持或者参与调解的人员，对于调解过程中获知的商业秘密等内容，除非也存在上述的除外情形，否则也应当保守秘密。因此，阮小二、阮小五、阮小七在水浒船运公司解散纠纷案中陈述的各项内容以及达成的调解协议，均不会公开。

相关规定

《中华人民共和国民事诉讼法》

第一百五十九条 公众可以查阅发生法律效力的判决书、裁定书，但涉及国家秘密、商业秘密和个人隐私的内容除外。

《最高人民法院关于适用〈中华人民共和国民事诉讼法〉的解释》

第一百四十六条　人民法院审理民事案件，调解过程不公开，但当事人同意公开的除外。

调解协议内容不公开，但为保护国家利益、社会公共利益、他人合法权益，人民法院认为确有必要公开的除外。

主持调解以及参与调解的人员，对调解过程以及调解过程中获悉的国家秘密、商业秘密、个人隐私和其他不宜公开的信息，应当保守秘密，但为保护国家利益、社会公共利益、他人合法权益的除外。

专家解析

需要注意的是，如果案件未能达成调解，那么各方在调解过程中的陈述会公开吗？答案是仍然不会，因为根据《最高人民法院关于适用〈中华人民共和国民事诉讼法〉的解释》规定，只要是在调解过程中形成的相关内容，无论调解最终是否达成，均不会被法院公开。

此外，如果在调解程序之外的诉讼过程中，各方陈述了关于商业秘密的相关内容，为了保护公司的商业秘密，也可以依据《民事诉讼法》的规定，向人民法院申请不公开审理。该案的裁判文书如果涉及商业秘密，法院也会采取不公开的方式进行处理。

关于裁判文书的公开查阅，可以登录中国裁判文书网进行，网址为https：//wenshu.court.gov.cn/。

关于庭审的网上公开视听资料，可以登录中国庭审公开网查阅，网址为http：//tingshen.court.gov.cn/。

181. 人民调解与法院调解之间的区别是什么？

案例场景

周某因经营需要向吴某借款10万元，周某写了借条，双方约定一年后还款，同时约定了借款利息。一年后，周某未按期向吴某偿还借款。吴某打电话要求周某返还借款，周某同意还款，但不同意支付利息，主张利息约定太高。后双方向调解委员会申请进行调解，经调解委员会调解，双方达成调解协议，协议约定周某于十日内向吴某返还借款，同时向吴某支付借款利息3000元。周某在十日内向吴某返还3万元借款，此后未再返还剩余借款和利息。后吴某到当地法院申请强制执行调解协议，法院告知吴某不能就人民调解委员会出具的调解协议申请强制执行，可以以周某为被告提起诉讼。吴某遂向法院提起诉讼，要求周某返还剩余借款和利息。案件审理过程中，经法院主持调解，双方重新达成调解协议，约定周某在七天内向吴某返还剩余借款及利息，后法院依据调解协议制作调解书并向双方送达。实践中，当事人就民事法律纠纷可以选择人民调解委员会进行调解，也可以选择向法院提起诉讼，在法院主持下进行调解。人民调解与法院调解之间主要有什么区别？

依法分析

依据《人民调解法》的规定，人民调解是指人民调解委员会通过说服、疏导等方法，促使当事人在平等协商的基础上自愿达成调解协议，解决民间纠纷的活动。人民调解与法院调解的主要区别在于调解的效力不同，当事人双方在人民调解委员会主持下达成的调解协议对双方都具有约束力，但不具有强制执行力，如果一方当事人在达成调解协议后反悔，可以向人民法院提起诉讼。当事人双方在法院主持下达成调解协议，并经法院制作调解书，该调解书向当事人送达后即具有法律效力，一方当事人不履行调解书所载明的义务，对方当事人可以向法院申请强制执行。就前述案例而言，虽然周某与吴某之间的借款纠纷在人民调解委员会调解下达成调解协议，但当周某未完全履行该调解协议时，吴某不能向法院申请强制执行。后双方在诉讼中经法院主持再次达成调解协议，法院据此制作调解书并向双方送达，如果周某拒绝履行该调解书载明的义务，吴某可以向法院申请强制执行。

相关规定

《中华人民共和国人民调解法》

第十七条 当事人可以向人民调解委员会申请调解；人民调解委员会也可

以主动调解。当事人一方明确拒绝调解的，不得调解。

第二十八条 经人民调解委员会调解达成调解协议的，可以制作调解协议书。当事人认为无需制作调解协议书的，可以采取口头协议方式，人民调解员应当记录协议内容。

第三十一条 经人民调解委员会调解达成的调解协议，具有法律约束力，当事人应当按照约定履行。

人民调解委员会应当对调解协议的履行情况进行监督，督促当事人履行约定的义务。

第三十二条 经人民调解委员会调解达成调解协议后，当事人之间就调解协议的履行或者调解协议的内容发生争议的，一方当事人可以向人民法院提起诉讼。

《中华人民共和国民事诉讼法》

第九条 人民法院审理民事案件，应当根据自愿和合法的原则进行调解；调解不成的，应当及时判决。

第九十六条 人民法院审理民事案件，根据当事人自愿的原则，在事实清楚的基础上，分清是非，进行调解。

第二百四十三条 发生法律效力的民事判决、裁定，当事人必须履行。一方拒绝履行的，对方当事人可以向人民法院申请执行，也可以由审判员移送执行员执行。

调解书和其他应当由人民法院执行的法律文书，当事人必须履行。一方拒绝履行的，对方当事人可以向人民法院申请执行。

专家解析

当事人之间的民事法律纠纷经人民调解委员会调解达成调解协议后，当事人可以自调解协议生效之日起三十日内共同向人民法院申请司法确认。调解协议经人民法院确认有效的，一方当事人拒绝履行或者未全部履行的，对方当事人可以向人民法院申请强制执行。

182. 一审判决作出后，案件当事人还能不能就诉讼标的进行调解？

案例场景

张某以销售公司拖欠工资为由提出解除劳动合同，后张某以销售公司为被申请人向当地劳动仲裁机构提出仲裁申请，要求销售公司支付拖欠的工资、支付解除劳动合同经济补偿金。劳动仲裁机构经审查作出仲裁裁决，支持了张某的仲裁请求。后销售公司以张某为被告向法院提起诉讼，请求法院判决其不向张某支付拖欠工资及解除劳动合同经济补偿金。法院经审理，依法作出判决，支持了销售公司的部分诉讼请求。收到一审判决的张某和销售公司均在上诉期内提起上诉，同时双方都有意愿进行调解。一审判决作出后，案件当事人还能否就诉讼标的进行调解？

依法分析

第一审人民法院审理民事案件作出判决后，案件当事人如果对判决结果不服，可以在上诉期内提起上诉。案件上诉后，当事人如果均有意愿进行调解，第二审人民法院可以进行调解。调解达成协议的，应当制作调解书，当调解书向当事人送达后，原审人民法院的判决即视为撤销。就前述案例而言，如果张某和销售公司均有意愿进行调解，双方可以在第二审人民法院主持下达成调解协议，法院依据调解协议制作调解书，当调解书向张某和销售公司送达后，一审判决即视为撤销。

相关规定

《中华人民共和国民事诉讼法》

第一百七十九条 第二审人民法院审理上诉案件，可以进行调解。调解达成协议，应当制作调解书，由审判人员、书记员署名，加盖人民法院印章。调解书送达后，原审人民法院的判决即视为撤销。

《最高人民法院关于适用〈中华人民共和国民事诉讼法〉的解释》

第三百二十四条　对当事人在第一审程序中已经提出的诉讼请求，原审人民法院未作审理、判决的，第二审人民法院可以根据当事人自愿的原则进行调解；调解不成的，发回重审。

第三百三十七条　当事人在第二审程序中达成和解协议的，人民法院可以根据当事人的请求，对双方达成的和解协议进行审查并制作调解书送达当事人；因和解而申请撤诉，经审查符合撤诉条件的，人民法院应予准许。

专家解析

依据前述规定，第二审人民法院在审理上诉案件的过程中，如果案件当事人自行达成和解协议，可以请求人民法院就双方达成的和解协议制作调解书。第二审人民法院主持调解时，调解内容不限于当事人上诉请求的范围，可以对当事人的一审诉讼请求实行全案调解，既可以对一审判决过的诉讼请求进行调解，也可以对一审应当判决而未予判决的诉讼请求进行调解。

183. 行政案件中当事人能否进行调解?

案例场景

曹某位于某镇的房屋被当地政府认定为违法建筑，并被强制拆除，曹某对该拆除行为不服，遂向当地法院提起行政诉讼。经法院依法裁判，认定镇政府拆除行为违法。后曹某向法院提起行政赔偿诉讼，主张镇政府在拆除房屋时故意毁坏贵重物品，要求镇政府进行赔偿。法院经审理查明，镇政府在实施强制拆除时对部分拆除行为录制了视频，从镇政府提供的拆除视频来看，在强制拆除过程中，确有部分物品未搬出曹某的房屋，一并被拆除。在法院组织曹某、镇政府进行谈话时，双方均有意愿进行调解，后在法院主持下，双方达成调解协议。有哪些行政案件，当事人可以进行调解?

依法分析

人民法院在审理民事案件时，除法律特别规定不适用调解方式结案的案件外，大多数民事案件中当事人可以选择在法院主持下达成调解协议，以调解方式结案。行政案件则与之相反，依据《行政诉讼法》的规定，人民法院审理行政案件，不适用调解，但对于行政赔偿、补偿以及行政机关依据法律、法规的规定可以行使自由裁量权的案件可以调解。所谓行政机关可以行使自由裁量权的案件，比较典型的是针对行政相对人不同的违法行为分别适用与之相对应的处罚标准的行政处罚类案件。就前述案例而言，曹某以镇政府违法拆除行为侵犯其合法权益为由，向法院提起行政赔偿诉讼，在案件审理过程中，当事人双方在法院主持下达成调解协议，符合《行政诉讼法》的规定。

相关规定

《中华人民共和国行政诉讼法》

第六十条 人民法院审理行政案件，不适用调解。但是，行政赔偿、补偿以及行政机关行使法律、法规规定的自由裁量权的案件可以调解。

调解应当遵循自愿、合法原则，不得损害国家利益、社会公共利益和他人合法权益。

专家解析

行政案件中，除行政赔偿、补偿以及行政处罚类案件当事人可以选择在法院主持下达成调解协议外，对于行政合同类案件、行政登记类案件、行政不作为类案件以及行政诉讼附带民事诉讼的案件等，当事人均可以进行调解。

184. 当事人在诉讼程序中进行调解的，调解协议何时生效？

案例场景

高某与王某是好朋友，某日高某向王某借款5万元，双方并未约定还款期限。半年后，王某要求高某偿还借款，高某却以生活困难为由希望王某宽限两个月还款，王某觉得平时和高某关系还不错，便同意高某两个月后偿还借款。可两个月后高某仍未偿还借款，王某遂向法院提起诉讼，要求高某偿还借款。法院受理案件后，组织双方进行谈话，在谈话中，双方均有意愿进行调解，后在法院主持下双方达成调解协议，高某同意于七日后向王某返还借款。同日，法院制作调解书并向双方送达。当事人在诉讼程序中进行调解的，调解协议何时生效？

依法分析

依据《民事诉讼法》的规定，当事人在民事诉讼中达成调解协议，人民法院依据调解协议制作调解书的，调解书经双方当事人签收后即发生法律效力。如果是不需要制作调解书的协议，应当在庭审笔录中写明调解协议内容，当事人、审判人员、书记员在笔录上签名或者盖章后，调解协议即发生法律效力。就前述案例而言，高某与王某在法院主持下达成调解协议，虽然高某同意在七日后返还借款，但法院于达成调解协议当天即制作了调解书并向双方送达，依据《民事诉讼法》的规定，高某与王某之间达成的调解协议在调解书向双方送达的当天即已发生法律效力。

相关规定

《中华人民共和国民事诉讼法》

第一百条　调解达成协议，人民法院应当制作调解书。调解书应当写明诉讼请求、案件的事实和调解结果。

调解书由审判人员、书记员署名，加盖人民法院印章，送达双方当事人。

调解书经双方当事人签收后，即具有法律效力。

第一百零一条　下列案件调解达成协议，人民法院可以不制作调解书：

（一）调解和好的离婚案件；

（二）调解维持收养关系的案件；

（三）能够即时履行的案件；

（四）其他不需要制作调解书的案件。

对不需要制作调解书的协议，应当记入笔录，由双方当事人、审判人员、书记员签名或者盖章后，即具有法律效力。

专家解析

实践中，人民法院适用简易程序审理民事案件，当事人在人民法院主持下达成调解协议，当事人同意该调解协议经双方签名或者捺印即发生法律效力的，该调解协议自双方签名或者捺印之日起发生法律效力。人民法院可以依据调解协议制作民事调解书。调解协议生效后一方当事人拒不履行的，另一方当事人可以向人民法院申请强制执行。

185. 劳动仲裁中一方当事人未就仲裁裁决提起诉讼，诉讼中认为仲裁裁决有误的，能否提起反诉？

案例场景

魏某经朋友介绍入职某旅游公司，从事人事工作，双方签订书面劳动合同，约定合同期限为三年，月工资标准为7000元。魏某在旅游公司工作半年有余，旅游公司一直未能足额发放工资，后魏某以此为由向旅游公司提出解除劳动合同，并要求旅游公司支付拖欠工资及解除劳动合同经济补偿金，旅游公司未对魏某的要求作出答复。后魏某向当地劳动仲裁机构提出仲裁申请，劳动仲裁机构受理魏某的申请后，经审理依法裁决旅游公司向魏某支付拖欠工资及解除劳动合同经济补偿金。旅游公司收到仲裁裁决后提起诉讼，魏某未在劳动仲裁机构告知的起诉期内提起诉讼。人民法院依法受理旅游公司的起诉后，通知魏某应诉，魏某收到旅游公司的起诉书及证据材料后认为劳动仲裁裁决有误，以旅游公司为被告向人民法院提起反诉。劳动仲裁中一方当事人未就仲裁裁决提起诉讼，诉讼中认为仲裁裁决有误的能否提起反诉？

依法分析

依据《民事诉讼法》的规定，在民事诉讼中被告可以承认或者反驳原告的诉讼请求，有权提起反诉。但对于劳动争议案件，被告方如果未在劳动仲裁裁决告知的起诉期限内提起诉讼，则意味着被告方认可劳动仲裁裁决结果，劳动仲裁裁决对其既已生效，被告方不能再对原告方的起诉提起反诉。就前述案例而言，魏某在收到劳动仲裁裁决后未在仲裁裁决告知的起诉期限内提起诉讼，视为认可仲裁裁决结果，即使在诉讼中其认为仲裁裁决有误，也不能再针对旅游公司的诉请提起反诉。

相关规定

《中华人民共和国劳动争议调解仲裁法》

第四十八条　劳动者对本法第四十七条规定的仲裁裁决不服的，可以自收到仲裁裁决书之日起十五日内向人民法院提起诉讼。

第五十条　当事人对本法第四十七条规定以外的其他劳动争议案件的仲裁裁决不服的，可以自收到仲裁裁决书之日起十五日内向人民法院提起诉讼；期满不起诉的，裁决书发生法律效力。

专家解析

如前所述，劳动者或用人单位未对劳动仲裁机构作出的仲裁裁决提起诉讼的，则劳动仲裁裁决对其生效。劳动者与用人单位对劳动仲裁裁决均不服的，可以分别向人民法院提起诉讼。依据法律规定，人民法院应当并案审理劳动者和用人单位的起诉，双方互为原告和被告，同时，针对双方的诉讼请求，一并作出裁决。

186. 民事诉讼中，有哪些案件人民法院不适宜组织调解？

案例场景

董某想要翻建房屋，经朋友介绍找到黄某，双方交谈后签订《建设施工合同》，董某将翻建房屋项目发包给黄某，约定黄某包工包料，合同总价款为人民币 30 万元，付款方式为合同签订后 5 个工作日内董某向黄某支付总工程款的20%作为首付款，后续款项根据工程进度按比例支付。合同签订后，董某按照合同约定向黄某支付预付款6万元，后黄某在施工中表现非常不专业，无法满足施工合同要求。有鉴于此，双方达成《建设施工合同终止协议》，约定终止《建设施工合同》，同时黄某于合同终止后七日内向董某返还预付的工程款4万元。后黄某未在约定期限内向董某返还工程款，经董某多次催要，黄某仍拒绝返还。董某遂以黄某为被告向法院提起诉讼。黄某收到法院送达的起诉书后找到董某希望进行调解，董某觉得黄某缺乏诚信，不同意调解。在法院开庭审理时，黄某再次表达希望进行调解，董某当庭表示拒绝调解。后法院未再组织双方进行调解。民事诉讼中，有哪些案件不适宜进行调解？

依法分析

依据相关司法解释的规定，适用特别程序、督促程序、公示催告程序的案件，婚姻关系等身份关系确认案件，以及其他根据案件性质不能进行调解的案件，不得进行调解。除此之外，还有一些案件不适宜进行调解，如当事人消极应诉，以调解为由拖延审理时间的案件；当事人明确表示不愿进行调解的案件等。就前述案例而言，黄某在诉讼中虽有意进行调解，但董某明确表示拒绝调解，在此种情形下，人民法院不宜再组织双方进行调解，应当在查明案件事实的基础上，及时依法作出裁判。

相关规定

《最高人民法院关于适用〈中华人民共和国民事诉讼法〉的解释》

第一百四十三条 适用特别程序、督促程序、公示催告程序的案件，婚姻等身份关系确认案件以及其他根据案件性质不能进行调解的案件，不得调解。

专家解析

民事诉讼中，调解的适用意在弥补裁判的刚性，同时，选择调解方式结案也能够在案件审理中尽量缝合因法律纠纷而出现裂痕的人际关系。人民法院组织案件当事人进行调解，目的在于及时高效处理当事人之间的法律纠纷，但对于需要发挥司法的评价、教育功能的案件，一味强调调解可能会影响司法示范性功效的发挥。这就要求人民法院在审理民事案件时，合理适用调解、裁判等解决纠纷方式，及时有效处理法律纠纷。

187. 仲裁员是专职的吗？如何选定仲裁员？

案例场景

海豚公司是一家经营水产品的小公司，最近拉到一家大客户企鹅公司，企鹅公司是闻名全球的连锁酒店集团公司，海豚公司向其供应水产品。双方就供应水产品签署了合同，合同由企鹅公司提供模板，合同中约定双方产生纠纷由某仲裁委员会管辖。供货过程中，双方对水产品鲜活度产生纠纷，企鹅公司向仲裁委员会申请仲裁。海豚公司不久便收到了仲裁委员会邮寄的材料，包括《仲裁规则》《仲裁员名册》《答辩通知书》，要求其自收到通知书之日起三日内，向仲裁委员会提交仲裁庭组成方式及仲裁员选定书。海豚公司从未经历过仲裁程序，不知如何应对。

依法分析

仲裁员由仲裁委员会聘任。仲裁员应当符合下列条件之一：通过国家统一法律职业资格考试取得法律职业资格，从事仲裁工作满八年的；从事律师工作满八年的；曾任法官满八年的；从事法律研究、教学工作并具有高级职称的；具有法律知识、从事经济贸易等专业工作并具有高级职称或者具有同等专业水平的。因此，仲裁员既可能是专职，也可能是兼职，很多兼职仲裁员的首要身份是律师、法学教授、公司高管等。

仲裁庭可以由 1 名或 3 名仲裁员组成。由 3 名仲裁员组成的，当事人各自或委托仲裁委主任指定一名仲裁委员，俗称“边裁”，第三名仲裁员由当事人共同选定或委托仲裁委主任指定，是首席仲裁员。由1名仲裁员独任仲裁的，由当事人共同选定或委托仲裁委主任指定。当事人没有在规定期限内约定仲裁庭的组成方式或者选定仲裁员的，由仲裁委员会主任指定。

本案中，海豚公司应在收到通知书之日起 3 日内约定仲裁庭组成方式、选定仲裁员并提交仲裁委员会。

相关规定

《中华人民共和国仲裁法》

第三十条 仲裁庭可以由三名仲裁员或者一名仲裁员组成。由三名仲裁员组成的，设首席仲裁员。

第三十一条 当事人约定由三名仲裁员组成仲裁庭的，应当各自选定或者各自委托仲裁委员会主任指定一名仲裁员，第三名仲裁员由当事人共同选定或者共同委托仲裁委员会主任指定。第三名仲裁员是首席仲裁员。

当事人约定由一名仲裁员成立仲裁庭的，应当由当事人共同选定或者共同委托仲裁委员会主任指定仲裁员。

第三十二条 当事人没有在仲裁规则规定的期限内约定仲裁庭的组成方式或者选定仲裁员的，由仲裁委员会主任指定。

专家解析

仲裁委员会按照不同专业设仲裁员名册。当事人可以在仲裁员名册中选择仲裁员。选择仲裁员应当考虑以下因素：

第一，仲裁员在诉争的专业领域是否具备足够的经验。

第二，尽量选择信任的仲裁员，使己方选定的仲裁员能够投入充足的时间和精力，在查清案件事实和适用法律方面帮助到己方。

第三，选择仲裁员时应关注仲裁员的职业背景。如仲裁员是一名执业律师，可能实践经验丰富；若是一名法学教授，可能理论知识丰富，在该专业领域拥有一定声誉。应根据案件不同情况选定仲裁员。

188. 仲裁程序能申请保全吗？

案例场景

泰山公司与华山公司展开合作，泰山公司协助华山公司就该公司底层硬件（服务器、终端、存储）进行信创[①]适配改造，双方签订采购合同，约定双方对合同产生争议的由某仲裁委员会管辖。因泰山公司延迟交付货物及服务，华山公司多次发函要求泰山公司履行合同义务。华山公司了解到泰山公司在其他项目中亦出现类似迟延交付的情况，为了保障公司权益，华山公司拟申请仲裁并申请对泰山公司采取保全措施。华山公司对于仲裁程序中是否能申请保全、申请程序知之不详，拟委托律师开展上述工作。

依法分析

仲裁程序中，申请人可以依法提起仲裁前财产保全和仲裁中财产保全。司法实践中，提起仲裁前财产保全难度较大。

关于申请保全的管辖法院，根据《最高人民法院关于人民法院执行工作若干问题的规定（试行）》第十一条，在国内仲裁过程中，当事人申请财产保全，经仲裁机构提交人民法院的，由被申请人住所地或被申请保全的财产所在地的基层人民法院裁定并执行；申请证据保全的，由证据所在地的基层人民法院裁定并执行。但该规定仅为原则性规定，实践中，各地高院对于管辖有特殊规定的，应从其规定。

另外，人民法院对于是否采取保全措施享有决定权，仲裁委员会仅负责向人民法院转交当事人提交的保全申请等材料，充当的是“资料转递者”的角色。

本案中，建议华山公司在申请仲裁后，通过仲裁机构申请保全，由有管辖权的人民法院决定是否保全并采取相应保全措施。

相关规定

《中华人民共和国民事诉讼法》

第一百零四条第一款　利害关系人因情况紧急，不立即申请保全将会使其合法权益受到难以弥补的损害的，可以在提起诉讼或者申请仲裁前向被保全财产所在地、被申请人住所地或者对案件有管辖权的人民法院申请采取保全措施。申请人应当提供担保，不提供担保的，裁定驳回申请。

---

① “信息技术应用创新产业”的简称。

《中华人民共和国仲裁法》

第二十八条 一方当事人因另一方当事人的行为或者其他原因，可能使裁决不能执行或者难以执行的，可以申请财产保全。

当事人申请财产保全的，仲裁委员会应当将当事人的申请依照民事诉讼法的有关规定提交人民法院。

申请有错误的，申请人应当赔偿被申请人因财产保全所遭受的损失。

《最高人民法院关于人民法院办理财产保全案件若干问题的规定》

第三条 仲裁过程中，当事人申请财产保全的，应当通过仲裁机构向人民法院提交申请书及仲裁案件受理通知书等相关材料。人民法院裁定采取保全措施或者裁定驳回申请的，应当将裁定书送达当事人，并通知仲裁机构。

专家解析

《仲裁法》第二十八条规定了仲裁程序的财产保全，第四十六条规定了仲裁程序的证据保全，但不如诉讼程序的保全制度全面，主要体现在没有明确规定行为保全制度。

诉讼程序中的保全包括财产保全、证据保全、行为保全。《民事诉讼法》第一百零三条、《最高人民法院关于审查知识产权纠纷行为保全案件适用法律若干问题的规定》对行为保全作出了规定。

189. 合同无效但约定了仲裁条款，仲裁委有权审理吗?

案例场景

冰火岛公司与桃花岛公司签订买卖合同，约定冰火岛公司作为买方向卖方桃花岛公司购买智能机器人。合同约定了仲裁条款。后桃花岛公司申请仲裁，要求冰火岛公司支付合同款项及违约金。冰火岛公司向仲裁委员会主张，虽然买方向卖方支付了合同首付款，向卖方开具了收货证明，卖方向买方开具了增值税专用发票，但事实上，涉案合同属于走款、走票、不走货的虚假贸易，冰火岛公司之上还有上游客户，桃花岛公司之下还有下游供应商，买卖双方并没有真实的货物交付，冰火岛公司仅收取一定“通道费”，双方并不是真实的买卖合同关系，桃花岛公司在签订合同时对此亦是明知的。因此，涉案合同系双方以虚假的意思表示实施的法律行为，应属无效，合同约定的仲裁条款亦属无效，本案不应由仲裁委员会管辖。

依法分析

冰火岛公司对于仲裁条款无效的主张属于对仲裁协议效力提出异议，应当在仲裁庭首次开庭前提出。

按照《民法典》和《仲裁法》的规定，仲裁条款具备独立性。本案中，即便冰火岛公司与桃花岛公司签订的合同因虚假意思表示而被认定无效，也不影响仲裁条款的效力，仲裁条款约定的仲裁委员会对于本案仍有管辖权，冰火岛公司对于本案不应由仲裁委员会管辖的主张没有法律依据，不应得到支持。

相关规定

《中华人民共和国民法典》

第五百零七条　合同不生效、无效、被撤销或者终止的，不影响合同中有关解决争议方法的条款的效力。

《中华人民共和国仲裁法》

第十九条　仲裁协议独立存在，合同的变更、解除、终止或者无效，不影响仲裁协议的效力。

仲裁庭有权确认合同的效力。

专家解析

仲裁协议效力异议是当事人对仲裁条款的效力提出异议的救济程序。

第一，关于管辖。当事人对仲裁协议的效力有异议的，可以请求仲裁委员会作出决定或者请求人民法院作出裁定。一方请求仲裁委员会作出决定，另一方请求人民法院作出裁定的，由人民法院裁定。当事人向人民法院申请确认仲裁协议效力的案件，由仲裁协议约定的仲裁机构所在地的中级人民法院管辖；仲裁协议约定的仲裁机构不明确的，由仲裁协议签订地或者被申请人住所地的中级人民法院管辖。

第二，关于提出异议的期限。当事人对仲裁协议的效力有异议，应当在仲裁庭首次开庭前提出。当事人在仲裁庭首次开庭前没有对仲裁协议的效力提出异议，而后向人民法院申请确认仲裁协议无效的，人民法院不予受理。

190. 仲裁是否公开进行？

案例场景

昆仑公司因其经营特点，掌握了大量的敏感数据。为提高数据保存和使用的安全性，昆仑公司拟向祁连公司采购私有云定制服务，双方正在磋商该项目。昆仑公司提出的主要诉求之一是在合作中应保障数据安全，防止泄露；祁连公司也出于对己方公司技术保护的考虑，要求昆仑公司在祁连公司提供技术服务过程中，保护祁连公司的商业秘密。因此，双方在协商合同争议解决条款时，均同意约定由某仲裁委员会进行管辖。

依法分析

《仲裁法》第四十条规定了仲裁程序以不公开进行为原则，以公开进行为例外。仲裁的保密性可以使当事人的商业秘密和商业活动不会因涉及争议而被公开，能较好地保护当事人的商业秘密和商业信誉。故本案例中，两家公司均倾向于适用仲裁程序解决合同争议。

目前，国内各大仲裁机构制定的仲裁规则，多对保密原则进行了规定。例如，北京市仲裁委员会 2019 年 9 月版的仲裁规则第二十六条规定了保密义务：“（一）仲裁不公开审理。当事人协议公开的，可以公开，但涉及国家秘密、第三人商业秘密或者仲裁庭认为不适宜公开的除外。（二）不公开审理的案件，当事人及其代理人、证人、仲裁员、仲裁庭咨询的专家和指定的鉴定人、本会的有关人员，均不得对外界透露案件实体和程序进行的情况。”又如，中国国际经济贸易仲裁委员会2015年版的仲裁规则第三十八条规定："（一）仲裁庭审理案件不公开进行。双方当事人要求公开审理的，由仲裁庭决定是否公开审理。（二）不公开审理的案件，双方当事人及其仲裁代理人、仲裁员、证人、翻译、仲裁庭咨询的专家和指定的鉴定人，以及其他有关人员，均不得对外界透露案件实体和程序的有关情况。"

此外，对于仲裁裁决书，当事人协议不愿写明争议事实和裁决理由的，可以不写。仲裁案件当事人可以查询在办或已经结案的案件信息或资料，但仲裁委员会一般不接受非案件当事人的任何查询要求。

相关规定

《中华人民共和国仲裁法》

第四十条　仲裁不公开进行。当事人协议公开的，可以公开进行，但涉及国家秘密的除外。

专家解析

诉讼程序与仲裁程序恰好相反，按照《最高人民法院关于人民法院在互联网公布裁判文书的规定》，裁判文书在互联网以公开为原则，不公开为例外。

人民法院作出的下列裁判文书应当在互联网公布：刑事、民事、行政判决书；刑事、民事、行政、执行裁定书；支付令；刑事、民事、行政、执行驳回申诉通知书；国家赔偿决定书；强制医疗决定书或者驳回强制医疗申请的决定书；刑罚执行与变更决定书；对妨害诉讼行为、执行行为作出的拘留、罚款决定书，提前解除拘留决定书，因对不服拘留、罚款等制裁决定申请复议而作出的复议决定书；行政调解书、民事公益诉讼调解书；其他有中止、终结诉讼程序作用或者对当事人实体权益有影响、对当事人程序权益有重大影响的裁判文书。

人民法院作出的裁判文书有下列情形之一的，不在互联网公布：涉及国家秘密的；未成年人犯罪的；以调解方式结案或者确认人民调解协议效力的，但为保护国家利益、社会公共利益、他人合法权益确有必要公开的除外；离婚诉讼或者涉及未成年子女抚养、监护的等。

191. 当事人不服仲裁裁决的，有何救济措施?

案例场景

牛某是犀牛公司的法定代表人兼总经理、高级工程师。犀牛公司主营建设工程业务，是一家国有企业。牛某正在学习仲裁相关知识，他通过学习了解到仲裁是一裁终局，快速高效但又具有不确定性。他知道诉讼程序是二审终审，并且还有再审程序能够保障当事人的诉讼权利。但仲裁裁决后，当事人不服仲裁裁决的，有什么救济措施呢?

依法分析

当事人不服仲裁裁决的，可以向人民法院申请撤销仲裁裁决或申请不予执行仲裁裁决。申请撤销的法律依据为《仲裁法》第五十八条。申请不予执行的法律依据为《民事诉讼法》第二百四十四条。申请撤销和申请不予执行的法定事由基本一致，详见法律条文。此外，不能以相同事由提出重复申请，如当事人向法院申请撤销被驳回后，不能在执行程序中以相同事由提出不予执行申请。

相关规定

《中华人民共和国仲裁法》

第五十八条 当事人提出证据证明裁决有下列情形之一的，可以向仲裁委员会所在地的中级人民法院申请撤销裁决：

（一）没有仲裁协议的；

（二）裁决的事项不属于仲裁协议的范围或者仲裁委员会无权仲裁的；

（三）仲裁庭的组成或者仲裁的程序违反法定程序的；

（四）裁决所根据的证据是伪造的；

（五）对方当事人隐瞒了足以影响公正裁决的证据的；

（六）仲裁员在仲裁该案时有索贿受贿，徇私舞弊，枉法裁决行为的。

人民法院经组成合议庭审查核实裁决有前款规定情形之一的，应当裁定撤销。

人民法院认定该裁决违背社会公共利益的，应当裁定撤销。

专家解析

申请撤销和申请不予执行的主要区别在于：

第一，申请撤销的管辖法院是仲裁机构所在地的中级人民法院，申请不予执行则是由负责仲裁裁决执行的中级人民法院管辖。

第二，申请撤销的主体是仲裁裁决当事人，申请不予执行的主体是被执行人以及合法权益受到裁决损害的案外人。

第三，申请撤销应当在当事人收到仲裁裁决书之日起六个月内提出；被执行人申请不予执行的，一般应当自执行通知送达之日起十五日内提出。

192. 什么是仲裁司法审查案件报核程序?

案例场景

大象公司与老虎公司因某起合同纠纷进入仲裁程序，仲裁委员会裁决大象公司向老虎公司支付合同款项3000万元。老虎公司随即向法院申请执行。大象公司领导对裁决非常不满，认为老虎公司隐瞒了足以影响公正裁决的证据，指示公司法务常某对本案进行研究，看看有什么办法可以延迟付款，以应对目前公司现金流紧张的问题。法务常某查询到“一方当事人申请执行裁决，另一方当事人申请撤销裁决的，人民法院应当裁定中止执行”的有关规定。公司长期法律顾问告诉他，若有确凿证据致使人民法院裁定撤销裁决，还应走人民法院内部司法审查案件报核程序，报核程序亦需要一定时间。常某第一次听说报核程序，希望对该制度有进一步的了解。

依法分析

仲裁司法审查案件报核是指人民法院对于仲裁司法审查案件拟作出否定

性意见的，应当报上级法院核查后才能作出裁定的程序。适用报核制度的案件是仲裁司法审查案件，此类案件包括：撤销仲裁裁决案件、仲裁裁决不予执行案件、仲裁协议效力案件。《最高人民法院关于仲裁司法审查案件报核问题的有关规定》对相关流程有详细规定。

相关规定

《最高人民法院关于仲裁司法审查案件报核问题的有关规定》

第二条 各中级人民法院或者专门人民法院办理涉外涉港澳台仲裁司法审查案件，经审查拟认定仲裁协议无效，不予执行或者撤销我国内地仲裁机构的仲裁裁决，不予认可和执行香港特别行政区、澳门特别行政区、台湾地区仲裁裁决，不予承认和执行外国仲裁裁决，应当向本辖区所属高级人民法院报核；高级人民法院经审查拟同意的，应当向最高人民法院报核。待最高人民法院审核后，方可依最高人民法院的审核意见作出裁定。

各中级人民法院或者专门人民法院办理非涉外涉港澳台仲裁司法审查案件，经审查拟认定仲裁协议无效，不予执行或者撤销我国内地仲裁机构的仲裁裁决，应当向本辖区所属高级人民法院报核；待高级人民法院审核后，方可依高级人民法院的审核意见作出裁定。

专家解析

仲裁司法审查案件报核制度的设置有几个方面的考量：

第一，仲裁司法审查案件的一个特点就是一审终审，根据现行法律规定，当事人不享有上诉、复议以及申请再审的权利，检察机关对此也不予抗诉。一旦出现错案，当事人缺乏有效的救济手段，因此对于仲裁司法审查案件的审理必须慎重。

第二，认定仲裁协议无效或者撤销、不予执行仲裁裁决后，通常当事人只能再向人民法院提起诉讼解决纠纷，这客观上会造成人民法院收案量的增加，同时加重当事人的诉累。为了降低程序成本，应谨慎作出否定性认定。

第三，为保障仲裁案件的执行，上级人民法院的介入在一定程度上能够遏制地方保护主义，有助于地方法院正确理解和适用法律的有关规定。